有限自由论

Limited Freedom Theory

陈根法/著

人民东方出版传媒
東方出版社

理解有限自由，人类才有希望

不言而喻，一切自由都是有限的。但有限到什么程度，则是从有自由这个概念以来，人们始终争论不休的问题，这意味着自由需要一个度，或者说需要一个边界。

一个法国人说，一个人的自由以另一个人的自由为界限，此言一出，就几乎成了世人公认的关于自由的定义。但这话说得太聪敏，也太哲学了。因为当人们想以它作为一种行为尺度时，就会发现它仍然没能给出一条有关个人自由幅度的清晰边界。人们依旧我行我素或无所适从。

其实，人们越以为天经地义且习以为常的事物，越难定义。诸如民主和自由这类抽象到无法量化的概念，尤其难定义，更不要说为其划定边界。

想在一部名为《有限自由论》的书中解决这一难题，你不能不钦佩作者——陈根法的野心和勇气。

以我有限的阅读经验判断，这是第一部中国人写的试图跳出西方视角看待自由问题的著述。但我又不能不指出，书中所运用的逻辑工具，仍是西方式的。没有办法，谁让东方智慧在逻辑领域发育不良呢！

平心而论，作者非常努力：努力思考，努力辨析，努力表达。应该说，他已非常接近书名所给定的目标。起码，他已用自己的著述毫无疑问地超越了大部分以为自由的权利高于一切的“思想家”们。因为他们天真到不懂得如此简单的道理：一切自由，都是有限的。

正是由于这种无知，才让世界上有一部分人，以为他们在享有了某种程度上多于其他人的自由之后，就有权颠覆或摧毁那些看上去不自由的社会和国家，或者替那些看上去不自由的人们选择和确定自由！他们根本不知道自由需要条件，而不自由，并非不想自由，而仅仅是因为不具备自由的条件。这些不准备给不自由的人创造条件，却要把自以为是的自由，“强加”给不自由者的人，真是虚妄得可以。

有人会问，自由不是人与生俱来的权利吗？既如此，还需要什么条件？

是的，自由需要条件，陈根法说，“自由源于物质基础”。这话听上去很刺耳，有可能被人拿去替那些因权势或财富而比他人享有更多自由的人张目。但想想看，在皇权专制或者资本为王的社会中，谁享有更多的自由？事实是冷酷的，占有资源的多寡，将决定拥有自由的幅度。说白了，有什么样的物质基础，就有什么样的自由。对资源的占有成了约束自由的硬条件。

没有比充满戏剧性的2016年美国总统大选，更能佐证这一结论的了。即使美国的选民们充分地甚至“自由”地行使了自己的权利，但他们可以选择的对象，仍然是比他们任何人都占有了雄厚得多资源的特朗普或者希拉里，而绝不可能是他们中的任何一个自己。

或许有人会辩解说，我的自由只与心灵有关，在这个空间里，我享有绝对自由。真的如此吗？假如一个人连受教育或见世面的机会都没有，他的心灵自由难道不会因为缺乏足够的精神营养，其思考力、想象力都将大打折扣，从而约束心灵的自由吗？

不过，话说回来，即使我们承认物质基础决定享有自由的程度，但这并不意味着世上会有无限的、绝对的自由，即使贵为一国之尊或富可敌国者，也不可能享有这种自由。因为相对于整体而言，任何人包括帝王和富豪，能够占有的社会资源终究有限，这意味着享有的自由也终究有限。在这一点上，《有限自由论》可以说几乎从其涵盖的所有层面，都展开了自己详尽的论述并言之成理。

而说千道万，根本的问题可以归结为，自由就是权利，有限自由就是有限权利，这与地球资源的有限性相关。每个人占有资源的有限，决定了其个人权利的有限，其享有的自由度也必然有限，陈根法用二十余万字，七个章节的篇幅，令人信服地给出了他的结论。

当西方尊崇自由为普世价值时，就割断了自由与一定社会的历史、经济、文化基础的联系，从而背离了有限自由，成为绝对的自由。自由的普世化正在把西方自己同时也把人类世界引向歧途。欧洲停滞、美国衰落、英国脱欧这些“猛掌”，但愿能够把西方从自由主义的迷思中击醒。

当然，陈根法似乎仍然没有为我们划出自由的边界。

这让人有些沮丧。但，我们真的需要为厘清自由这个概念，而在我们每个人的周遭划出一条边界来吗?

看看那些皓首穷经想把这个问题弄明白的人，我们应该恍然大悟：与其说我们需要为自由找到一条边界，证明每个人的自由有限，不如说我们需要找到一种方法，这种方法将能等量齐观地抑制所有人的过度自由。只有做到这一点，自由才可能真正实现。因为，只有当少数人的自由大于多数人自由的状况得到纠正，当所有人的自由都变得有限时，人类才真正有获得充分自由的希望。

而这时，我们会发现，我们所要的自由，充其量是另外两个字：公平。

沿着这个思路想下去，我们就会懂得，无论是对自由还是公平，我们现在需要的，不光是理念的深化，更需要工具的深化。没有可实现的工具，理念将永远只是理念。而现在区块链技术的出现以及其可以预期的技术延伸，已使人类第一次看到了可能实现自由与公平这些千年梦想的曙光。

因此，我想说，陈根法在《有限自由论》中所做的思索和探寻，对于推动这一前景的实现，既富有价值，又充满启示。

乔　良
国防大学教授，空军少将
2016 年 11 月 26 日凌晨三点

从自由主义到有限自由主义

一

自由是人之所以作为人的一种本质性存在。人之生，意味着人获得自由；人之死，意味着人失去自由。

自由也是人生幸福的基本内涵。拥有自由意味着幸福，失去自由意味着不幸。

一部人类发展史就是人类自由发展史。人类从东非大草原向地球各个大陆迁徙，从陆地行走到越洋过海，从火车汽车到飞机卫星，正是人类自由不断增加的过程。

追求自由是人类的内在需要和内在冲动，是人的天性。正是这种追求自由的内在需要和冲动，使得人人生而追求自由；也正是这种追求自由的内在需要和冲动，创造了辉煌的人类文明。

二

人类历史同时也说明，追求自由并不是一件轻而易举的事。

从蒙昧时代到野蛮时代，再到文明时代，人类经历了几百万年；从农业时代到工业时代，人类又经历了几千年。在漫长的历史进程中，人类前赴后继、百折不挠，经历了无数血与火的洗礼，才从茹毛饮血的蛮荒状态，走到如今的现代文明。即便是到现代，仍有很多人停滞在靠天吃饭的农业文明阶段，过着食不果腹的日子。真正享受到工业文明成果的人，可能只有人类总数的四分之一左右。

三

自由和权利的意识在西方源远流长。古希腊和古罗马的法治文明就是建立在权利概念基础上的。法律的本质是对权利的规范。

权利意识的缺失是中华文明的一个明显弱点。儒释道学说更多地或者片面地强调道德义务而不关注个人权利，这可能是中国无法发展出现代文明的重要原因。

西方的权利意识在中世纪宗教统治时期也曾一度被淹没。“黑暗的中世纪”是人类历史专制统治的真正典型，这种极端专制社会在中国历史上是未曾出现过的。

随着文艺复兴、宗教改革和启蒙运动的次第展开，西方世界人的主体意识逐渐增强，自由与权利观念得以确立，并形成了蔚为大观的自由主义理论体系，成为西方社会的主流思想。由于自由主义理论在一定程度上符合人类追求自由的天性，它最终成为西方世界走向现代化的强大推动力量。

四

西方自由主义思想是在与神权和王权的斗争中发展起来的。正是出于这种斗争的需要，自由一开始就被赋予一种神性和宗教性，即所谓的“自然自由”和“天赋自由”。

在古典自由主义那里，自由的神性特征有效地对冲了宗教的神权，促进了人的解放。古典自由主义理论家也努力保持自由与道德的协调。但是随着历史的发展，自由主义的自由的神性特征逐渐表现出超越历史、超越社会、超越道德的一面，使自由主义成为人类异化的推动力量。

到当代社会，自由主义因极力推崇自由而走向了自由至上主义。自由至上主义的自由是放任自由。人们追求自身自由、追求个人利益最大化被认为是天经地义的。这使得西方世界或整个人类产生了三大矛盾：

一是人与人之间的矛盾。美国的1%与99%群体之间的矛盾、伊斯兰世界极端势力和恐怖势力的发展、霸权与反霸权的斗争等。英国脱欧只是危机来临时的自保行为。

二是当代人与后代人之间的矛盾。突出地表现在寅吃卯粮、主权债务难以持续。希腊已经因此产生危机，美国也因此降低了行动能力甚至导致政府关门，欧洲其他国家和日本也处在危机门槛。

三是人类与自然之间的矛盾。表现在人类对自然过度的掠夺性开发，导致资源枯竭、环境恶化。气候变暖只是一个突出表现。

这三大矛盾是西方世界或人类追求自身利益最大化的必然结果，因此也是自由主义的必然结果。当前，这三大矛盾在西方式全球化推动下正在逼近爆裂的临界点，但是在自由主义那里、在追求自身利益最大化的逻辑下，显然无法找到解决问题的办法。

五

在历史上，自由是资产阶级在取得一定经济地位以后的政治诉求。资产阶级当然不能明目张胆地说，因为我有财富，所以社会应该由我来统治。他们巧妙地借助自然自由的概念，取得了与神权对等的地位。因此，自然自由从一开始就是一个政治口号，而不是一个科学命题。

在此基础上，后来在启蒙运动中又发展出了“人人生而自由平等”

的命题。这是西方世界近代以来社会理论的核心命题之一，在某种意义上，也是当今世界的核心命题。普世价值论由此而出。

但是，这确是西方给人类世界的弥天大谎！

不是人人生而自由平等，而是人人生而既不自由、也不平等。但是人有追求自由的天性，还有追求不平等的天性。人喜欢追求自身利益最大化，这说明人是追求不平等的。人天生的不自由、不平等，再加上人天生的追求自由和追求不平等，使得人类社会存在一种越来越不平等的内在趋势。好的社会治理应该在保护人追求自由与抑制人追求不平等之间取得平衡（即抑制过分追求自身利益最大化）。自由主义忽视了人人生而不自由、不平等而又追求不平等的现实，反而助推了人类社会不平等的内在趋势，从而使人类社会走向彻底分裂。

在自由主义走投无路之际，该是正本清源、恢复对自由的科学论述的时候了。

六

如果自由真的如自由主义所说的是自然自由，而且不可让渡，那就不应该有那么多人没有自由，西方世界也不必费尽心机地向全世界输出民主和人权了。

自由作为人类的行为，它总是而且只能是以一定的物质基础为支撑。不管是经济自由、社会自由还是政治自由，不存在不需要物质基础支撑的自由。人类争取自由之所以困难重重，原因就在于受到人类支配物质基础的能力的限制；人类文明的发展之所以是那样可歌可泣，是因为人类总是不屈不挠地创造出更多的物质基础。

物质基础为人类自由创造条件，物质基础提供了人类自由的可能性。

自由不是自然的、天赋的，自由只能源于物质基础。从根本上说，人类只能通过创造更多的物质财富来追求自由。

七

由于人生而不平等并追求不平等（追求自身利益最大化），所以人类社会存在一种不平等趋势扩大化的趋势。长此以往，社会将走向分裂。社会治理就是要防止这种分裂。

人是自然人与社会人的结合体。自然人趋向于追求自身利益最大化，以更好地满足人的自然需求；社会人则调节人的自然属性，使社会更加和谐和更加可持续。

社会治理是依靠伦理道德的力量对自由施加限制，以约束人们不要过分追求自身利益最大化，防止社会不平等无限扩大。如果因为有人占有财富多就可以为所欲为，自由就不受限制，那么这个社会迟早要崩溃。

自由限于伦理道德。伦理道德为人类自由设定了合理性标准。

八

道德是发自内心的一种仁慈，通过自律来调节个人行为。伦理是外在社会对人的行为的规范和要求，依靠社会强制力量规范社会大众的行为。自由限于伦理道德，就是自由不能超越道德和法律的限制。

可是，归根到底法律也是由人来制定的，而且需要人去执行。不道德的人会制定出来不道德的法律；道德的法律遇到不道德的执法人，也会产生不道德的结果。所以，社会治理的首要难题是如何寻找有道德的治理者。

西方想通过自由选举的方式产生治理者，一定程度上是对传统专制社会的超越，它有可能产生一个代表更多人利益的治理者。但是自由本身意味着追求自身利益最大化，而由一群要求自身利益最大化的人推举出来的治理者，也只能服从这群人的诉求，努力为这群人去实现其利益最大化。因此，在西方民主制下社会走向分裂是难以避免的，只是迟与早的问题。前文所说当代世界三大矛盾都与此有关。这说明西方治理方式已经难以为继了。

在西方文明进退两难之时，中华文明出场了。

中华文明长期提倡政治与道德的统一，从而孕育出一种“权力是善”的文化，这就是中国的德政传统，也可以称为“王道政治”或者“贤人政治”。这种文化可以有效弥补西方自由选举制的弱点。我们称这种德政体制为集中制。集中制的天下思想正是对自由主义的个人主义思想的救赎。

但是，中国的历史也表明，德政体制也有不稳定性，因为它过于依靠人的道德水准，忽视个人权利，而个人的道德具有可变性。这就说明，单纯的集中制是不够稳定的，它很容易滑向专制。

为了防止权力与道德相分离而导致权力作恶，我们还是要借鉴西方分权的思路，保障公民基本权利与自由。这样就产生了一种自由与集中相结合的体制，我们称为“自由集中制”。这种自由集中制既可以有效避免西方自由民主制最终导致社会分裂的恶果，又能够避免中国传统德政体制的不稳定性，从而成为一种更加有效的社会治理机制。

中国改革开放以来的社会治理机制，总体上就是这种自由集中制。民主集中制只是自由集中制在政治领域的表现形式。

人类历史就是自由集中制不断发展完善的历史。在人类早期的民族部落中，是既有自由又有集中的，只是那是一种很低水平的自由集中制。中国的尧舜，就是那个时代集中者的代表。农业革命以后产生私有制，使自由集中制被扭曲，集中制甚至专制占据了主导地位。工业革命以后，西方逐渐产生现代社会，社会的自由因素不断增加，集中制则弱化或缺失，这是西方社会走向危机的重要原因。特别是最近半个多世纪以来，随着自由的极端化发展，正如柏拉图说的“极端自由的结果只能是极端的奴役”，专制又以一种隐晦的形式出现，最典型的就是美国的资本专制。在这种时代背景下发展出来的中国模式，是历史钟摆的再一次回摆，它扬弃了人类历史上曾经产生过的直接和隐晦的专制形式，达到了人类治理的新高峰。

九

“自由源于物质基础”“自由限于伦理道德”是我们自由理论的关键点，我们称之为“有限自由观”。有限自由观是我们对于自由的价值表达。

如何去实现有限自由呢？这就是机制层面的问题。迄今为止，我们认为实现有限自由的最好机制就是自由集中制。

有限自由观与自由集中制构成了有限自由主义的基本内涵。中国模式就是有限自由主义。有限自由主义是对自由主义的超越与扬弃，它是适应全球化环境的人类崭新的哲学思想。

忽视自由已经使中华文明跌倒在工业文明的门槛前，放任自由则正使西方文明走向末路。人类文明的正途只能是有限自由。正如乔良教授所说：“理解有限自由，人类才有希望。”

几百年来，自由主义构建了当今世界的思想体系和秩序体系。在自由主义走向式微之际，人类正站在重构思想体系和秩序体系的重大历史节点上。

世界大变局已经来临，展望世界未来，30 年、50 年以后会是什么模样？《有限自由论》或许可以提供一点启发。

陈根法

2016 年 12 月

CONTENTS

目　录

绪　论　**中国发展模式必将开创人类历史新纪元** …………… 001

第一章　**西方自由主义简论** …………………………………… 007

谨慎对待自由 …………………………………… 008
自由的含义及三大基本问题 ………………………… 008
自由的作用和意义 ……………………………… 010
自由的产生或来源 ……………………………… 011
自由的界限 …………………………………… 012
个人主义 ……………………………………… 013
自由主义的国家理论 ……………………………… 015
自由主义的民主理论 ……………………………… 016
自由主义的法治理论 ……………………………… 017
对西方自由主义理论的几点质疑 …………………… 018

第二章　**自由源于物质基础** ……………………………… 023

自由的分类 …………………………………… 024
自由的成本 …………………………………… 025

必然王国与自由王国 …… 026
政治自由的本质 …… 027
自由与发展的关系 …… 029
科学史的启示 …… 031
人类自由发展的物质基础 …… 033
母权与父权的物质基础 …… 036
古希腊公民权的物质基础 …… 037
生命权的物质基础 …… 039
美国黑人解放运动的启示 …… 041
德国纳粹党为何能上台 …… 043
无解的埃及 …… 045
民主“早产儿” …… 047
专制是必要的恶 …… 049
五四新文化运动新解 …… 051

第三章 **自由限于伦理道德** …… 061

道德是最高律令 …… 062
道德是责任 …… 063
权利优先于善？ …… 064
区分三种权利 …… 065
从“个人为整体而存在”到“整体为个体而存在” …… 067
文明不止是尊重他人 …… 069
自由与伦理道德 …… 071
不可避免的外部效应 …… 073
外部效应具有难以预测性 …… 075
外部效应是决定社会整体秩序的关键因素 …… 076
自由主义的坏“基因” …… 077

自由主义正在走向末路 …… 080
两种自发秩序 …… 082
自由与“囚徒困境” …… 085
出路在于集中制 …… 089
以中等收入陷阱问题为例 …… 093
集中制的本质是德政 …… 094
把自由关进伦理道德的“笼子” …… 097

第四章　**自由的渐进式发展** …… 111

有限自由观 …… 112
中西方文化的优劣对比 …… 114
自由的渐进式发展 …… 119
英国与美国的渐进民主之路 …… 120
警惕政治浪漫主义 …… 123
市场“早产儿”——休克疗法 …… 125
普世价值论导致历史虚无主义 …… 127
人类政治自由的演变 …… 128
自由主义的本质就是赢者通吃 …… 130

第五章　**美国衰落的根源在于背离有限自由** …… 139

美国正在衰落 …… 140
重新解读亚当·斯密 …… 142
马尔萨斯告诉我们什么？ …… 145
马克思：市场经济终将退出历史舞台 …… 147
市场与政府的关系 …… 150
凯恩斯与资本主义黄金时代 …… 154
哈耶克与新自由主义 …… 156

两极分化的社会 …… 161
金融化：美国衰落的转折点 …… 165
金融化的发展：从过度消费到危机爆发 …… 169
美国的资本专制 …… 171
美国政治制度的衰败 …… 177
美国衰落的根源在于背离有限自由 …… 179
西方智慧的局限 …… 183

第六章 **中国发展模式的本质在于追求有限自由** …… 199

中国创造了世界性奇迹 …… 200
解读中国发展模式成为世界性难题 …… 202
中国发展模式的核心理念：有限自由观 …… 206
自由背离民主 …… 211
中国发展模式的运行机制：自由集中制 …… 214
自由集中制与民主集中制 …… 219
自由集中制之党的领导 …… 225
自由集中制之政治体制 …… 228
自由集中制之经济体制 …… 231
自由集中制之基本经济制度 …… 235
自由集中制之渐进改革 …… 237
自由集中制之思想文化体制 …… 242
中国式法治 …… 246
伟大的时代正在到来 …… 249
“中国治理模式更能带来善治” …… 252
改进和完善自由集中制 …… 253

第七章 **结　　论** …… 271

第一章结论 …… 272

第二章结论 …… 272
第三章结论 …… 273
第四章结论 …… 273
第五章结论 …… 274
第六章结论 …… 275

结束语　**世界新秩序的曙光** …… 277
后　记 …… 283

绪　论

中国发展模式必将开创人类历史新纪元

对于喜欢思考的人来说，生活在当代世界是一件幸事：我们正在经历西方世界停滞甚至衰落、中国正在崛起这一波澜壮阔的历史进程。这是亘古未有的历史画卷，为思考者们提供了极其丰富的现实素材。

进入 21 世纪以来，随着中国改革开放取得长期持续的进展，笔者就在思考一个问题：中国经济长期增长的内在逻辑究竟是什么？它是一种纯经济现象，还是一种政治和经济的共同现象？有人说，中国的崛起是因为实行了市场化改革。这种观点当然有一定道理，因为市场化确是中国改革的方向。但是，仔细一想，又不完全如此，因为中国的市场体制明显有别于西方强调的放任自由的市场经济。

还有一些人认为，中国的发展是“瞎猫碰上死耗子”。这种观点可能不仅仅无知，更是缺乏责任感的历史虚无主义。

答案究竟在哪里呢？

2008 年美国发生次贷危机，随后引发世界性的金融危机。这场危机迄今已延续近十年时间，仍然没有完全结束的迹象。不难发现，从阿富汗战争、伊拉克战争，到利比亚的国际干预，再到叙利亚危机的处置，以美国为代表的西方世界，其国际行动能力在明显下降。与此同时，从“银河号”事件到中国驻南斯拉夫使馆被炸，再到中国提出建设中美新型大国关系，以及最近提出“一带一路”倡议、成立亚投行、倡议世界命运共同体等，中国的话语权已经今非昔比，真有一种“轻舟已过万重山”的感觉。

那么，中国崛起和西方衰落这两个历史事件，有没有内在的逻辑关联呢？笔者通过多年思考，拨开历史纠结缠绕的层层表象，一些结论似乎如云开日出，逐步明晰起来。

笔者认为，中国的崛起以及西方的危机出现，不是历史偶然事件，其内在逻辑根植于两种不同的社会制度，是制度性的必然结果。更深入地、具体地说，中国崛起和西方危机这两个历史事件，起源于对“自由”这个哲学概念的不同理解。其区别就在于：西方认为自由是天赋的、先验的、静止的、绝对的，而中国的主流观念则认为自由是历史的、有限的、发展的、相对的。正是这个逻辑起点的不同，产生了不同的政治经济哲学和社会治理机制。中国崛起和西方危机的历史现象，在这个逻辑起点上可以得到完整的解释。

本书意在阐述两种不同的自由观，并在此基础上揭示中、美两国两种社会治理机制的内在逻辑及其后果，从而为追求真实而非虚幻的自由的人们找到真正有效的、正确的路径。

第一章对西方自由主义做简要论述，意在指明，西方自由主义理论的主要缺陷在于把“自由”这个概念绝对化、宗教化，这导致自由主义理论漏洞百出。西方自由主义理论经过三百多年的精雕细琢，已经形成了一个庞大的理论体系，有着众多的流派，笔者不可能对此进行一一评述；只能抓住自由主义理论的关键点，这是自由主义之所以走向衰败、也必然要走向衰败的逻辑起点。在笔者看来，第一个关键点就是自由的起源问题：自由主义理论从古典到现代，在这个问题上的观点几乎没有变过，他们一直认为自由是天赋的、与生俱来的，这就是自由主义的自然权利观。第二个关键点就是自由与道德的关系问题，因为这关系到个人自由如何与整体自由相协调。在这个问题上，古典自由主义理论曾试图把自由与道德统一起来，康德就曾说在道德以内你是自由的。但是，天赋的、自然的自由怎么能受后天的道德制约呢？因此，在自由主义那里，自由与道德本质上是无法统一的。果然，当代自由主义在坚持自然权利说的前提下走向了自由至上主义，从而解构了康德曾经作为最高律令的道德体系，而自由则相应地成为超越道德的普世的最高价值。其实质是自由代替道德成为新的最高律令，这就是自由主义著名命题——权利优先于善。当代自由主义的经济理论、民主理论、国家理论、法治理论都是在将自由绝对化的前提下构建出来的。这就是当代自由主义的基本特征。

第二章论证了有限自由观的一个重要观点，即“自由源于物质基础”。它实际上提出了自由的可能性问题。与自由主义的自然权利观不同，笔者认为，自由并非天赋，而是源于物质基础。本章对此论点从理论和历史两个角度做了论证。从理论上讲，由于自由总是指某种行为，而行为总是有成本的，这就决定了任何自由的前提是成本的支付能力，即自由源于物质基础。从历史上讲，人类自古至今的权利，包括母权、父权、古希腊的公民权、美国黑人权利等，都源于相应阶层物质基础。历史证明，自然权利观是自由主义虚构出来的。

第三章论证了有限自由观的另一个重要观点，即“自由限于伦理道德”。它实际上提出了自由的合理性问题。首先回到康德伦理学，强调道德是最高律令，自由只能服从这个最高律令，而不能超越这个最高律令；古代社会如此，当代全球化社会更应如此，否则整个社会必将陷入无序状态。此后，笔者提出一个重要观点，即自由的外部效应，并从自由的外部效应推论出道德制约自由的一种不可替代的特殊形式，即集中制；并指出集中制是一种东方智慧，是中华文明的优秀内核：它就是中国政治传统中德政和王道。笔者坚定地认为，如果没有集中制，自由必定无法独善其身。

第四章论证了有限自由观的一个重要推论，即自由只能渐进式发展。众所周知，人类物质基础是渐进发展的，与一定物质基础相对应的伦理道德也是渐进发展的。既然支撑自由发展的可能性和合理性的两个因素都是渐进发展的，自由的发展也只能是渐进的。历史虚无主义和不顾历史社会条件盲目推行西式民主，都是违反自由渐进发展规律的，因而必定给国家和社会带来祸害。

第五章运用有限自由观反证了美国衰落的根源。美国是自由世界的代表，是西方自由社会的样板，然而美国正在衰落。美国为什么会衰落呢？本章论证，美国衰落的根源在于过度自由，在于背离有限自由，在于自由超越道德，在于过分强调权利优先于善。美国崇尚放任自由的市场，其结果是少数人占有经济增长的果实；美国崇尚言论自由，其结果是少数资本集团控制国家舆论；美国崇尚自由选举，其结果是资本集团垄断政治舞台。柏拉图说，“极端自由的结果只能是极端的奴役”。自由主义的本质就是赢者通吃，就是以剥夺多数人的自由来维护少数人的自由。美国衰落的根源就在这里。只要美国抱持自由主义理念不变，美国必将不断衰落。因此，美国的衰落实际上是自由主义的衰落。

第六章运用有限自由观阐释中国发展模式的内在逻辑。有限自由的根本特征是追求发展与正义统一，物质与伦理道德的统一，这与社会主义的本质——发展生产力，实现共同富裕——相吻合。这样一个有限自由的目标，依靠自由主义是无法实现的，因为自由主义只能走向赢者通吃，极端自由的结果只能是极端的奴役，自由主义不可能实现发展与正义、物质与道德的统一。那么，如何才能实现有限自由呢？答案是自由集中制，这是实现有限自由的必由之路。中国发展模式的制度特征就是自由集中制，中国的政治制度、经济制度、社会制度和文化制度都是自由集中制。自由与集中相结合这样一种制度，西方社会很难理解，中国社会有一定的、朦胧的意识，但中国理论界还远远没有达到高度自觉的程度。但是，笔者认为，这恰恰是解读中国发展模式的关键环节。实际上，自由集中制是人类社会治理的普遍法则，中国发展模式恰好适应了这一普遍法则。如果把有限自由的目标和自由集中的机制统一称为中国发展模式，那我们可以把它称为有限自由主义。

第七章是全书总结，指出中国发展模式（即有限自由主义）代替西方模式（即自由主义）是历史发展的必然，也代表人类可持续发展的未来。其实，从人类历史来看，任何一种文明都不是万能的，都有其固有的弱点；随着人类文明的整体发展，每一种文明的弱点也逐渐暴露出来，并最终阻碍其自身的发展。毋庸置疑，人类文明发展到现代，已经遭遇到了前所未有的困境。这个困境突出地体现在人与人、人与自然之间的矛盾上。在这个困境面前，无论是西方文明、中华传统文明还是伊斯兰文明等其他文明，都已经无力单独应对。世界急需一种新文明。如果说，过去五百多年的人类历史是以自由主义为主导的时代，那么以中国崛起为标志，人类将进入一个以中国发展模式为引领的有限自由主义时代。中国发展模式所代表的新文明，既不是对西方文明的简单模仿，也不是中华传统文明的简单延续，而是中西方文明优秀内核融合发展的结果。中国发展模式是人类文明发展史上的一次重大跨越，是对人类过往文明的重大超越。对人类社会来讲，中国模式不是能不能模仿、要不要模仿的问题，而是只此一途，别无他途。人类只能、而且必将走向以命运共同体为主要特征的有限自由主义。全球化越发展，命运共同体的特征就越明显。这个历史趋势已经初露端倪。

第一章

西方自由主义简论

自由诚然可贵，自由主义却漏洞百出。

谨慎对待自由

很多人都知道裴多菲关于自由那首诗："生命诚可贵，爱情价更高。若为自由故，两者皆可抛。"这说明自由在很多人心目中具有至高无上的价值。在古今中外的历史上，也确有很多人为了自由而抛头颅、洒热血，付出了巨大牺牲。

还有一句话，知道的人可能并不那么多："自由啊，多少罪恶假借你的名义横行！"这是法国大革命领导人之一罗兰夫人在断头台前留下的一句话。一个自由主义先驱留下的话足够发人深思。

当我们在追求自由的时候，回顾先人们的这些话，应该使我们以一种更加清醒、更加谨慎的态度来面对自由。遗憾的是，当前世界在对待自由的问题上，存在着一种极其任性的自由原教旨主义情绪，这种态度贻害无穷，是必须引起我们高度警惕的。历史已经证明，人类严重低估了自由问题的复杂性，当今世界种种乱象在很大程度上都与这种低估有关。

要采取"特别慎重"、"十分严谨"和"周密考虑"的态度——这是列宁对宗教问题的态度。笔者觉得，这种态度也非常适用于对待自由问题。

自由的含义及三大基本问题

西方自由主义认为，自由是指自愿的不受强制的行动。为便于讨论问题，本书所谓的自由，也统一使用这个定义。

所谓自愿，就是某个行动是在不受法律或社会舆论的强制下做出的，是行动者自主选择的结果，因此行动者也可以选择不采取该行动。这一点应该是没有异议的。

人的行动是多领域和多种多样的，但西方自由主义对行动是有特指的，主要是指政治领域的行动，他们所谈论的自由也主要指政治自由。尽管他们也谈论经济自由、社会自由等概念，但是他们认为只要调整社会政治制度，经济自由和社会自由问题自然迎刃而解。因此，西方自由主义对政治自由与经济自由、社会自由之间的关系讨论不多，同时他们把政治自由当作基本自由，并决定着经济自由和社会自由。“人民在制度层面存在选择的自由（尽管这种自由不是完美无缺的），因而暂时的经济困难和危机却无法阻挡长期的平衡发展和革新。”① 笔者认为，西方有关于自由主义的上述观点，扭曲了各种自由之间的关系，这是其最大的理论缺陷之一，严重误导当代社会政治实践。这也是本书将要讨论的重点问题。

所谓不受限制，就是不受阻碍，使行动得以进行。自由主义把阻碍自由行动的界限设定为不伤害他人——即自由主义认为，只要不伤害他人，人们就可以自由地采取某种行动。比如偷盗是伤害他人的行为，因而是不能被允许的。问题是，在实际社会生活中，是否伤害他人并不总是那么容易辨别，并由此造成很多行为误区。另外，某种程度上，几乎所有可以被自由选择的人类行为，都需要受到一定的约束。比如，人们通常具有驾驶车辆的自由，但是你在驾车时，必须遵守不得超速行驶、不得闯红灯等一系列约束条件，若突破这些约束条件，你就会失去驾车的自由。西方自由主义对于类似问题没有足够重视，通常认为不受限制就是毫无制约。基于此，自由的限制问题，是本书后面要讨论的另一个重点问题。

---

① 顾肃：《自由主义基本理念》（修订版），译林出版社 2013 年，第 78 页。

围绕自由的争论，主要有三大基本问题：一是自由的作用和意义。它决定了人类为什么要追求自由。二是自由的产生或来源。它决定了人类应该如何去追求自由。三是自由的界限。它决定了人类在行使自由权利时必须遵守的前提。其他问题都是从这三大基本问题中延伸出来的。西方几百年来对于这些问题的争论，形成了系统的理论体系。

自由的作用和意义

自由有什么作用和意义呢？

实际上，没有任何理论家反对自由，或认为自由是个坏东西。西方任何一个自由主义学派都对自由的价值给予高度评价，一致认为自由是人类文明发展的重要标志。一些不能称为自由主义的学派也不否认自由的作用，比如马克思主义也承认自由的积极作用，可以说马克思的一生都在追求自由、研究自由。在谈到未来理想的共产主义社会时，马克思认为那是一个“自由人的联合体”，“代替那存在着阶级和阶级对立的资产阶级旧社会的，将是这样一个联合体，在那里，每个人的自由发展是一切人的自由发展的条件”①。可见，马克思把自由的全面实现看作人类发展的最高理想。

西方自由主义理论系统论证了自由的作用。总体来看，他们从这样几个方面来评价自由的作用：首先，自由意味着人们可以选择想要的生活，因此自由是人类生活幸福、快乐的源泉；其次，自由意味着人们可以进行不同的选择和尝试，从而可以促进人类创新活动，推动社会进步；最后，自由也意味着容许在正确和错误的选择之间提高人类个体的素养。

这些观点总起来讲，是符合人类历史实践规律的。自由确是人类生活的一个重要命题，任何社会都不应轻视自由问题；人类的发展总体上

① 《马克思恩格斯选集》第1卷，人民出版社1972年，第273页。

以自由的提升为标志。

另一方面，要特别注意，西方自由主义的显著特点是把自由作为一切价值的首要价值、最高价值，把自由绝对化。哈耶克认为个人只有获得自由，才能追求不同的目标。自由主义者斯皮兹说："尊崇自由甚于其他价值，即使是平等及正义也不例外。"① 这就是著名的自由主义观点：自由高于道德，权利优先于善。这显然不符合历史真实。实际上，自由只能是社会历史发展的结果，而不是历史发展的原因。正如马克思主义所揭示的，人类历史是一个从不自由向更多自由的发展过程。如果像哈耶克说的那样，只有获得自由才能追求不同的目标，人类就只能停留在最不自由的原始状态而不得发展，因为人类在最初是基本没有自由的。

自由的产生或来源

自由与人们的生活息息相关，它既然如此重要，那我们从哪里去获得自由呢？

西方自由主义理论对于自由来源的论证主要是基于自然权利的概念，认为"人们对于自己的生命、财产所有权、表达、结社等自由权利不是哪个世俗的权威所赐的，而是与生俱来的、先验的、神圣的"②。该理论认为，人的生命、自由和财产权是天经地义的。从近代的洛克、卢梭，到当代的罗尔斯，自然权利说是西方自由主义学说的理论前提。

著名的功利主义学派，则没有对此问题做出明确回答。

自然权利说在西方影响深远。法国《人权宣言》和美国《独立宣言》都强调人人是生而自由的，生而平等的。在西方的影响下，联合国《世界人权宣言》第一条写道："人人生而自由。"西方经常宣称自由、

---

① 顾肃：《自由主义基本理念》（修订版），译林出版社 2013 年，第 3 页。
② 顾肃：《自由主义基本理念》（修订版），译林出版社 2013 年，第 89 页。

人权具有普世性，立论依据就是来源于这种自然权利的先验性。

西方自由主义宣扬的普世人权，就是这种奠基于自然权利的政治权利，它的普世性就是来源于自然权利的先验性。

然而，包括自由主义论者在内的学界公认，自然权利说只是一种非历史性的逻辑的假设和虚构，它在多大程度上反映了人类历史发展的规律，是非常值得怀疑的。

李泽厚说："在这个问题上，我仍然接受马克思的'经济决定论'的讲法，以为这'缘由'和依据是现代经济基础即日益社会化的工业大生产化的产物。尽管文化传统曾经有过重要作用，但它之所以可能在世界范围内铺开、扩展，主要仍然是由于经济的变迁。只有在社会稳定、人民生活日趋温饱的现代工业生产社会的基础上，并必须发展到一定水平或阶段，接受自由主义的可能性才最大……自由主义、个人主义并不是某种天生的人性或先验的原则。"①

对李泽厚先生此论，笔者深表赞同。自由主义理论居然建立在一个先验的假设基础上，这是不能令人信服的，也是自由主义的致命内伤。在本书第二章，将会重点论述这个问题。

自由的界限

按照西方自由主义理论，自由是先验的、天经地义的、与生俱来的、绝对的、神圣的，按此推论，对自由理所当然地就不应该有任何限制，有限制倒是很奇怪的、不可思议和令人不解的。但自由主义理论却又提出：自由的界限是不伤害他人，或称为不损害他人自由。这本身就是相互矛盾和难以自洽的。先验的、绝对的自由，如何会受后天的社会价值制约？这个矛盾恰恰说明，自由主义虽然宣称自由是先验的，但一

① 李泽厚：《哲学纲要》，北京大学出版社 2011 年，第 26 页。

回到现实世界中来时，不得不给自由套上一个世俗的枷锁，设定一个限制，否则这种理论在现实世界中是毫无存在意义的。而这恰恰又反证了先验自由的荒谬。

从自由主义理论的历史发展来看，在古典自由主义那里，往往既强调自由，又强调道德，像洛克、亚当·斯密、密尔等自由主义理论家都是如此；但是，到了当代自由主义理论家那里，自由主义发展到了自由至上主义，自然权利说与道德的矛盾彻底暴露，于是自然权利完全挣脱了道德的限制，走向了道德多元主义。正是这种自由与道德的背离，导致自由主义的衰落。在本书第五章，将会以美国衰落为例，来探讨这个问题。

实际上，正如上节已经提到的，自由只能是一种社会价值和公共理性，因此它只能是一定社会历史环境的产物，需要与一定社会历史条件相适应。特定社会的自由，其限制条件也一定来自该特定社会的社会历史环境。没有超越道德的自由，自由的限制条件就是伦理道德。在第三章将重点论述这个问题。

个人主义

自由主义和个人主义是一对孪生姐妹，自由主义者一定是个人主义者，两者不可分割。同时，也几乎可以一一对应地找到它们的优点和缺点。如果个人主义理论被批驳而难以立足，自由主义理论自然也就分崩离析。

下面这几段话可以比较准确地概括个人主义理论：

> 个人自由是一个社会最基本的出发点，也是所有社会政策和立法的基础……当自由主义者谈论自由时，首要的立足点、判定起点和归宿也是个人，集体和社会的自由必须由个人的自由体现出来，否则便是虚幻的……任何集体的选择最终仍然是权威人士个人及其

团体的选择影响的结果，最终仍然表现为并起源于个人的选择。[①]

个人主义的基本信条是：每个人是其自身利益以及知道如何促进这些利益的最佳判断者。因此，让每个人获得选择自身目标和实现这些目标的手段的最大自由和责任，并让其采取相应的行动，便可最大限度地促进每个正常成年人的利益……由此看来，社会只是被当作个人的集合体，每个人都是自我包容的、而且从理论上说几乎是自足的实体。[②]

这种个人主义的基本特征，就是把个人当作人来尊重；就是在他自己的范围内承认他的看法和趣味是至高无上的。[③]

由此可见，可以把个人主义理论要点概括为这么几点：一是每个人就像原子一样，都是自我包容和自足的；二是个人有足够的理性和能力去判断和实现其价值；三是个人是最高价值，社会只是个人的集合体，可以理解为个人与整体之间只是机械式的集合而非有机的结合；四是既然整体只是个人机械式的集合体，个人与整体之间的内在联系被切断，整体也就不必有自身构建的规则，因此个人主义不承认共同的客观道德准则。

个人主义理论的这些观点，从历史逻辑来看，可谓漏洞百出。

比如，“任何集体的选择最终仍然是权威人士个人及其团体的选择影响的结果，最终仍然表现为并起源于个人的选择”，不错，任何集体的选择，形式上都可以归结为个人选择，但任何个人选择既可以出于利己，也可以出于利他，其结果是大不一样；多人妥协的结果，也不能完全反映任何人，而只是部分人的本意，虽然在形式上也可以称为个人选择。更突出的例子是，当多数人同意、少数人反对时，又怎么解释呢？这些

---

① 顾肃：《自由主义基本理念》（修订版），译林出版社 2013 年，第 4—5 页。

② 顾肃：《自由主义基本理念》（修订版），译林出版社 2013 年，第 19 页。

③ ［英］哈耶克：《通往奴役之路》（修订版），中国社会科学出版社 2013 年，第 41 页。

都说明集体不是个人的简单集合体。当代社会政治实践一再证明，个体的理性可能会导致集体非理性，社会里每个人意志的总和并不等于公意。

又如，“每个人都是自我包容的、而且从理论上说几乎是自足的实体”，这是个人主义理论的一个关键概念。但是每个人果真都是自足的吗？只有在纯意识活动中个人可以是自足的，此外，个人的任何现实活动都不可能是自足的，比如吃饭、睡觉、育儿、上班、出行、恋爱、讨论等。人与人之间、人与社会之间都存在相互影响、相互促进、相互制约的复杂关系，“人是一切社会关系的总和”（马克思语），人的本质就是这些复杂多样的社会联系，人怎么可能是自足的原子个人呢？

任何个人既然不是自足的，而是处在社会普遍联系之中，那么，个人的绝对优先性和至高无上性又从何而来呢？

这个问题牵涉到个人与整体、权利与善的关系，在第三章将会有更多论述。

自由主义的国家理论

自由主义的国家理论认为，拥有天然权利的公民，为了保全自己的自由权、生命权、财产权等基本权利，经过相互协商形成契约，每个人都转让出部分权利来组成国家。

由这样一个逻辑，可以进一步推论出一系列有关国家的特征：国家是守夜人，人们出让部分权利而联合为一个共同体，其职能只是捍卫个人权利；国家是经过所有人同意的自治体，行使国家权力的政府的合法性来源于公民的同意；对个人自由的最大威胁往往来自政府，需要对政府权力保持警惕；国家是必要的恶，要努力保持国家的中立性，并追求小政府。

前文已经指出，自然权利论基本上是一个虚构的理论，因此，建立在自然权利论基础上的国家理论，必定也有很强的浪漫性和非历史性。

自由主义的国家理论自身有几个严重悖论是无法调和的。比如，自由主义一再声称，自然权利是不可剥夺、不可转让的，那为什么又需要保护？在组成国家的时候，为什么又变成可以出让的呢？

在历史和现实的层面上，社会契约论更是没有任何事实依据。国家治理这样重大的问题，怎么可以建立在一个假设的前提下？这真是一个不可思议的现象。

自由主义的民主理论

西方自由主义给民主的原始意义是：多数人的统治。细说起来，西方所说的民主有着如下一些含义。首先，从社会契约论可知，民主建立于人的自然权利，是对自然权利的具体运用，在确定政府合法性时行使同意权；其次，民主是多数人而非少数人的决定，这种多数人的决定以普遍选举的形式表现出来；再次，民主在服从多数人决定的同时，必须保障少数人的基本自由权利；最后，民主建立在个人自由地行使其权利的基础上，尊重个人的自由选择权，因此民主本质上是个人主义的。民主既是一套选举制度，更是对个人的能力和智慧的信任。

然而，当今全球对民主的实践，产生了一些让人们很疑惑的问题。比如，“多数人的统治”本意应该是服务于多数人的利益。在西方民主发祥地古希腊，政治家伯里克利曾说：“我们的政府为大多数人而不为少数人谋利，这就是他被称为民主政体的原因。”① 这应该是民主最初始本意所在。

但西方民主似乎更注重的是多数人的决定而非多数人的利益。他们似乎认为，多数人的决定一定能够有利于多数人的利益，但恰恰在这个问题上，历史好像跟西方开了个很大的玩笑。希特勒是民主选举的，但

---

① ［古希腊］伯里克利：《在阵亡将士国葬典礼上的演说》，见甘丹、李波、孙敖编：《名人演说收藏夹》，远方出版社 2005 年，第 11 页。

他却给人类造成了前所未有的灾难；美国在1980年以来的30多年中，民主选举的政府一任接着一任，但占90%的多数人的财富并没有增长，占10%的少数人的财富却成几倍地增加（第五章会更多地讨论到这个问题），看上去美国更像是资本专制的国家。与此同时，中国政府尽管没有实行西方式的普选形式，按西方的标准是典型的“专制政体”，但正是这个政府确实让绝大多数普通群众的生活得到巨大改善。改革开放以来，有6亿多民众脱离贫困，“在人类历史上，没有另一个社会像中国政府那样大幅改善了人类的福祉”①。

由此看来，多数人的决定未必有利于多数人的利益，西方民主似乎发生了异化。一些著名学者已经开始关注这个问题。如，马凯硕的文章《民主和善政没有必然关联》，给了西方民主制重重一击：他强调在没有民主的情况下也可以实现善政。美国学者皮特·鲍泰利则指出，“民主的要义是能够对人民负责”②，选举民主的普世性已经动摇。

理论家们发现这样一种奇怪的现象：在西方社会，人们抱着善良愿望奔向天堂，结果却是奔向了地狱。西方民主制这种事与愿违的结果是如何发生的？在第五章将会对这个问题有更多的讨论。

自由主义的法治理论

按照一套法律来治理国家，当然是法治的重要特征；因为没有法律，统治者就可以随意发号施令，所以建立法律体系是法治的基础。

但是，自由主义的法治理论认为：关键是通过什么程序来制定法律以及法律反映什么样的内容，否则任由人来制定法律，有可能制定出恶法，人民也得遵守，那是不公正的。

---

① ［新］马凯硕：《民主和善政没有必然关联》，《参考消息》2013年4年19日。

② ［美］皮特·鲍泰利：《多党制并不是民主的精髓》，《参考消息》2013年12月26日。

因此自由主义法治理论认为，存在一种高于一般社会理性的绝对准则，或者称为内在的道德，任何立法者都必须在遵循这个准则的前提下进行立法，任何法律都不能违反这个准则。

那么这个准则是什么呢？自由主义理论认为，这个准则就是自由，因为自由是自然的、天生的、最高的准则。

因此自由主义的法治理论强调，制定任何法律都要符合自由的程序，实行民主立法。这个“自由的程序”当然就是西方民主选举程序；任何法律内容都不得与自由相矛盾，因为自由是最高准则。

由此可见，在此，自由主义又完成了一次循环论证：绝对的自由不受任何限制，它只受自身的限制。所谓宪政，实际上是自由主义法治理论的代名词，它的实质就是自由至高无上。

对西方自由主义理论的几点质疑

（一）方法论存在缺陷

自由主义理论运用人的理性，从一个自然权利的假设出发，通过理性推导，建立一套理论体系，这与黑格尔绝对理念体系类似，经常得出一些非历史的结论。用自然权利来反对神权，虽然历史功绩不容否定，但终究难称真理。社会契约论和理性人假设也是唯心主义的理论，与社会现实相距很大，用它来解释历史或构建社会治理规则，一定会漏洞百出。因此，自由主义从其理论基础上讲，是非常不可靠的。建立在这样一个不可靠的基础上的理论体系，其理论的整体可靠性就非常值得怀疑了。笔者并不否认自由主义者自觉运用人的理性，但运用理性的前提与结果，实在需要更加深刻地反思。而在中国，对理性的运用却是另外一番情况。如，张维为教授提出，中国模式的方法论特点是实践理性①。

① 张维为：《中国震撼：一个“文明型国家”的崛起》，上海人民出版社 2011 年，第 100 页。

笔者非常认同此说。实践理性既重视理论建设，也重视实践检验，更重视理论与实践相结合。理性主义被称为西方现代化的重要基石，现在看来，与中国的实践理性相比，有时可能也会略逊一筹。

（二）主要观点漏洞百出

首先，如果有自然权利，那有没有自然责任？对这个问题似乎没有人论述过。众所周知，权利和责任不可分割，自然权利必然伴随自然责任。那么如果有自然责任，“法不溯既往”的法治基本原则还能成立吗？如果“法不溯既往”不成立，那么人类社会法治大厦将轰然倒塌。

其次，理性人假设可靠吗？西方民主理论将人假设成为理性人，认为人的能力和智慧是可以信任的，“每个人是其自身利益以及知道如何促进这些利益的最佳判断者”[①]；而西方法治理论又突出了人的非理性，“因为大众及其直接代表有时候也会出现集体非理性的时刻，几乎每个民族都曾犯过此类错误”[②]。因此认为人必须被监督和制约。理性人的社会为什么会出现“集体非理性”？“集体非理性”是否由于个人非理性？个人非理性又如何与理性人假设相统一？这些矛盾本身就是大问题，但自由主义理论有意或无意地忽视了这些问题。

再次，西方自由主义理论承认自由只受法律的约束，但是他们又说法律必须体现法的内在道德，保障自然法规定的自然自由，否则就是恶法，恶法是不能约束自由的。也就是说，自由只受自己的约束。自由的这种至高无上性、绝对性，说明自由主义的自由观是一种绝对自由观。这种绝对自由观怎么能容纳下道德呢？因此，在自由主义那里，所谓自由的界限在于“不伤害他人”，这只能是一句空话。如果说，在古典自由主义那里，还努力为自由设立界限，但发展到当代自由主义，自由已经没有界限了；即便有界限，也是空的、虚的，没有实质意义了。

---

① 顾肃：《自由主义基本理念》（修订版），译林出版社 2013 年，第 19 页。
② 顾肃：《自由主义基本理念》（修订版），译林出版社 2013 年，第 124 页。

（三）理论脱离实践

首先，自由主义理论解释不了西方资本主义发展史。西方自由主义理论可以勉强解释当代历史的个别横断面（因为从横断面来看，有时即便倒果为因，看上去也会有些道理，比如西方现代化是由于保障了个人自由之类的论调），但是从历史的纵向来看，西方自由主义理论则无法解释任何国家的历史，包括西方国家自身的历史。它解释不了奴隶社会，也解释不了封建社会，甚至连美国200多年的历史也解释不了。既然自由是自然的、天赋的，为什么西方国家在提出自由问题300多年后才赋予一般民众选举权？这样的理论被普世化是一件很糟糕的事。按照西方自由主义理论，只要某些君主或主权者愿意给人民以自由，人民就会得到自由，把自由与否解释为统治者的道德问题。君主真的给得了大众自由吗？这符合历史发展的逻辑吗？值得我们深思。

其次，自由主义理论似乎在暗示：有一种绝对自由的社会状态在等待我们，而当代资本主义已经实现这种社会。我们不禁会问，当代资本主义社会真的如同自由主义所暗示的一般？人类社会历史的发展会终结吗？笔者认为，自由具有历史性，它只不过是一个没有终点的发展过程，任何社会都是自由发展的过程的一个阶段而已。

上述几点质疑足以说明，自由主义实在是漏洞百出，它完全不能够盛下人类厚重的历史演进。这让我们再次想起列宁说过的话，要采取“特别慎重”、“十分严谨”和“周密考虑”的态度。自由主义就靠那么几个虚无缥缈的假设前提（对这一点，自由主义理论家自己也是承认的），建立人类社会治理的大厦，实在是太轻慢了。自由主义信徒应该谦虚一点，学会尊重人类自身的历史。从这个意义上说，索斯藤·帕特贝格还算是一个比较清醒的西方人：他意识到中国人不会盲目膜拜西方的价值观。

延伸阅读

中国人不会愚蠢到去膜拜西方的价值观*

索斯藤·帕特贝格

西方的“中国问题专家”正在嘲讽中国教育部部长袁贵仁最近发表的要求对传播所谓“西方价值观念”的教材加强控制的讲话。

“西方价值观念”是种过时而危险的说法。还是用民主来表述吧。希腊人创造的民主被抬得太高了。它在希腊从未取得过成功，这个“西方文明的摇篮”今天依然国力衰微。德国通过“民主”投票让纳粹上台并实施大屠杀。法国和英国先是殖民统治全世界，然后又失去了全世界。美国是个只看到黑白两色的恐怖主义国家（200 年中的海外军事行动超过 180 次），欺骗和双重标准是其惯用手法。

接下来是法治。当前的国际秩序——从北约到世界银行——是西方利益的无耻延伸，这是不公平的，也是不可接受的。

可悲的是，《圣经》的使命感让所有的西方社会走上歧途。欧洲没有哪座城市没有教堂。在德国执政的是基督教民主联盟。我们目前所处的年头是耶稣诞生第 2015 年。

这让我们走向普世主义：西方认为它是最高文明，其他地方必须“西化”。加入这一体系的新成员被视为家人，没有加入或试图脱离出去的则被视为敌人，必须加以排斥和羞辱。

这种思想得到了所谓“中国问题专家”的支持，他们的态度毒害了一切。他们的信口胡言有赖于所谓的“言论自由”。而我们大多数人

---

* 本文为参考消息网转载香港《南华早报》网站文章，2015 年 2 月 25 日，见 http://column.cankaoxiaoxi.com/g/2015/0225/678165.shtml。

都知道这样一条不成文的社会规则：喜欢传播流言、抱怨、撒谎或经常指责他人的人没有资格身居高位。

此外，社会有着严格的等级划分，卡车司机在公开场合可以畅所欲言，但总统不能。

这并不是说我们不需要捣乱分子。事实上所有社会都会滋养着特殊的一类人：说真话的人（记者、讽刺作家、喜剧演员等）。他们的社会地位不高，但可以畅所欲言，有了“新闻自由”这块挡箭牌，不必担心承担法律后果。但诚实和真相几乎不相干：关键是获得关注，冒犯他人是他们想要的结果，而引发实实在在的反应则相当于中了头彩。

如果一个控制了言论和大众传媒的超级大国把“说真话”作为工具，召集一群捣乱分子来贬低、曲解并诽谤其他国家及其人民会怎样？

当这些捣乱分子登陆中国后，他们抱起团来相互吹捧，通过翻找中国人对生活状况的不满来寻找容易下手的目标。他们会说：“消除你们不满情绪的良方是西方价值观。”他们还说：“看，我们在西方随时都可以表达自己的想法，而且不会有任何后果。”受他们毒害的人被告知：“你们的不满来自于社会对你们的压制。”

他们的目标是让自己进入学校的课堂，为西方价值观招募尽可能多的潜在异见人士，特别是得到西方媒体关注、拥有西方签证、干着好差事甚至得过奖的社会名流。

不过绝大多数中国人并没有从割裂与本国社会的关系中获益，他们对这种狂热崇拜西方的行为提出了越来越多的批评。

第二章

自由源于物质基础

脱离物质基础，人类便没有自由。

自由的分类

在有关自由的论文、专著或一般文献中，我们经常可以看到各种关于自由的表述，例如，言论自由、表达自由、出版自由、集会自由、游行自由、选举自由、信仰自由、迁徙自由、择业自由、恋爱自由、社会自由、经济自由、竞争自由、政治自由等。这些表述可谓五花八门，从中看不出多少逻辑关系。

在西方自由主义理论看来，所谓自由，主要是指政治自由。

美国前总统富兰克林·罗斯福在 1941 年 1 月 6 日致国会的咨文中，提出了著名的“四项人类基本自由”：

> 在我们力求安定的未来岁月里，我们期待一个建立在四项人类基本自由之上的世界。
>
> 第一是在全世界任何地方发表言论和表达意见的自由。
>
> 第二是人人有以自己的方式来崇拜上帝的自由——在全世界任何地方。
>
> 第三是不虞匮乏的自由——这种自由，就世界范围来讲，就是一种经济上的融洽关系，它将保证全世界每一个国家的居民都过健全的、和平时期的生活。
>
> 第四是免除恐惧的自由——就世界范围来讲，这意味着世界范围的裁减军备，要全面彻底裁减到这样的程度：世界上没有一个国家有能力向任何地区的任何邻国发动武力侵略。①

---

① ［美］罗斯福：《向前看·在路上》，张爱民、刘立丹译，华中科技大学出版社 2011 年，第 178—179 页。

罗斯福提出的“四项人类基本自由”，作为政治号召，自有其历史和现实意义。但作为追求精确和完整的学术概念，罗斯福的论述还是有明显不足的。

以笔者对自由的本质和自由发展规律的认识来界定，自由应该分为如下三种：

一是经济自由，指人们从事物质资料生产活动的自由。

二是社会自由，指人们从事受教育、择业、艺术、迁徙、旅行、恋爱等社会活动的自由。

三是政治自由，指从事政治活动的自由，包括言论自由、表达自由、出版自由、集会自由、游行自由、选举自由等。

笔者没有把人们经常提到的物质自由和信仰自由当作一种自由来看待，那是因为自由是指一种行为，而物质和信仰本身不是行为，因此无所谓自由还是不自由。

自由的成本

笔者没有把物质财富当作一种自由，而是认为任何一种自由都与物质财富有关，这就是自由的成本或自由的物质基础问题。这是本书的一个核心观点。在这里，需要简单讨论一下自由与物质基础的关系。这个关系极其简单，却也极其重要。

人类任何行为都有成本。自由作为“不受限制的行为”，意味着它能够支付得起相应的成本，支付不起成本的人则难以拥有相应的自由。这是一个显而易见的道理。

经济自由，是指人们从事物质资料生产活动的自由，经济自由的目的是实现或提高物质财富水平。但是，这种经济状况的改善是需要先期投入的，一切生产和交换都是物质财富的生产和交换，没有物质财富这个前提，一切生产和交换都无从谈起。不难看到，谁拥有更多的物质财富，谁就拥有更多的经济自由、更高的经济地位、更大的经济自主权。身无分文的人，其经济自由是极其有限的。

社会自由，是指人们从事受教育、择业、艺术、迁徙、旅行、恋爱等社会活动的自由。社会活动是物质财富的消费过程，因此社会自由也受到物质财富的严重制约。缺少物质财富，你就不能接受更好的教育，难以寻找更称心的工作，不能到处旅行等。

政治自由，是指从事政治活动的自由，包括言论自由、表达自由、出版自由、集会自由、游行自由、选举自由等。不难发现，政治自由与经济自由和社会自由一样，也是有成本的。如美国每一次总统选举，都要耗费大量金钱。表达自由、出版自由、集会自由、游行自由也都是需要支付一定成本的。可以讲，从古希腊民主到中世纪贵族专制、再到当代美国政治，凡是能够支付、愿意支付更大成本的社会成员或利益集团，就拥有更大的政治自由。这就解释了人类历史为何从来都是富有阶层统治贫穷阶层的原因。

自由的成本观点意味着自由是随着经济的发展而发展，它是历史的、发展变化的，而不是像西方自由主义理论所宣称的那样，是先验的、绝对的。经济学中有一个交易成本的概念，正是由于交易成本的存在，市场问题才变得非常复杂。对自由问题而言，自由的成本也是极其重要的，就如交易成本对市场问题的重要性一样。

必然王国与自由王国

自由的成本原理表明，一切自由都是有成本的。在一定的社会历史条件下，这个成本可以指货币财富；但从人类纵向的历史发展来看，成本的概念就不仅仅是货币财富，而是指人类占有的物质基础。因为，货币固然可以代表一定社会的财富形态，用它可以交换当时历史条件下的人类生活物资，为一定的自由支付成本。但是人类生活物资随着人类发展而发展，形态日益丰富多样。因此，笔者采用“自由源于物质基础”这样一个更为准确的命题，以便更好地论述人类自由的历史发展过程。“自由的成本原理”与“自由源于物质基础”，二者本质是相同的。正如自由必须支付成本，同理也可以说，自由必须建立在一定的物质基础上。人类占有的物质资料越丰富，自由就越多。

比如，人类从最初的步行，到骑马，到乘马车，再到坐火车、汽车，再到现在的乘高铁、飞机，将来还可能乘火箭飞向太空，人类毫无疑问是越来越自由，这自由就是依赖越来越丰富的物质基础。

人类的一切物质资料都来源于自然。为了自己的物质需求，人类必须不停地同自然做斗争，掌握自然的奥秘，提高认识自然、改造自然的能力。在最初的时候，人类对自然的认识十分有限，利用和改造自然水平也低，人类只能更少地处在“按照实物的本性来说，它存在于真正物质生产领域的彼岸”① 的自由王国，更多时候是处在必然王国，随着人类认识自然、改造自然能力的逐步提高，自然越来越变成被打上人类烙印的人化了的自然，人类也会越来越多地处在自由王国之中。人类征服自然的过程就是人类从必然王国走向自由王国的过程。这就是马克思主义的自由观，它从最深的层面上揭示了自由的本质。

政治自由的本质

由于西方自由主义理论所讲的自由往往指政治自由，因此有必要对政治自由多加讨论，以便说明，政治自由不是一项自然权利，而是同样源于物质基础。

要先搞清什么是政治。

我们经常听说一句话，就是“政治是经济的集中体现”。如何理解

---

① 《资本论》第 3 卷，人民出版社 1975 年版，第 926 页。

这句话呢？有目共睹，所有政治活动，它本身并不创造财富，那为什么说政治是经济的集中体现呢？

从历史上看，政治起源于富有阶层对自身拥有的财富进行保护的行为。私有财产产生以后，富有阶层为了防止其财产被侵占，拿出一定的钱财（作为成本），或单独或联合地供养军队或警察，由其实施武力保护，进而在此基础上就产生了国家。这是古希腊和古罗马国家产生的基本逻辑。对此，恩格斯已经在《家庭、私有制与国家的起源》一文中做过系统而深刻的论述。恩格斯在该文中还说：

> 国家是表示：这个社会陷入了不可解决的自我矛盾，分裂为不可解决的对立面而又无力摆脱这些对立面。而为了使这些对立面，这些经济利益互相冲突的阶级，不致在无谓的斗争中把自己和社会消灭，就需要有一种表面上凌驾于社会之上的力量，这种力量应该缓和冲突，把冲突保持在“秩序”的范围以内；这种从社会中产生但又自居于社会之上并且日益同社会脱离的力量，就是国家。[①]

恩格斯的话说明，国家是经济利益冲突的阶级相互调和的产物。

阶级相互调和归根到底是经济利益的调和与分配。随着国家法律制度的发展，管理国家的措施逐步多样化，但所有这些措施，其共同的特征是进行财富的分配和再分配。在一个阶级社会中，合法的财富受到保护，非法的财富将被剥夺，因此保护也是一种广义的再分配。

所以，可以简单明了地说，政治的本质就是财富的再分配。奥巴马推行医改法案、国际气候控制谈判、埃及革命、叙利亚危机等政治现象，实际上都是对财富的再分配活动。正因为这样，政治虽然不创造财富，但它确实是经济的集中体现。

---

① 《马克思恩格斯选集》第4卷，人民出版社1972年，第166页。

所谓政治自由，就是参与社会财富再分配的自由。前面曾经谈到，政治自由是有成本的，凡是能够支付、愿意支付更大成本的社会成员或利益集团，就拥有更大的政治自由。尽管自由主义理论宣称人人生而自由平等，但古希腊的奴隶、18 世纪的欧洲妇女、20 世纪前半期的美国黑人，他们为什么都没有投票权呢？就是因为他们没有或很少有经济自由，所以他们没有权力参与财富再分配。这清楚地表明，经济地位决定政治地位，经济自由决定政治自由，物质财富是权利的真正来源。

在经济自由、社会自由和政治自由三种自由的关系问题上，西方自由主义理论一方面认为，如果没有经济自由做保障，政治自由也是虚幻和没有意义的；另一方面它又认为政治自由是先验的、绝对的，优先于经济自由和社会自由。这看起来显得非常矛盾和纠结。经济自由是为了创造物质财富，政治自由是为了分配物质财富，它们两者都服务于社会自由即使用物质财富，虽然政治自由和社会自由也会反作用于经济自由，但经济自由的作用终究是决定性的。西方自由主义理论把政治自由拔高到最高人权的地步，完全是因果倒置。

自由与发展的关系

我们应该通过什么样的路径去追求自由、实现自由呢？

根据自由的成本原理，你要取得任何自由，都要支付成本。因此，你要获得自由，就要努力提高成本的支付能力。也因此，经济发展是自由的前提，经济建设是任何国家特别是发展中国家的中心任务。这是一个显而易见的结论。

在实践中，尽管发展与自由之间还会出现很多中间环节，发展未必立即、直接导致自由，但是没有发展，一定没有自由，这种决定关系是不以人的意志为转移的。

然而，要重点注意的是，西方自由主义理论的观点正好与此相反。

它宣称，自由、民主、人权是人类普世价值，高于一切其他价值，也是实现其他价值的前提。进而有人宣称，自由是进步的唯一源泉：任何国家，只要实现政治上的自由化和民主化，国家的繁荣发展就指日可待。

从这一理论出发，前些年西方对印度的发展前景大吹特吹，希望在舆论上压过蓬勃发展的中国，为西方民主世界壮胆。然而事与愿违，没过几年，西方那些乐观激昂的话音犹在，印度却从民主神坛上跌落下来，成为“金砖四国”中最令人失望的国家之一。

冷战以后，西方世界高举普世价值的旗帜，全力在世界各地推动西方式民主化。世界上绝大多数发展中国家在西方强大话语权影响下，无形中接受了西方话语逻辑，纷纷实行自由化、民主化。然而，实际效果却让人们困惑：在上百个实行民主制的国家中，除了少数几个拥有石油、黄金、钻石等资源优势的国家发展尚可外，其余的都令人失望，甚至说绝望也不过分——看看眼前的泰国、乌克兰、埃及、突尼斯、利比亚、叙利亚正在上演的一幕幕民主大戏的乱象就够了。

是发展决定自由，还是自由决定发展，是笔者与西方自由主义理论的关键分歧点之一。笔者认为，发展中国家要先解决经济民生问题，“发展是硬道理”，才能逐步推动自由民主的进步。而西方自由主义理论的观点却正好相反。

在经历了一系列动荡的“阿拉伯之春”以后，阿拉伯国家的精英们也在反思。迪拜的“阿拉伯战略论坛”执行主席苏莱曼·哈特兰认为：“关于民主与发展孰先孰后的问题，我如今坚信：在一个受困于贫穷、愚昧和无能的环境中，不可能产生真正的民主；缺乏人的全面发展，不去关注思想、经济和基础设施，不去改变人们的生活方式，为他们敞开知识和自由思想的大门，那么，民主就不会实现，‘阿拉伯之春’的树木也不会开花结果。”① 当然，这里的民主是指西式民主。

---

① 转引自《中东并存反思与困惑》，《人民日报》2013 年 12 月 19 日。

享誉世界的政治家、新加坡前总理李光耀对此有自己的真知灼见："美国人相信他们的理念具有普世价值，比如个体至上理论，无拘无束的言论自由。其实并非如此，过去不是，现在也不是。实际上，美国社会之所以能这么长的时间内维持繁荣，并不是这些理念和原则的功劳，而是因为某种地缘政治意义上的运气、充足的资源、大批移民注入的能量、来自欧洲的充裕的资本和技术，以及两个大洋使美国免受世界冲突的影响"，"我认为民主制度不会自然而然地带来发展，这个观点与美国政治评论家们所说的恰恰相反。我相信，一个国家如果要发展自己，更需要纪律，而不是民主。"①

正是在这种国际背景下，一个词悄然流行——"民主早产儿"。它专指那些超越经济与社会发展的客观条件，过早实行民主化，导致社会失序的所谓"民主政体"。对这种"民主政体"必须加引号，因为它不健康甚至短命，应该是我们力求避免的。

科学史的启示

科学史进一步启发了我们对自由发展路径的认识。

20 世纪上半叶，中国的新文化运动通过对东西方文明发展的反思，提出中华文明落后于西方文明的原因，在于缺少"德先生"和"赛先生"，即"民主"和"科学"。

美国学者彭慕兰的大分流理论认为，公元 1800 年以后，欧洲工业化的充分发展，使东、西方呈现出不同的发展形态。但也要看到，工业化的前提是科学的发展。因此，在很大程度上说，科学的进步是人类社会发展和现代化的关键指标。

众所周知，科学起源于西方。研究西方科学史，都要从古希腊的先

① ［新］李光耀口述：《李光耀论中国与世界》，中信出版社 2013 年，第 50、32 页。

贤们，如泰勒斯、毕达哥拉斯、赫拉克利特、德谟克里特、柏拉图、亚里士多德、欧几里得、阿基米德等对自然的探索开始。文艺复兴使人类理性的力量得以彰显，达·芬奇、哥白尼、开普勒、伽利略、培根、牛顿等人继承了古希腊先贤们对自然进行探索的传统，促进了科学的发展；当培根喊出“知识就是力量”时，意味着科学开始走上向实用技术转化之路。法国启蒙运动中百科全书派，推崇机械工艺，促进了实用技术在生活、工作中的应用，由此催生了科学技术时代的真正来临，促使了西方工业化开始起步。这就是西方科学史的简要历程。

科学发展与自由有必然的联系吗？西方自由主义理论号称自由是进步的唯一源泉，照此说来，科学进步当然也应该是自由的结果。那么科学在西方而不是在中国产生，是否意味着古代西方社会有更多自由而中国古代没有自由呢？让我们看一看事实究竟如何。

事实上，古代中国比古代西方拥有更多的自由。从经济的角度来说，在 14—15 世纪，京杭大运河运输的繁忙程度，使马可·波罗惊叹“任何人都不敢想象”。“15 世纪早期的泰晤士河所经之处，是名副其实的穷乡僻壤”，而“南京十之八九是全球最大的城市，人口在 50 万—100 万”，“与南京相比，那时的伦敦几乎还不能叫作一个城镇”①。有西方学者认为，在人类历史的大部分时间里，中国占世界人口总数的 1/4 强；公元 1800 年以前，中国长期是世界经济的中心，在世界市场上具有异乎寻常的竞争力；1820 年，中国 GDP 占世界总额约 32.4%。② 可见，在工业化以前的长时间中，中国经济发展水平处于世界前列。

我们再来看看政治体制方面。中国政治长期受儒家伦理主导，民本思想和德政理念在中国政治学说中源远流长、深入人心。法国启蒙运动

---

① ［英］尼尔·弗格森：《文明》，曾贤明、唐颖华译，中信出版社 2012 年，第 4—6 页。

② 参见龙登高：《江南市场史：十一至十九世纪的变迁》，清华大学出版社 2003 年，第 222—223 页。

领袖伏尔泰，就是一个中国文化的热情赞美者，尤其欣赏中国儒家道德观念的平和色彩及建立在这种道德基础上的政治法律制度。方刚先生曾经指出："伏尔泰并不认为中国的政治制度为专制。他认为，中国官吏经严格的考试而委任，他们可以对皇帝进行评议和进谏，要对上、下两面负责，全国形成一种行政网络，皇帝不易推行专制而必须遵守某种法律。伏尔泰认为，中国的政治制度就像家庭一样，上对下'仁爱'，下对上尊敬和顺从。正是这些美德使得中国的政治制度延续四千年而不衰。他说，'人类智慧不能想出比中国政治还要优良的政治组织'。"① 尽管不少论者认为伏尔泰对中国文化有误读，在中国实际社会生活中也并非像伏尔泰说的那么理想，但笔者认为，伏尔泰对中国文化的评论还是有相当事实依据的。中国封建专制相对于西方中世纪的宗教专制至少不是更残酷、更黑暗，而是相对宽容和仁慈。儒家思想的宽容，在西方是一个公认的事实。而在西方，很多人为发展科学付出了生命的代价，这种现象在中国历史上是非常罕见的。古代中国比古代西方有更多的自由研究科学。但科学没能在中国产生，而是在西方一片杀伐声中发展繁荣起来。这说明什么呢？这说明自由尽管是科学发展的重要因素，但绝不是决定因素。更确切地说，自由是科学发展的外因，而不是内因。所以，西方在自由这个外因比较差的环境下，其内因还能起作用，使科学逐步发展起来；而在中国历史上，尽管自由这个外因比西方好，却不具备科学发展的内因，因此终究没有产生科学。

这样看来，自由主义理论标榜"自由是进步的唯一源泉"，是不符合历史事实的。笔者认为，自由固然有利于科学进步，却绝不是科学进步、社会进步乃至人类进步的决定性力量。

人类自由发展的物质基础

对历史的既有研究已经充分而雄辩地证明，包括人本身和社会关系

---

① 方刚：《伏尔泰论中国》，《法国研究》1990 年第 1 期。

在内的人类发展，必须追溯到人类占有的物质基础中去寻找依据。

人类最早的祖先，猿人为什么生活在热带、亚热带地区？后来在什么时候、又为什么会遍布全球各地？在远古时代为什么会有杀婴、杀老和人吃人现象？人类为什么会成为万物之主？人类高级文明为什么总在河流边孕育成长？欧亚大陆为什么会成为人类文明的高地？西方文明为什么会超越东方文明？凡此种种，无须在此一一进行论证，读者诸君尽可查阅资料，但其公认的结论却毫无疑问地都要追溯到人类占有的物质基础中去寻找。

在此，笔者只想举一个例子来进行说明。

摩尔根《古代社会》一书，是迄今为止公认的研究人类古代社会的伟大著作。他把人类古代历史分为三个阶段，即蒙昧阶段、野蛮阶段和文明阶段，其中蒙昧阶段和野蛮阶段又分别分为初、中、晚三期。摩尔根对不同阶段的主要特征和社会生活状况进行了深刻的描述。斯塔夫里阿诺斯在《全球通史——从史前史到 21 世纪》一书中也有相似的论述。在此，不妨来重温一下当时的人类生活及其相应的物质基础。

（一）蒙昧阶段初期。人类处在生产力最低下的原始状态，以采集植物的块根和果实为食物。这一物质基础决定了此时的人类只能生活在热带、亚热带地区，以便常年采集到足够食物。由于食物数量有限，人类只能 20—50 人一群地生活在一起。为了躲避野兽侵袭，他们只好栖息在树上或洞穴中。在社会关系上，没有等级、没有压迫，只有亲族关系，实行血婚制，兄弟姊妹之间均可婚配，否则这个小族群是不能生存下来的。

（二）蒙昧阶段中期。这一时期最重要的特征是人类学会了用火。有了火这一物质基础，人类开始吃肉，随之捕鱼打猎开始盛行。这又推动了人类几个重要变化。首先，由于人类摄入蛋白质的增加，人脑发育起来，智力得到快速提高；其次，捕鱼打猎使人类随时随地都可以获得食物，于是人类开始走出东非热带大草原，向全球各地迁徙；当食物严重缺乏时，人类甚至学会了吃自己的同类。

（三）蒙昧阶段晚期。弓箭的发明是这一时期主要特征。有了弓箭，打猎的效率大幅度提升，人类获取食物更容易了。在这一时期，通过迁徙，人类遍布各大陆，为人类各种族的形成打下了基础。由于获取食物水平的提高，人类族群已经由蒙昧阶段初期的十几万人，发展到500多万人。甚至出现了专职巫师。

（四）野蛮阶段初期。这一时期以制陶术为标志。陶器的出现使人类村居生活更为便利，生活质量得到提高，促进族群繁衍，为人类从流浪到定居的转变做出了贡献。族群的定居和扩大又促进了氏族社会和偶婚制的发展。

（五）野蛮阶段中期。这一时期以农耕和畜牧为标志，人类从天然食物采集者转变为食物生产者。这使人类食物的保障程度进一步提高，定居变得更为可能。如果说蒙昧阶段男女都从事食物采集，那么到野蛮阶段中期，男女的分工变得更为明显，由于男子体力更为强健，农耕和畜牧基本上都是男子的事情，女子则更多地从事家务劳动。这也为后期父权制和私有制的产生奠定了基础。

（六）野蛮阶段晚期。这一时期以冶铁术的发展为标志。铁的利用使农业的生产效率大为提高，出现了田野农业，“人类也就因此开始获得了无穷的食物”①，人口急剧增长，甚至逐步开始有了剩余产品。与此同时，男人的地位急剧提高，父权制代替了母权制，私有制和国家也即将降临。

（七）文明社会。以文字发明为标志，人类进入文明社会。有了文字，才会有历史、才会有成文法、才会有国家，才会有统治。但是，不要忘记，与人类400万年进化史相比，文明社会只有5000年历史，实

---

① ［美］摩尔根：《古代社会》（上册），杨东莼、马雍、马巨译，商务印书馆1977年，第28页。

在是历史长河中的一小段而已。

一百多年前，摩尔根揭示的人类古代历史，令人信服地证明，包括生活方式和社会关系在内的人类进步的阶梯，完全建立在逐步发展的物质基础之上。不同的物质基础产生了不同的生活方式和社会关系。古代人类意识中并没有自由之类漂亮的概念，但我们清晰地看到，随着物质基础的改善，人类的自由逐步增加，人类越是掌握更多物质基础就有了越多的自由。

人体自身的进化，更离不开物质基础。人类学家研究证明，在蒙昧阶段晚期以后，人类遍布各大陆，不同的气候、阳光、食物和生存环境，造就了我们现在看到的以不同肤色、发型、面型、身高等为特征的不同种族。

现今，西方自由主义论者完全无视人类历史发展的现实，仍然用天赋人权、自然自由等所谓的普世价值蛊惑世人，而且竟然还有不少人跟着摇旗呐喊，这是相当令人诧异的。这充分说明，自由主义理论完全失去了历史感，因而也完全有悖于西方理性主义传统。

母权与父权的物质基础

物质财富是自由和权力的基础和保障，没有物质基础就没有相应的自由和权力，这是笔者的一个基本观点。这里，有必要逐步审视历史上自由和权力与物质财富的关系。

母权是人类历史上最早的权力形态。在蒙昧时代晚期和野蛮时代早、中期，人类处于氏族社会。在这个历史阶段，社会生产力还极端落后，人类处于勉强维持生存的状态，实行群婚制或偶婚制，婚姻既不以财产也不以感情为基础，氏族家庭内部实行原始共产制，男女成员都要从事采集或生产食物，社会没有剩余产品，除了少量个人用品，基本没有个人财产。财产上的平等地位是这个阶段的重要特征。

然而在这个财产平等的社会，有一样重要东西是不平等的，即女人拥有子女，男人却不知谁是自己的真正子女。因为在群婚制或偶婚制下，两性关系非常随意，通常无法确定孩子的生父，但是生母却始终是非常清楚的。在那个物质贫乏且平等的社会里，劳动力即人实际上是真正的、重要的财富。女人因为生育，母子关系得到确认，正是这一物质基础，使母权制得以确立。男子尽管在子女生育上同样功不可没，但由于父子关系难以确认而失去了权力。

到了人类野蛮时代晚期，农业和畜牧业已经取得巨大发展。由于自然产生的原始分工，男子主要从事农业和畜牧业，女子则主要从事家务劳动，因此男子自然占有农业和畜牧业的生产资料及其剩余产品。当通过农业和畜牧业获得的食物占支配地位时，男子在家庭中的从属地位就逐步转变为主导地位。随着剩余产品越来越多，男子的私有财产也越来越多，父权制自然而然地代替了母权制，并一直延续到文明社会，到如今也不曾改变。

这里只想说明一个观点，即权力来源于物质基础。不但父权如此，母权亦如此。母权时代虽然实行共产制，但母子关系却是无法泯灭、也是无法替代的。从这个意义上说，子女是母亲唯一重要的“私有财产”。依据此“私有财产”，母权才得以确立。

随着生产力的发展，男子掌握了新的私有财产，父权从此占据家庭统治地位，并成为文明社会迄今的普遍现象，文明社会从此出现了追求男女平等的永恒话题。当代社会公认，要从根本上解决男女不平等问题，关键是要提高广大妇女的经济地位，促进妇女就业，实行男女同工同酬。一句话，提高妇女地位不能脱离妇女阶层的物质基础。

古希腊公民权的物质基础

古希腊民主制在西方政治理论中占有重要地位，通常认为是西方民主制的源头。究竟应该如何看待古希腊民主制的本质呢？

首先要厘清一个问题，就是在希腊国家产生以前的希腊氏族社会，本身就是一个民主社会。希腊民主不是从天上掉下来的，而是从氏族社会继承下来的。

根据摩尔根的论述，在古希腊氏族社会中，氏族酋长由氏族成员选举产生，负责管理氏族事务。各氏族酋长组成部落的酋长会议，负责提出部落的公务措施方案。最后由部落的人民大会批准或批驳这个公务措施方案。这是一套完整的民主制度。部落的人民大会正是后来雅典公民政治集会的滥觞。正如摩尔根在谈到瑟秀斯、梭伦和克莱斯瑟尼斯三位推动建立雅典民主政治关键人物时指出的："雅典民主政治的历史要比这三位人物更为古老；这样的看法会更近乎实况一些。他们都没有想改变从氏族制度承袭下来的现存的民主原则。"①

那么，雅典民主制与先前的氏族民主有何区别呢？关键区别就是，民主的形式还在，但社会环境完全变了。在氏族时代，氏族成员实行共产制，在主要财产上处于公平状态，因此在政治权利上也是平等的。到了雅典时期，私有制的发展已经使雅典城邦国家分化为不同的阶级。雅典民主是阶级社会的民主，雅典人的民主权利是按照财富的多寡来划分的。占人口70%的奴隶是彻底的穷光蛋，所以他们没有任何政治权利。公民则按照他们的地产和收入分为四个阶级。"五百、三百及一百五十袋谷物为前三个阶级的最低限度的收入额；地产少于此数或完全没有地产的人，则属于第四阶级。只有三个上等阶级的人才能担任一切官职；只有第一阶级的人才能担任最高的官职；第四阶级只有在人民大会上发言和投票的权利。"② 后来在罗马国家中也照此方法组建起国家机构。

---

① ［美］摩尔根：《古代社会》（上册），杨东莼、马雍、马巨译，商务印书馆 1977 年，第 314 页。

② 《马克思恩格斯选集》第 4 卷，人民出版社 1972 年，第 111 页。

正如恩格斯所说："在制度中便加入了一个全新的因素——私有财产，公民的权利和义务是按照他们的地产多寡来规定的。"[①] 因此古希腊民主制是氏族社会民主制的修正，其修正的依据就是私有财产。这充分说明，民主这种权利不是上天赋予的，不是所有人自然拥有的，正如父权和母权来源于物质基础一样，古希腊公民的民主权利只是他们所拥有的物质财富在政治权利中的反映而已。与其说古希腊政体是民主制，不如说是占人口少数的奴隶主对占人口大多数的奴隶的专制体制。

生命权的物质基础

生命权是西方自由主义理论所谓天赋人权的一项重要权利。但生命权究竟是一项什么样的权利，同样需要予以历史地考察。

人类生命现象既是一种物质现象，又是一种精神现象。物质现象是基础，精神现象是灵魂。作为物质现象的人的生命体，其存在和发展是精神现象存在与发展的基础。人要是没有强大发育的大脑，就不会有高级思维活动，就不会有思想情感等精神现象。而大脑本身又是物质运动的结果。最初，原人的大脑容量只有现今人类的约三分之一，人类就这样懵懂地过了二三百万年。直到蒙昧时代中期，人类开始使用火以后，人类的蛋白质摄入量大幅度增加，从而促使大脑和智力的发育进入一个快车道。

更为重要的是，生命体是一个有机体：它必须不断得到水、空气、食物等物质资料的持续补充，才能维持其新陈代谢活动。这样，人类的生存发展问题在很大程度上体现为人类生活资料的生产和获取问题。

所以，人类的生命权从来不是无条件的，人类生命的尊严取决于人类生存的物质基础。当人类还处于生产力水平极其低下的蒙昧时代

① 《马克思恩格斯选集》第4卷，人民出版社1972年，第112页。

和野蛮时代时，杀死一个人与杀死一只牲畜或许没有太大区别。摩尔根说："有理由相信吃人的风气在整个蒙昧阶段是普遍流行的，平时吃被俘获的敌人，遇到饥荒的时候，就连自己的朋友和亲族也会被吃掉。"[①] 斯塔夫里阿诺斯说："在旧石器时代，不但不遵守部落传统的人会被杀掉，而且在食物短缺时，儿童和身体虚弱的人也会被杀掉。食物采集者被迫不断迁移，因为其住地附近的食物来源迟早都会被耗尽。这种不可避免的迁移迫使他们狠心地削减他们的物质财产，也迫使他们在某些时候狠心地削减他们团体的某些成员，如儿童、老人和身体虚弱的人。"[②]

到了文明社会，情况并没有立即好转。我们知道，奴隶只是会说话的工具，他们的生命完全掌握在奴隶主手上，因为他们是穷光蛋。

人类的生命权是什么时候在法律上得到保障的？这在世界各国差别极大，因为美国南部在 19 世纪 60 年代还有奴隶制存在。此外，法律上保障与事实上保障还有很大距离。即使现在，美国公民在国外违法被判刑，美国也会经常想办法去搭救他们的美国公民。但是，看看当下叙利亚、利比亚、伊拉克、阿富汗正在发生的事情，他们的生命权又在哪里呢？近些年来，中国政府组织了多次海外撤侨行动，比如利比亚撤侨、也门撤侨、新西兰撤侨等，中国在海外的公民和侨民得到了前所未有的生命尊严。这些撤侨行动需要政府投入大量的人力物力财力，这些事要是发生在十几年前，一切可能都不会发生，因为那时国家还没有这个实力。所以，生命权究竟是不是天赋的？它究竟有多普世？不是不言而喻吗？

---

① ［美］摩尔根：《古代社会》（上册），杨东莼、马雍、马巨译，商务印书馆 1977 年，第 26 页。

② ［美］斯塔夫里阿诺斯：《全球通史：从史前史到 21 世纪》（上），吴象婴、梁赤民、董书慧、王昶译，北京大学出版社 2005 年，第 15 页。

美国黑人解放运动的启示

当今世界，普世人权喊得最响的是美国。我们不妨举一个美国的例子进行剖析。这个例子就是美国黑人的解放过程。美国黑人从 17 世纪初被贩卖到美国，先后经历了两百多年的奴隶制度、一百多年的种族隔离制度。美国黑人从奴隶到解放，大致经历了以下重要的节点：

1619 年第一批黑人奴隶作为契约奴到达美国。

1661 年奴隶制合法化，奴隶的后代世代为奴。

100 多年后的 1776 年，美国独立并发布《独立宣言》，宣称“人人生而平等”。但这里的“人人”，显然并不包括黑奴。

1789 年，美国宪法诞生，但号称“人人生而平等”的美国开国者们，却在宪法中保留了奴隶制的合法性，奴隶是享受不到平等权利的。

1861 年美国发生南北战争。这场战争的最终结果是废除了奴隶制。然而在法律上废除奴隶制并没有使黑人得到自由，接下来的是长达 100 多年的种族隔离制度。在此期间，黑人的生活与其在奴隶制时期没有太大区别。

1963 年美国黑人民权运动达到高潮，马丁 · 路德 · 金博士发表著名的演说《我有一个梦想》。

1965 年美国立法彻底结束种族歧视和种族隔离制度。美国黑人的生活状况得到一定的改善。

然而，近年来发生的从弗格森事件到巴尔的摩骚乱说明，直到目前，种族问题依然是美国社会难以抚平的裂痕。

从美国黑人解放的历史进程中，我们清楚地看到，美国的先人们给他们的后代——那些宣扬普世人权的当代美国人——一个极大的讽刺。但是，真正让人感兴趣的是：为什么宣称“人人生而平等”的美国先人们，在独立宣言发表后将近 200 年的时间里都不能给予黑人自由？直到二十世纪六七十年代，其民权运动为什么又取得了胜利？这才是笔者想在此解读的历史之谜。

在奴隶制环境下，黑人奴隶既没有经济地位，也没有社会地位，更没有政治地位。前文曾经谈到政治的本质就是财富的再分配，一个完全没有经济地位的阶级，是没有机会参与财富再分配活动即政治活动的。因此，奴隶阶级没有政治权利是由其没有经济地位决定的。南北战争中北方白人支持废奴，固然不排除道德因素，但是归根到底是由于北方工业蓬勃发展，他们需要自由劳动者，而不是奴隶；而南方种植园主则依然需要大量奴隶来维持他们的经济活动。

南北战争以后，奴隶制名义上被废除，但奴隶阶级的经济地位不可能在短期内得到提高。所以，在社会及政治领域，奴隶阶级的各种权利并不能得到真正落实，剥削与被剥削关系以新的形式——种族隔离——表现出来，黑人的社会处境与奴隶制时代相比并没有发生本质变化。

奴隶制被废除后，尽管黑人的政治权利没有真正落实，但他们的社会自由终究有所扩大。黑人领袖抓住这个机遇努力改善黑人经济和社会地位。其代表人物布克·华盛顿坚信，黑人群体的首要问题是来源于经济的薄弱，在没有摆脱经济困境的情况下，政治权利只是华而不实的摆设。他说："只有当我们的种族在经济上的努力获得成功，那么我们方能有资格提出对于政治、经济以及社会等方面的平等要求。"[①] 为此，他千方百计帮助黑人发展教育、提高职业技能，从而增加黑人的经济收入。经过长期努力，到20世纪初，美国黑人在经济上获得了极大成就，很多黑人拥有了土地，并且出现了黑人农场主；黑人财富也有了可观的增加，出现了黑人银行；在此基础上，黑人教育也相应得到改善，一个黑人中产阶级逐步形成。

从第一次世界大战到第二次世界大战结束，又发生了黑人城市化运

---

① Book T. Washington, *The Future of the American Negro*, Boston: Small, Maynard & Co., 1899, p. 210。转引自费骁翔：《美国黑人早期争取民权运动探究》，硕士学位论文，上海师范大学世界史系，2013年，第43页。

动。先后约有 450 万黑人逃离南方，涌入美国东北部和中西部中心城市，成为黑人工人阶级，促使黑人中产阶级队伍更加壮大。到 1970 年，约有 81%的黑人生活在城市。

正是美国黑人经济地位的提高为其彻底解放奠定了基础。此时的黑人作为有产者，已经取得参与社会财富再分配即政治活动的资格，他们的政治权利已经没法再被忽视了。一切社会条件都已经具备，黑人民权运动只不过是黑人解放的“临门一脚”。

美国黑人解放运动给我们什么启示呢？它雄辩地证明，人们并不生而平等，普世的价值并不能带来现实的普世，美国也不例外。美国的发展与人类的发展其实都遵循同一规律，与前面谈到的父权、母权、生命权以及古希腊民主权利一样，美国人的权利和自由也是建立在一定的物质基础之上。自由的普世化只不过是西方赢得冷战后出现的短暂的政治呓语，类似福山的“历史终结论”，终将贻笑大方。

德国纳粹党为何能上台

1918 年 11 月，德国发生“十一月革命”。这场革命的结果是皇帝退位，魏玛共和国成立。据说,《魏玛宪法》是当时资本主义世界中最先进的一部宪法。

与《魏玛宪法》几乎同时产生的还有德国纳粹党。纳粹党最终在 1933 年成为德国的执政党，在第二次世界大战中对世界和人类犯下了滔天罪行。

极端专制的纳粹党为什么会代替魏玛共和国的民主体制？这个问题，由于纳粹党对世界为害极深而被史学家们反复讨论。

史学家们比较公认的观点是：第一次世界大战以后，战胜国通过《凡尔赛和约》对德国进行残酷压迫，激起了德意志民族的反抗、仇恨和报复心理；纳粹党巧妙地利用了德意志民族的复仇心理，通过欺骗性宣传取得了选民支持，从而登上历史舞台。

这个观点看似合理：当时德国社会确实存在浓烈的复仇情绪，也确实存在纳粹党的欺骗性宣传。但笔者认为，这个观点只是反映了某些表面现象上的联系，却没有反映历史的真实逻辑，因此是一个不够全面、不够深刻的解释。

如果是为了复仇，为什么一定要走向专制，并迫害犹太人、制造国家内部矛盾呢？建立最广泛的“统一战线”岂不更合理？此外，将一个重大的历史过程，归结为欺骗性宣传的结果，似乎也不够严肃，更不符合历史唯物主义。

那么，历史的真实逻辑是什么呢？

1921 年到 1923 年，资本主义世界发生经济危机。德国社会承担着战争创伤、巨额战争赔款、经济危机三重压力，国家经济几近崩溃。“95%企业不能正常开工，工业生产只有 1913 年的 20%，70%的工人部分或全部失业。”① 正是在这种社会环境下，纳粹党获得了第一次发展高潮，党员人数达到 3 万人。

1924 年到 1928 年，德国经济出现短暂繁荣，“纳粹党在这个时期曾多次被取缔，影响很小，而且党内分崩离析，是其发展过程中的低潮时期”②。

1929 年到 1933 年，资本主义世界发生了有史以来最严重的一次经济危机。正是在这期间，德国纳粹党迎来了第二次发展高潮，党员达到 100 万人，并在 1932 年 7 月的议会大选中成为议会第一大党。

上述历史事件难道仅仅是巧合吗？当然不是。这恰恰说明，集权是物质短缺社会的必然选择。任何社会、任何体制，在极其短缺的经济环境下，或者是政策上，或者是体制上，必然转向集权，只不过是集权的形式不尽相同而已。假如美国突然失去一半的财富，美国这个自由民主

---

① 吴友法：《德国法西斯的兴起》，湖北教育出版社 2002 年，第 150 页。

② 吴友法：《德国法西斯的兴起》，湖北教育出版社 2002 年，第 151 页。

国家的标杆一定转向集权。因为不集权，那少得可怜的物质财富将会是无法分配的。

实际上，在希特勒上台以前，魏玛共和国已经开始转向无政府状态，并进一步转向集权。1930 年 3 月，议会自行解体，实行“总统内阁”体制。“总统内阁”是非常状态下的集权形式，总统可以直接任命总理，“总统内阁”无须国会多数通过，凭借“紧急令”维持统治。实行“总统内阁”说明民主制已经失效。在 1930 年至 1932 年间，总统先后任命 3 任总理，颁发“紧急令”115 条。① 此后，希特勒在 1933 年 1 月成为内阁总理。

这就更好地说明了没有物质基础就没有自由，集权是物质短缺社会的必然选择。西方民主体制无法管理物质短缺社会。在物质短缺社会中，民主机制一定会逐渐失效并滑向无政府社会，最终一定是政治强人或军队出来，通过暴力收拾残局，用集权体制维护社会基本秩序。自由源于物质基础，物质总水平的短缺，一定会使社会总体失去自由。这个逻辑，在当代国际社会正在一再重演，最近的例子，是近年来动荡的泰国和埃及。

短缺和集权是一对孪生兄弟，如果德国没有希特勒，没有法西斯，也一定会出现其他的集权形式。这才是德国纳粹党上台的深层历史逻辑。

无解的埃及

当今的埃及为我们提供了一个生动的案例，让我们有机会进一步来审视物质短缺、自由民主、集权体制之间的关系。阚大神在 2013 年曾经发表过一篇分析埃及政治局面动荡的文章，名为《马尔萨斯魔咒：几

---

① 孟钟捷：《德国简史》，北京大学出版社 2012 年，第 147 页。

乎无解的埃及——面包、自由、社会正义和人的尊严，不是革命就能带来的》(见本章后的延伸阅读)。在文章中，阚大神以数据为基础，结合埃及在2011年到2013年的状况，说明了以下四个问题：

其一，埃及是一个物质短缺的国家。革命前如此，革命后更如此。

其二，革命前的穆巴拉克集权时期，社会比较稳定，经济增速较高。这说明集权适合于物质短缺社会。

其三，革命后民主选举出来的穆尔西总统时期，经济增速剧降，民众生活严重恶化，抗议示威更加频繁，社会滑向无政府主义。这说明西式民主不适应物质短缺社会。

其四，穆尔西执政1年后，发生军事政变，重回集权。

上述情况又一次说明，西式民主体制在物质短缺社会无法生存；既然生存都有问题，就更无法解决物质短缺问题；集权是物质短缺社会的必然选择。至于作者提到埃及需要控制人口以缓解物质短缺，但计划生育政策在西式民主体制下更是缘木求鱼，因为自由主义甚至认为计划生育是违反人权的。因此，在西方自由民主语境里，正如阚大神所说，埃及社会矛盾是无解的。另一方面笔者也相信，只有脱离西方自由民主语境，埃及社会矛盾才可能有解。现实的情况是，目前来看，恰恰是美国反对的塞西军政府，自2014年6月上任后实现了社会稳定，经济发展也正逐步走上正轨。2015年8月6日，经过不到一年的建设，新苏伊士运河通航。有人惊呼，“一个濒死的国家突然创造了惊世奇迹”。同样有意思的是，泰国的巴育军政府也在重复这一幕。这真是对西式民主的极大讽刺。

2016年1月13日，法国《费加罗报》网站发表评论“阿拉伯之春”的文章《维持国家强大是重中之重》[1]，文章在叙述埃及、利比亚、叙利亚的乱象后写道：“面对这一局面，西方的外交确立了新重点：要

---

① 《参考消息》，2016年1月15日。

维持国家政权的强大，哪怕是一个专制政权。埃及的情况就是如此，‘强人’的存在令人感到放心。”西方的“中东民主化计划”以一系列国家的支离破碎为代价，最终得到的结论竟是“要维持国家政权的强大，哪怕是一个专制政权”“‘强人’的存在令人感到放心”，这真是对西方民主理论的极大讽刺！但这也恰恰证明了笔者的观点，即在一个物质短缺社会，西式民主难以生存。

民主“早产儿”

最近几十年，在西方的自由民主语境下，全世界有许多国家先后实行民主化社会转型。西方的民主老师说，发展中国家只要实行自由民主体制，就能实现繁荣发展和现代化。

可是在这众多转型国家中，有几个实现了繁荣发展呢？张维为教授说："我走访了100多个国家后得出的结论是：非西方国家照搬西方模式，照搬一个，失败一个。"① 郑永年教授说："从冷战结束以来，民主的现状来看，人们不难发现，除了少数几个案例，民主所发挥的作用更多的是解体现存国家，而非建设国家。"② 我们最近看到的一个被解体国家是乌克兰。

发展中国家转型为什么出现如此普遍的民主失败症呢？《人民日报》2013年8月20日发表丁隆的文章《发展中国家应警惕“民主陷阱”》一文，对此进行了分析，指出发展中国家民主转型失败，源于民主早产。他说："不少发展中国家都在威权终结后，沿着威权政权倒台——民选政府治理失灵——军人干政这种‘教科书式’的政治发展路径演进。转型国家的政治参与度迅速提高，而社会组织化和政治制度化水平

① 张维为：《中国震撼：一个“文明型国家”的崛起》，上海人民出版社2011年，第125页。

② 郑永年：《民主政治与社会冲突》，《环球时报》2014年3月18日。

低，使政治动荡成为民主化的‘衍生品’……军人干政的例子也比比皆是，1960 年后，土耳其发生 4 次军事政变，非洲国家的民选政府被军人推翻更是司空见惯……‘早产’的民主超越了这些国家的经济、社会发展水平，让仍处于‘前现代阶段’的社会难以承载，被威权统治掩盖的民族、宗教等矛盾在民主化进程中集中爆发……民主化需要一个‘准备期’，发展中国家应在该阶段注重发展经济，培育有利于民主的经济力量、社会组织和公民社会，这对民主的建立和扎根至关重要。不顾国家和社会实际情况，不加改造地照搬西方民主，往往会患上各种严重的‘民主不适应症’，甚至走向反面。”

民主早产，“早”就早在没有先摆脱物质短缺状态。对这个问题，张维为、郑永年两位教授同样有过相似的论述。张维为说：“这么多发展中国家在西方指导下，尝试了政治权优先，而不是消除贫困优先，结果很糟糕。在一个充满贫困的国度里，去搞西方式民主，结果就出现了海地这样的烂民主：饿肚子导致暴乱，暴乱导致无政府状态，无政府状态又使所谓的民选政府形同虚设，最后只能靠联和国维和警察来维持基本秩序。”① 郑永年教授说：“当民众开始追求西方国家人民所具有的民主价值时，麻烦就出现了，理由很简单，这些国家根本不存在西方发达国家那样的社会、经济和文化条件。”②

以上论述又一次深刻揭示了物质短缺社会与西式民主、集权体制之间的微妙关系，证明了笔者反复申明的观点：西式民主体制在物质短缺社会无法生存，集权体制是短缺社会的必然选择。几十年来，西方在发展中国家催生的那些拔苗助长式的民主“早产儿”，使得绝大部分此类国家落下了终身“残疾”，有的国家也许永远都无法再站立起来。

在此需要特别指出，上述观点是一个基本原则。在具体的社会现实

---

① 张维为：《中国震撼：一个“文明型国家”的崛起》，上海人民出版社 2011 年，第 161 页。

② 郑永年：《民主政治与社会冲突》，《环球时报》2014 年 3 月 18 日。

中，物质短缺和集权体制都是相对的：既没有绝对的短缺和绝对的富裕，也没有绝对的集权和自由。按照目前西方的自由民主理论，在20世纪60年代以前，整个西方世界都是专制社会。1963年，马丁·路德·金还在喊“我有一个梦想”。如果说短短几十年间，西方世界就实现了绝对的民主自由，岂不是对人类理性的极大嘲弄吗？根据不同的物质短缺程度，集权体制可以表现出不同的形态和手段，通过控制思想、调整政策、调整人事、调整组织、调整程序、调整体制等不同的方式都可以实现不同程度的集权。也许体制是民主的，但思想、政策和程序却可以集权，就像德国魏玛共和国时期；我国“文革”时流行个人崇拜实际是一种文化集权。而这种集权的背后，归根到底是物质的短缺。判别专制、集权和民主，绝不是“一人一票”那么简单。人类历史就是一个逐渐摆脱物质短缺、逐渐实现自由的过程，不同的历史阶段有其适用的不同的政治体制，这个过程中不存在普世的价值和体制，这个过程也永远不会终结。

专制是必要的恶

在自由主义看来，专制侵犯了人的自然权利，是人类最大的恶行，是十恶不赦的。笔者认为，这种理念违背历史真实。实际上，人类发展不可能越过专制阶段，任何国家在其发展历程中也都有过专制阶段。从历史的角度来看，可以说“专制是必要的恶”。

根据自由的成本原理，一个社会在它经济发展水平极低时，就难以为整个社会自由提供足够成本，如现今的埃及。在此情况下，社会采取何种政治体制来分配有限的财富？如果采取无政府主义，那就是社会混乱、弱肉强食，人民任何时候都无法保障生命和财产安全，这种失序状态不可能长久持续。如果采取西式自由民主体制，那些需求得不到满足的人就会采取抗争手段，就像当前泰国、埃及那样，社会同样会很快转入失序状态，因此西式民主体制无法管理物质短缺社会。最后一定是政治强人或军队出来，通过暴力收拾残局，用集权体制（集权往往是专制的，但集权并不等于专制，第三章将会讨论这个问题）维护社会基本秩序。

一个物质短缺社会，不是无政府状态，就是集权状态，不可能有第三种状态。相对来说，即便是专制式集权，也要比无政府状态好。专制社会尽管存在大量压迫和不公平现象，但至少有一个基本秩序，它是物质短缺社会条件下的最佳选择。这说明“专制是必要的恶”。

再以中国城乡差别为例。城乡差别是中国社会的一条鸿沟，城镇和农村人口在社保、教育、住房等社会福利待遇差异极大，国家用户口这一“专制”措施把这种身份固化，就等于把这种福利差异固化。毫无疑问，这对广大农村人口而言，很不公平、很不正义。然而，谁也没有办法一夜之间解决这个问题。这不是某个领导人好心就能给予中国农村人口与城市人口相同的权利的。假如硬要取消户口限制，巴西、印度就是前车之鉴，大城市周边势必出现大片基本处在无政府状态的贫民窟。张维为教授说，印度孟买 1400 万人口，60%的人生活在贫民窟。他们住在暗无天日的窝棚里，人均居住面积 2 至 3 平方米，平均 1400 人一个厕所，苍蝇乱飞，老鼠乱窜，各种传染病频发。[①] 这些贫民窟，不但未能提高这些人口的生活水平，还可能给全社会造成治安灾难。相对而言，中国的“户口专制”不正是一种必要的专制、必要的“恶”吗？城乡差别也只能靠发展经济逐步加以解决。

理性地看，在人类发展史上，民主和专制问题首先是一个经济发展水平问题，其次才是一个道德问题。自由主义把民主普世化、专制绝对恶名化，当今社会往往无条件地推崇西式民主，无条件地挞伐专制，这在一定程度上是反历史的，它不是揭示了、而是模糊了历史发展规律。

---

① 张维为：《中国震撼：一个“文明型国家”的崛起》，上海人民出版社 2011 年，第 177—179 页。

虽然并非全部专制社会都是历史必然，但是历史必然要经历一个专制阶段，这是毫无疑问的。正如新加坡国立大学东亚研究所所长郑永年说的，“非自由民主”是一个历史过程。

五四新文化运动新解

从洋务运动开始，中国着力于学习西方文明。先是从技术上学，然后又从制度上学，最后是从文化上学。五四新文化运动就是从文化上向西方学习的标志。五四新文化运动系统清理了中国传统文化，深刻地剖析了西方文化的优势，提出了“赛”先生和“德”先生的问题。一直以来，这都是我们对西方文化的基本态度。

现在看来，五四新文化运动的一个局限就是把“赛”先生和“德”先生相提并论，这似乎在暗示我们，“赛”先生和“德”先生是两个互不相关的、并列的问题，同时也在暗示我们，可以分别去学习、追求或实行“赛”先生和“德”先生及其主张。这说明五四新文化运动对西方文化的理解仍然不够深刻，从而导致了此后在发展与民主的关系问题上的诸多争执，模糊了问题的本质。

实际上，从自由的物质基础观点出发，“德”先生是从属于“赛”先生的：科学是（西式）民主发展的前提，（西式）民主是科学发展的必然结果，因此我们不能脱离科学去追求（西式）民主。西方本身也是先有科学革命，才有后来的启蒙运动和民主化的。

科学是人类对自然世界的认识。科学发展到一定阶段的时候一定会提出这样的问题：谁在认识自然？认识自然又是为了谁？由此，人的主体性问题必定会自然而然地被提出来。民主的本质就是确立人的主体地位。

古希腊哲学是科学的滥觞。当古希腊哲学取得相当发展以后，普罗泰戈拉就自然提出了“人是万物的尺度”，从而初步提出了人的主体地位问题。

文艺复兴继承了古希腊科学与理性的传统，进一步确立和发展了人的主体地位和人本主义思想，为后来资产阶级自由民主理论的发展奠定了理论基础。

与此同时，科学发展又促进了现代技术的繁荣，并最终导致工业革命的发生，这又为自由民主的发展准备了物质条件。

因此，（西式）民主的理论与体制不是凭空产生的，追踪溯源可以追到科学这里，没有科学就没有（西式）民主。我们实在不应把（西式）民主与科学相提并论，西方文明更深层的内核是科学，而不是（西式）民主。现代化的一个主要特征就是建立在科学基础上的工业化，（西式）民主只是科学革命的伴生物。因此，五四新文化运动把科学与（西式）民主相提并论是不恰当的，它忽视了科学发展是（西式）民主发展的前提这一重要事实。

在此视角下来看中国传统文化，会发现其最大缺陷就是没有科学，因此也就不会有中国传统文化背景下自发的现代化。在我们当今大谈复兴传统文化、大谈振兴国学之时，对这一点必须有清醒的自觉认知，否则中国又会重新陷入对传统文化的盲目自信。笔者一直认为，中国传统文化中没有现代化的基因，推动中华民族振兴的一定是融合中西传统文化、同时也是超越中西传统文化的新文化。

五四新文化运动的另一个局限是过度否定中国传统文化，在第四章中将会谈到这个问题。

延伸阅读

马尔萨斯魔咒：几乎无解的埃及*

——面包、自由、社会正义和人的尊严，不是革命就能带来的

阚大神

谁也未曾想到，自 2011 年至今，短短两年多时间，埃及政局上演了风车般翻转的一幕，“革命”似乎已经成为埃及的常态：2011 年“1·25 革命”，执政 30 年之久的穆巴拉克黯然下台；2012 年 6 月 30 日，经历 17 个月漫长、波折而痛苦的过渡期，穆斯林兄弟会上台执政，穆尔西成为民选总统；2013 年 7 月 3 日，也即兄弟会和穆尔西庆祝执政一周年盛典刚过，埃及发生军事政变，穆尔西政府被军方废黜。此举得到美国的有力支持。

倘如某些分析家所言，穆巴拉克的下台，是民主、自由等普世价值春风终于吹入昔日铁板一块的阿拉伯世界；兄弟会的执政，是人民经过自由选举表达的民主意志，那么 7 月 3 日所发生的一切，又该算作什么？

一波未平一波又起。8 月 14 日，埃及军方安全部队和警方对开罗两处穆尔西支持者的示威营地——吉萨复兴广场和阿达维亚清真寺广场实施清场行动，坦克压阵，推土机铲除帐篷，投放催泪弹，驱逐示威者。穆斯林兄弟会表示，刚开始行动 40 分钟就已造成 120 人死亡，示

---

* 阚大神：《马尔萨斯魔咒：几乎无解的埃及——面包、自由、社会正义和人的尊严，不是革命就能带来的》，2013 年 8 月 15 日，http://news.ifeng.com/world/special/egyptyxsw/content-2/detail_ 2013_ 08/15/28644152_ 0.shtml。

威地点附近的临时医院更宣布有450人死亡。

曾两度宣称“代表人民的意志”推动不流血革命的埃及军方，这一次对人民，至少是相当一部分的人民挥起了专政的铁拳。城市里坦克云集，枪声四起，一架架先进的美援AH-64“阿帕奇”武装直升机盘旋在开罗上空，空气中弥漫着浓重的催泪瓦斯，滚滚浓烟。

这是民主的代价，还是杀戮的高潮？这是埃及革命从胜利走向胜利，一个伟大的胜利接着一个更伟大的胜利吗？

正如许多分析所指出的，导致穆巴拉克被推翻的“尼罗河革命”构成复杂，但最初的起因却是社会的、经济的。埃及最根本的问题不在于政府的专制与腐败，而在于埃及存在的问题实在难以解决。

革命前埃及最大最根本的问题是什么？不是政治，而是急剧膨胀或应称为恶性膨胀的人口与国家能提供的资源之间的矛盾。

穆巴拉克在萨达特遇刺后上台的，时间是1981年10月，到他2011年2月下台接近30个年头。1981年，埃及人口只有3500万左右，到2011年人口数字为8100万。

但由于近1000万人口出生后未曾登记，很多学者估计实际人口多达9100万—9300万人，30年中人口增长了2.5倍，其中一半年龄处于24岁及以下，大约每6个月就增加100万人！

埃及的面积虽有100万平方公里，但境内绝大部分均为酷热少雨、黄沙无垠的热带沙漠，只有宽约16公里的尼罗河谷及开罗以北的三角洲，才是一条绿洲带，其面积约为33700平方公里，仅为其总面积的1/30。在此狭窄的绿带上，居住了埃及90%的人口（其余居住在苏伊士运河两岸），西谚所说“尼罗河上午干涸，埃及下午死亡”，确系实情。全国可耕地面积不过5500万亩，实际耕地5000万亩，占国土总面积不到3%。人均耕地只有0.55亩，相当于中国人均耕地1.37亩的40%，出产的粮食只能勉强养活一半的人口，缺口的粮食自然只能从国际市场上购买。埃及是世界上最大的食品进口国之一，每年须进口小麦

900万吨。

“阿拉伯之春”发生前，埃及经济在中东地区颇为耀眼。2004年，埃及开始了大规模的自由主义经济改革，包括让埃及镑自由浮动、将公司和个人的收入税减少一半、有限度地私有化等措施。2006年至2007年间，埃及经济增长速度达到7%，成为中东经济增长最快的国家。

但随着国际金融危机的爆发，全球食品价格的上涨，埃及2010年的贸易逆差失控，从2006年的100亿美元猛增至250亿美元，预算赤字扩大至接近国内生产总值（GDP）的1/6。

革命前，埃及40%的城市人口和78%的农村人口生活在贫困线下，18%的人口每日生活费不到2美元，15—29岁青年大面积失业，而青年正是示威和暴力活动的主要参与者。粮食价格大涨，他们的生活更加困难，这成了阿拉伯国家革命爆发的导火索。

按民众的总结，那就是专制政府管理国家的水平不行，政府腐败贪了人民的钱，而人民一旦推翻了独裁者，将他的赃款纳入国库，各项事业就会立即得到改善。换个政府，一切都会好的。于是就革命了。

正因如此，当时社会上各路政治势力——以穆斯林兄弟会和萨拉菲光明党为代表的伊斯兰教派、以世俗派知识分子和亲西方中产阶级为主的民主派，和由“四月六日运动”“青年革命同盟”等左翼工团、学生组织和底层无业青年为主的“广场派”结成统一战线，并在关键时刻争取到势力强大的埃及军官团——武装部队最高委员会的支持，最终一举推翻了统治埃及长达30年之久的穆巴拉克政权。

然而近两年过去，现实却与人们所憧憬的“新埃及”大相径庭：革命后的埃及，经济状况并不比穆巴拉克时代更好，某种程度上甚至每况愈下：

穆巴拉克政府下台后，埃及经济扭头向下。实际GDP增长率从2010年的5.1%下降为2011年的不到1%（这意味着人均GDP增长为负值）。

革命前多达360亿美元的外汇储备，至2012年底已缩水至135亿美元，蒸发超过一半，仅够维持3个月的进口。同时，贸易逆差达创纪录的317亿美元。

与此相伴，埃镑剧烈贬值，美元与埃镑的兑换率从革命初的5.1升至现在黑市上的8.0。由于埃镑对美元持续贬值，粮食、能源的进口成本进一步加大。

2012年，埃及物价指数平均上升了4.5%，而平均工资却下跌了11%。失业人口比2010年进一步增加了48%，青年失业率更高到“无从统计”的地步；

大学毕业生月薪普遍只有1200埃镑（约合1000元人民币）。有的起薪甚至不足500埃镑。若无高等教育经历，工资会更低。微薄的薪水和渺茫的就业机会使他们结婚、买房、抚养子女的憧憬一一破灭。而在大学生之外，更广大的底层劳动人民，月收入大多仅在200—400埃镑之间。

据开罗国际发展中心统计，仅在穆尔西执政的第一年里，埃及记录在案的示威游行就达9400多次，创下“自法老时代之最”。进入2013年以来，埃及人平均每月示威1140次，且大多伴随着封路、打砸店铺、袭击车辆行人，乃至于强奸等暴力破坏行为。

由于革命后暴力冲突持续不断，外国游客和投资者望而却步，革命前埃及的拳头经济部门是旅游部门，提供了10%的GDP总值和12%的就业岗位，革命前一年（2010年）旅游业年收入125亿美元，外国游客总数1480万人次，而2012年全年旅游收入仅90亿美元，外国游客总数仅1050万人次。

进入2013年，大众的生活比以前更加窘迫。按照埃及中央统计局公布的数据，2013年2—4月居民消费价格指数（CPI）同比涨幅均超过8%，5月份达9%。

随着夏季用电高峰的到来，电力价格上涨16.2%，停水停电时有发生，许多埃及人为此发起拒交水电费运动。此外，燃油配给不足、加油站与黑市勾结导致汽油短缺，引发交通瘫痪和民众不满。

政府面对居高不下的财政赤字、通货膨胀率和失业率束手无策。穆尔西竞选时提出的改善经济、民生、交通和治安的目标基本都没有兑现。

法国《快报》统计认为，埃及政府需要110亿欧元资金，才能贴补国民经济和金融体系的缺口，而这还是在卡塔尔和沙特这两个“阿拉伯之春”最大推手和“金主”慷慨解囊37亿欧元后的结果，如今不仅其他国家对援助埃及望而却步，就连两大“金主”也开始变得含糊犹豫。

在6月结束的上一财年里，埃及预算赤字占国内生产总值的11.3%，远远超过了3%的国际警戒线。为了获得国际货币基金组织（IMF）一笔48亿美元的贷款，应对外汇储备减半的危机，埃及政府不得不应IMF要求，准备缩减对大饼、液化气和汽油的补贴。

然而此举一出，举国骚乱，生产停滞，近百人在冲突中丧生。政府最终只好收回成命。

不了解面饼，就无法真正了解埃及这个国家。

埃及黑麦面饼就像中国北方人爱吃的烙饼和馒头一样，既平常又普遍，是埃及人的当家主食。

在革命之前，埃及政府一直给予高额财政补贴，并指定厂家专门生产这种面饼。十几年来，埃及每张政府补贴的面饼的价格一直保持在0.05埃镑，大约为人民币5—6分钱，而其成本约为0.30埃镑，无补贴的售价则为0.50—0.60埃镑，为受补贴面饼的10至12倍。

粮店购买，那里进行严格的检查和统计，因为占埃及人口一半左右的贫困人口都要依靠这种政府补贴的面饼为生。

财政支出的四分之一。正是这种穆巴拉克时代的补贴制度维系了埃及贫民的基本生活，维护了社会基本稳定，保证人们基本的生存需要。

在革命之后，粮食危机愈发严重，据世界粮食计划署说，几个月来，埃及的穷人除了大饼以外没有其他可吃的。就连很多以前从来不考虑食品价格的人，都开始了为了购买补贴面饼而去排队。民众在指定销售店外排着长长的队伍，有些人得排上一整晚才能买到。

国家的粮食状况同样危急，埃及现在仅有够2个月使用的进口小麦库存，但应当拥有超过6个月的供给量。

尽管埃及人在“革命”的名义下推翻了穆巴拉克政权，但“面包”作为人们第--需求却无法得到满足。而且，“1·25革命”的四项要求(革命“四兄弟”)——面包、自由、社会正义和人的尊严——除了自由外，其他都没有实质性进展。

很显然，这一切都绝非“尼罗河革命”中青年学生、失业者所能接受的，他们当初走上解放广场，目的就是改变糟糕的前途和境遇，如今“革命胜利”了，等来的却是更糟的际遇。

他们一直以为革命能带来好日子，却没想到等来这样的结果。正是这样的“大饼综合症”，导致去年10月还高达80%的穆尔西支持率在政变前跌至50%以下，并让示威者、尤其年轻人在街头和广场聚集不散。但那些根子上的问题，还是没有办法解决。

因为，引发革命的原因，有穆巴拉克家族和既得利益集团把持权力，其他政治势力难以染指；官员腐败，权贵贪婪，社会不公；民众因无权参与政治决策而产生失望等政治因素。

有限的社会生产能力和埃及不断扩张的人口之间的矛盾。这才是促使民众参与街头抗议的更主要、更本质的原因。

美国卡内基国际和平基金会中东中心高级研究员易卜拉欣·赛义夫认为，埃及经济当前正处在漫长和黑暗的隧道当中，而且似乎看不到好转的迹象。

美国中东论坛和伦敦政策研究中心研究员戴维·P. 戈德曼则说，我们目睹过类似的崩溃，例如20世纪80年代在拉美，但它们之间存在一个关键的区别。拉美债务国全都出口食品。但埃及是一个不出产香蕉的香蕉共和国。

在埃及这一系列纷乱的背后，一个幽灵一样的名字重新浮现：马尔萨斯。

马尔萨斯的《人口论》众所周知，他认为不断增长的人口早晚会导致粮食供不应求。人口增长超越食物供应，会导致人均占有食物的减少，最弱者就会因此而饿死。

如果任何政治解决手段都不能养活那么多人口，结果就必须是消灭这么多人口（无论愿不愿意）。为了避免饥荒、战争、瘟疫（马尔萨斯三骑士）成为解决人口和粮食矛盾的方式，人类必须积极节育。

历史上大约没有多少人的声誉像马尔萨斯这样一波三折，在中国更是如此：人们先说他是对的，然后又说他是错的，然后又说他是对的，然后又说他是错的。

但实际上，马尔萨斯到底是对是错，这取决于政治体系、经济发展和技术革命。

逾越马尔萨斯陷阱，对发达国家和很多发展中国家已经不再是难题，因为工业革命和科技进步引发的“石化农业”革命，让地球养活了比原来预期多得多的人口，第一次让人类普遍摆脱了饥饿的威胁。

但今日世界上仍有相当比例的人口，仍生活在马尔萨斯的铁律、陷阱和黑洞内。这样的“不发展国家”已经陷入人口众多、资源匮乏的贫穷境地。

马尔萨斯曾为人类描绘了一幅阴郁的未来图景：这幅图景就是当下的埃及，它早已达到了自然环境承载能力的马尔萨斯极限。

这个国家，这种人口密度，如果走不出一条新路，跳出马尔萨斯陷阱，一切都无解。无论换了谁当政，无论采取任何一种体制都是一样的。

第三章

自由限于伦理道德

道德比自由更普世。

道德是最高律令

道德是最高律令，这是康德伦理学的一个关键命题。康德是说，人作为有自主行为能力的主体，他或她可能会采取各种各样的行为，但是这些行为都必须服从于道德的约束。道德作为最高律令，它统辖人的一切内心活动和行为，超越任何现实功利考量。在道德面前，任何内心活动和行为都不容分说，都不能抗拒它、违背它、逃避它。

人并不只是一个生物体而已，人之所以为人，人区别于其他生物的重要一点，就在于人有道德，其他一般生物没有道德。道德是人的本质规定性。李泽厚说，道德是“内在自然的人化”，就是说，处于自然状态的人的内心，一旦建立了道德信念，就“人化”了，就成其为人了。

孟子曰：“人之所以异于禽兽者几希，庶民去之，君子存之。”[①] 意思是说，人区别于禽兽的地方只有很少一点点，一般的人丢弃了它，君子保存了它。人区别于禽兽的那很少一点点地方就是仁心，就是道德。我国古代经常把道德称作“天理”“良心”，一个人要是没有“天理”“良心”，就不成其为人。

我们经常可以听到一句话：“占据道德制高点。”为什么占据道德制高点，就有话语优势？因为道德是最高律令！

至此，笔者实际上已经阐述清楚了道德与自由的关系。自由作为自愿的行动，无非也是人的行动的一部分，它不可能、也不应该在道德约束面前取得豁免权。自由是受限制的，它必须受道德约束，服从于道德

① 《孟子·离娄下》。

这个最高律令。西方自由主义声称，自由是先验的、绝对的，这样的自由恰恰说明它是反道德的。

道德是责任

道德作为最高律令，要求人们绝对地服从，又为了什么呢？

李泽厚先生说："道德是个体对社会人际（某群体如家庭、宗族、集团、民族、国家、党派、阶级等等）关系在行为上的承诺和规范。"①其本质特征在于："人意识到自己个体性的感性生存与群体社会性的理性要求处在尖锐的矛盾冲突之中，个体最终自觉牺牲一己的利益、权利、幸福以至生存和生命，以服从某种群体（家庭、氏族、国家、民族、阶级、集团、宗教、文化等）的要求、义务、指令或利益。"②

也就是说，人牺牲自己的利益去践行道德最高律令，为了什么？就是为了集体利益。从这里我们可以推论，从道德的角度来讲，整体利益高于个人利益。这与西方自由主义的个人至上观点又产生了不可调和的矛盾，或者说西方个人主义其本质是反道德、反社会的。

康德深刻地指出，道德不是一种权利，而是一种责任；不是索取，而是付出；不是利己，而是利他；不是得到，而是牺牲。道德作为人性的崇高与伟大，恰恰就表现在这里。

进一步讲，道德不是为了幸福，相反，他与幸福常常相冲突。"善举的痛苦才是美德的真正标志。如果美德带来幸福，幸福必定只是作为一种副产品。"③ 而自由则是人类幸福的源泉，因此自由与道德必定会产生矛盾。自由主义理论认为，人类一切活动的最终评判标准是个人的

---

① 李泽厚：《哲学纲要》，北京大学出版社 2011 年，第 13 页。

② 李泽厚：《哲学纲要》，北京大学出版社 2011 年，第 41 页。

③ ［英］安东尼·肯尼：《牛津西方哲学史》第 3 卷，吉林出版集团有限责任公司 2010 年，第 288 页。

幸福、快乐，这自由是至高无上的。自由主义一旦把自由绝对化，它就具有反道德、反社会的特性。

权利优先于善?

自由优先于道德，权利优先于善，个人优先于社会，这是西方自由主义的基本原则。前面两节已经论证，从康德伦理学出发，这三个命题恰恰应该反过来讲，即：道德优先于自由，善优先于权利，社会优先于个人。

李泽厚先生高度评价康德伦理学，但最后又强调权利优先，这是非常矛盾的。当说权利优先于善的时候，前面阐述的“道德是最高律令”“道德是人之为人的标志”“道德并非幸福，而是责任”等伦理学基石也就轰然倒塌。

李泽厚先生说：“从理论上说，社群主义确有一定道理，因为自由主义倡导的个体（权利）第一，如本书作者所一再说明，本就是一种非历史的假定。但是关键在于，不能抽象地谈论理论。在中国，如果按照实用理性，就应该从中国的历史和现状出发。而从这一角度看，自由主义比社群主义在今天中国有更大的合理性。”[①] 这段话实在是逻辑混乱、不知所云。

既然“从理论上说，社群主义确有一定道理”，“自由主义倡导的个体（权利）第一，如本书作者所一再说明，本就是一种非历史的假定”，又为什么“自由主义比社群主义在今天中国有更大的合理性”呢？一个正确的理论不就是用来指导实践的吗？否则为什么非要不遗余力地去研究理论呢？这就好比一个理论研究者，他自信其理论是正确的，但一碰到实际问题，又说还是遵从另一个虚构的理论吧。这不

---

① 李泽厚：《哲学纲要》，北京大学出版社 2011 年，第 28 页。

是很荒唐吗？

“如果按照实用理性，就应该从中国的历史和现状出发”。其实，“实用理性”也好，“从中国的历史和现状出发”也好，它们都不是要否定理论，而是要寻求更符合中国实际的理论。因此，我们不能一方面说“社群主义确有一定道理”，另一方面又说“自由主义比社群主义在今天中国有更大的合理性”。

为什么会这样自相矛盾呢？原因在于，从理论上来讲，社群主义的观点是正确的，但从实际社会生活来看，个体权利又确实十分重要。如何调和两者的矛盾呢？李泽厚的做法是，简单地把“有一定道理”的社群主义理论撇在一边，而临时采信或随意采信“非历史的假定”的自由主义观点。这种做法其实是在解构自己的理论。

对于权利与善哪个优先的问题，当代著名政治哲学家罗尔斯晚年的结论是善优先于权利。“20 世纪六七十年代有三个基本问题困扰了罗尔斯：假如民主是个合理的制度，为什么美国贫富差距会如此之大，弱势群体那么缺少保障？假如民主是个具有普世价值的政治制度，为什么美国的种族分歧会尖锐对立、水火不容？假如民主是个理想的制度，为什么美国的年轻一代会那样不满、绝望无奈？正是通过对这些问题的长期思考，罗尔斯才提出，公平是比民主更基本的原则。”①

笔者认为，我们坚持道德是最高律令，坚持善优先于权利，但应该引起注意的是，权利与善的关系并不像表面看上去那样简单，需要我们进一步深化理论，去揭开其中更深刻的奥秘。

区分三种权利

权利与善的关系的更深的奥秘在哪里呢？笔者对现实生活中权利与

① 玛雅主编：《美国的逻辑：意识形态与内政外交》，中国经济出版社 2011 年，第 37 页。

善的关系进行分析发现，人类生活中有三种权利形态，可以称之为保障性权利、限制性权利和选择性权利。奥秘就是，这三种权利与道德并不是等距离的。这就为我们认识权利与善的关系制造了障碍。

所谓保障性权利，就是以法律形式确定的公民享有的政治、经济、社会等权利。例如生命权，就业权，参政议政权，迁居权，带薪休假权，假日休息权，享受义务教育权，享受八小时工作制权，享受养老、医疗、失业的社会保障权等。保障性权利是人类社会在一定发展阶段的一些基本权利，保障性权利的发展是人类社会进步的重要标志。

为什么会有这些保障性权利呢？社会之所以可以为公民普遍提供这些保障，是因为社会可以承担这项成本，且不会对社会整体秩序产生严重负面影响。借用李泽厚先生的概念，此时，“个体性的感性生存与群体社会性的理性要求”并不“处在尖锐的矛盾冲突之中”。当然，保障性权利是生产力的发展和物质财富的溢出效应导致权利溢出的结果。也就是说，经济的发展为全社会提供某项权利创造了条件，同时该项权利又不违背社会伦理道德，伦理道德与权利处于共存状态。如果该权利必然或经常与道德相矛盾，它就不能成为保障性权利。

所谓限制性权利，就是以法律形式确定的限制公民行使的政治、经济、社会权利。例如不准杀人、不准偷盗、不准酒驾、不准超速、不准诈骗等。

为什么要限制这些权利呢？因为如果公民行使这些权利，就必然与社会伦理道德相冲突，“个体性的感性生存与群体社会性的理性要求”必然“处在尖锐的矛盾冲突之中”。为了消解冲突，就要限制这些权利，使权利服从于道德。

所谓选择性权利，就是法律上并未做出明确的保障性或限制性规定、公民可以自由选择的权利。人们大量的日常行为，如衣、食、住、行、就业、社交等，个人有不同选择的权利。但这些权利必须有经济支持才有可能，必须受道德限制才合理。比如，乘客乘坐公交车，他们首先必须有钱买票，然后他们才有权在任何空位坐下。假如此时又来了一位孕妇，如车上还有空位，其他乘客就不必让位，因为此种情况下，权利与道德可以并存；如车上已没有空位，则每一个乘客都有为孕妇让座的道德义务，因为权利与道德不能并存时就要服从于道德。

从三种权利的分析中我们看到，权利与道德有时处于矛盾状态，此时权利必须服从于道德；有时处于并存状态，此时两者可以共存。但是，却始终不会出现权利优先于道德的情况。康德说，在道德以内人是自由的，我们现在可以更清楚地理解这句话的含义。

我们还要看到，人的基本权利通过法律来保障。但是，一个社会究竟能够给全体公民多少保障性权利，则取决于该社会物质总水平。李泽厚先生由于担心人的基本权利得不到保障而违心地同意权利优先于善，是找错了病因、开错了药。这样，不但无助于保障基本权利，还将在选择性权利中导致社会道德沦丧的严重危害。

从“个人为整体而存在”到“整体为个体而存在”

过去，人们直觉地认为，随着自由的增加，限制会越来越少。哈耶克就曾说：“随着文明的发展，个人行动受成规束缚的范围在不断地缩减。构成我们共同道德准则的条规，为数越来越少而性质上却越来越具一般性。”[①] 这又是一个错误的观点，完全经不起历史的检验。

笔者通过对三种权利的分析发现，总体而言，随着经济社会的发展，三种权利都在增加。保障性权利和选择性权利随着经济发展而增加，这不难理解，关键是限制性权利为什么也在同步增加，即为什么物质财富、自由、道德同步发生溢出效应？

---

① ［英］哈耶克：《通往奴役之路》（修订版），中国社会科学出版社 2013 年，第 81 页。

限制性权利的增加说明，随着经济的不断发展，保障性权利和选择性权利固然增加，但是，由于人类活动的内容和范围空前扩大，社会分工越来越细，使得人与人之间的联系更加紧密，相互影响更加深化。在这种情况下，“个体性的感性生存与群体社会性的理性”的尖锐矛盾不但没有缓解，反而更加激化，伦理道德的作用不但没有削弱，反而更加强化。

我们在现实社会生活中的感受与此相同。人与人之间、国与国之间不是越来越不关联，而是越来越相互离不开，世界越来越一体化，地球越来越像地球村。一些旧的道德问题或已消解，但更多的道德问题却不断涌现，因此，每个人承担的道德义务不是越来越少，而是越来越多。地球变暖、人口爆炸、毒品泛滥、资源枯竭、环境恶化、信息诈骗、跨国犯罪……面对这些挑战，人类需要更多的道德勇气。

李泽厚先生认为，“人是从‘个人为整体而存在’，发展而成为‘整体为个体而存在’的。强调后者而否认前者是非历史的，强调前者而否认后者是反历史的”[①]。其实，这是一种误解。如果说古代社会的个体不能离开群体而生存，那么现代社会的个体更离不开群体而生存，个体更要受道德约束，而不是相反。从古到今，虽然个体自由逐步增加，但个人和整体的关系并没有发生质的变化。正如李泽厚自己所说：“个体为自己也就必须为群体的生存而奋斗。”[②] 可见个体为了群体而牺牲的最终目的，还是为了更多个体的生存。因此，人类过去只能、现在仍然只能通过“每个人为整体而存在”来实现“整体为每个人而存在”。马克思准确洞见到自由与道德相生相长的规律，他展望的共产主义社会，除了物质产品极大丰富，还要求人的道德极其高尚，劳动成为人的第一需要。康德说“人是目的”，这里的“人”是指每个人，而绝不是指某个人。只有在此基础上，才能理解道德与权利的正确关系。

① 李泽厚：《哲学纲要》，北京大学出版社 2011 年，第 29 页。

② 李泽厚：《哲学纲要》，北京大学出版社 2011 年，第 17 页。

文明不止是尊重他人

2014 年 2 月 25 日,《人民日报》第 5 版发表了署名为刘志权的评论文章:《文明当包括尊重他人》,讨论当时关于三亚禁裸的事情。这篇文章从现实生活出发论述了道德与权利的关系,揭示了提倡“权利优先于善”的危害。文章全文如下:

多元社会的舆论场中,热点多、槽点多,几乎每天都有不同意见的碰撞与交锋。很多时候,争论只是源于一种“‘对’与‘对’的不兼容”——每个人从各自的立场出发,公说公有理,婆说婆有理,模糊了个人权利与公共利益间的边界,自然一时之间难以达成定论。近期,三亚处罚裸浴、北京拟罚地铁进食所引发的讨论,便属此类。

关于裸泳,四川洪雅县一个“天体浴场”的开张,在 2002 年即引发“风化之争”,多年未绝。而此次三亚禁裸,在法律上依据的是治安管理处罚法中“在公共场所故意裸露身体”的相关条目,道德上则是诉诸传统——“裸晒、裸泳行为与中国文化传统不相符”。违法必究,这自然没啥好争,但人们在道德层面就此展开的一些议论,颇耐人寻味。赞成禁裸者以实例为证:魏晋刘伶是公认的狂狷之士,常于屋内裸饮,便遭时人所讥,更不要说大庭广众之下赤裸身体招摇天下。一些主张现代权利者则不以为然,有执论者就认为,时代不同了,“不穿是我的权利,不看是你的自由”。

如果说禁裸因为有法律高压线,不赞同也只能“说了白说”,那么关于地铁禁食的吐槽,就颇有“大论战”之势。央视最近的一个节目,展示了北京早班地铁堪比春运的拥挤。一些上班族称为了能多睡几分钟而“不得不”带食上车,一些人却认为食品气味侵袭了他们的利益。而面对禁食令中“不听从运营单位劝阻制止的，由市交通行政主管部门处警告或者50元以上500元以下罚款”的规定，不少人又认为公权干涉了私权。

事实上，无论禁裸还是禁食，背后都涉及同样的问题：个人权利与他人权利如何平衡？个人自由和公共利益如何协调？

关于这个问题，早已有解。有个著名的“鼻尖论”——你挥舞拳头的自由止于我的鼻尖。“人人相善其群”，私德才能拓展为公德。如果遇事只逞一己之愿，无疑是强调自己而忽略他人、强调个人而忽略社会。

个人权利与公共利益意识的发达是文明程度提高的标志，一个社会的进步，体现为两种意识的协调发展、同步推进。单挟一方而偏废其他难以形成和谐社会。面对讥讽，刘伶回答说“我以天地为栋宇，屋室为裈衣，诸君何为入我裈中？”个人固然对自己的房子和身体享有相对自由的支配权，但如果侵占了别人空间，权利自辩就成了强词夺理。在地铁吃东西、在海滩裸泳，说“我有权吃”、“我有权裸”的时候，不应忘记，文明更包括了对自身的克制和对他人权利的尊重。

其实，这篇文章的基本观点还是属于自由主义范畴的观点。所谓“文明当包括尊重他人”“你挥舞拳头的自由止于我的鼻尖”，意思就是个人自由不应伤害他人、不应危害他人自由，这是古典自由主义大师密尔的著名观点。至于“我有权吃”“我有权裸”之类，则是属于当代自由至上主义的观点，具有极其反社会的特征，甚至在西方世界都不入主流。真正的文明不只是尊重他人而已，还要进一步关爱他人，履行“每个人为整体而存在”的道德最高律令。

比如，你在河边散步，此时有人落水，你是救还是不救？按照密尔的观点推论，你可以不救，因为我散步不是造成他人落水的原因，所以我没有伤害他人，我有权继续散我的步。但是，按照康德伦理学的要求，此时履行救人的道德义务是最高律令，是不能抗拒、不能违背、不能逃避、不计代价的责任。所以，道德比权利具有更高的层级，也更普世。

上述例子说明，从不害他人到乐于助人还有一段距离，这段距离可能就是从兽到人的距离。康德“认识到他不能将‘从不伤害但从不帮助’作为一个普遍法则，因为在许多情况下他自己需要来自他人的帮助与同情”[①]。

因此，作为文明社会来讲，光是尊重他人是不够的，还要关爱他人，提倡善优先于权利，这样的社会才能称得上是有道德感的温暖的社会。

自由与伦理道德

李泽厚先生对伦理和道德做出了区分。他说，伦理是指外在社会对人的行为的规范，包括秩序、制度、法制；道德则是人的行为的内在规范，包括态度、心理状态、价值等。

由于“个体性的感性生存与群体社会性的理性要求”处在尖锐的矛盾冲突之中，作为外在规范的伦理和作为内在规范的道德，其共同目的就是为了协调这个矛盾，使“个体最终自觉牺牲一己的利益、权力、幸福以至生存和生命，以服从某种群体的要求、义务、指令或利益”[②]。伦理是社会外在力量强制个人服从，道德则是个人内在的主动服从，其目的都是为了维护社会整体秩序。社会一旦失去整体秩序，所有人的利益都将无法保障。正是从这个意义上说，道德是最高律令。

那么，既然同样是为了维护社会整体秩序，为什么还要作伦理与

① ［英］安东尼·肯尼:《牛津西方哲学史》第3卷，吉林出版集团有限责任公司2010年，第289页。

② 李泽厚:《哲学纲要》，北京大学出版社2011年，第41页。

道德的区分呢？为了回答这个问题，我们要重温前面曾经谈到的三种权利的观点。人类拥有三种权利，即保障性权利、限制性权利、选择性权利。保障性权利和限制性权利与社会物质总水平紧密相关，保障性权利和限制性权利过大或过小，都会严重影响社会整体秩序。因此，对这两种权利必须以法律规范的形式做出整体的、严格的、客观的规定，以使人们的行为严格限制在法制所允许的界限内。这就是外在的伦理规范的来源，也是实现社会正义的必由之路。

另一方面，在社会生活中，在某些特殊环境下，“个体性的感性生存与群体社会性的理性要求”两者有时是矛盾的，有时是不矛盾的。我们还以乘公交车为例。任何乘客买票后乘坐公交车，都有权在任何空位坐下。这时又来了一位孕妇，如车上还有空位，则意味着“个体性的感性生存与群体社会性的理性要求”此时不产生矛盾冲突，其他乘客就不必让位；如果车上已没有空位，此时，“个体性的感性生存与群体社会性的理性要求”就处在矛盾冲突之中，则每一个乘客都有为孕妇让座的道德义务。针对这种多变的特殊环境，法律难以做出外在的统一规定，只有依据人的内在道德准则进行选择。

所以，伦理和道德是适用于不同的社会情境的行为规范，但其目的都是为了维护社会整体秩序。道德从微观的角度来调整人与人的关系，伦理则从宏观的角度来调整人与人之间的关系，两者的共同目的都是康德所说的“人是目的”这个道德目标的实现。自由作为人的行为而存在，它可以超越伦理道德吗？当然不能！如若自由可以超越伦理道德，则意味着自由可能是以破坏社会整体秩序为代价的，是反道德的，这当然是不能允许的。

当代西方民主社会由于过分强调自由，正陷于自由与道德的矛盾之中而难以自拔。“民主的价值必然地导致个人地位的绝对化，它是个人中心主义迅速膨胀的真正推手。民主制度（此处当然是指西方民主制度——引者注）必须依赖个人为基点，而个人为基点几乎无可避免导向个人主义，个人主义又无情地解构了社会和群体，成为社群阶梯中危害最强烈的因素。这个逻辑显示了民主社会中政治原则和伦理原则的根本冲突，它是民主社会出现以来至今无法消解的矛盾。”① 第五章将会更详细地讨论西方民主中社会政治原则和伦理原则的根本冲突问题，而且我们将看到，正是这种冲突导致美国走向衰落。

不可避免的外部效应

前面，我们从伦理学的角度讨论了自由与道德的关系，下面我们要从社会行为学的角度进一步讨论自由与道德的关系。

外部效应本来是一个经济学概念，它是指一个经济主体（生产者或消费者）在自己的有目的活动中对旁观者的福利产生了一种意外的附带影响，而经济主体本身对此并不承担任何责任。

例如，某人养了一只狗，这只狗喜欢每天夜里不停地叫。这个人由于习惯于夜生活，所以并不会对此感到困扰。可是他的邻居习惯于早睡，每天就会被狗的叫声弄得失眠。这里，养狗对于这个邻居睡眠的影响就是一种外部效应。

又如在地铁上吃包子，吃的人是为了填饱肚子。但这件事会产生一个外部效应：地铁车厢内弥漫包子的味道，让其他乘客感到不适。

上面所举例子是对旁人不利的外部效应，也叫负外部效应。当然，外部效应也有对旁人有益的情况，这类外部效应称为正外部效应。如城市公园内经常会有一些戏剧票友聚集在一起唱戏，他们的本意是自娱自乐，但他们的弹唱也会吸引很多旁人驻足欣赏。

为什么会产生外部效应呢？根源在于人与人之间存在着广泛的、立体的、多样化的普遍联系。处在普遍联系之中的人，他的任何行为，除

---

① 玛雅主编：《美国的逻辑：意识形态与内政外交》，中国经济出版社 2011 年，第 39 页。

了会产生他自身预想的主观目标外，还会同时产生许多他自己意外的附加影响。这些附加影响随着人与人之间联系方式的不同而表现出不同的特征，或明或暗，或直接或间接，或暂时或长期，或有益或不利。这些外部效应对社会的影响甚至可能远远超出行为主体主观目标带来的影响。

如果我们把目光从经济学转向社会生活，外部效应其实具有更为广泛的社会学意义。由于人类主体（人或组织）都自然地处在普遍联系之中，古代猿人、智人与现代人，欧亚大陆、非洲大陆与美洲大陆，北极、海洋与喜马拉雅山，柏拉图、亚里士多德与牛顿、爱因斯坦，老子、孔子与鲁迅、伏尔泰，黑人奴隶、工业革命与太平洋岛国……所有这些看似无关的事物，相互之间都存在千丝万缕的联系。李泽厚先生提出了“人类学历史本体”概念，笔者引申一下这个概念，既然人类学历史（人类的过去、现在和将来）可以作为本体而存在，那么它也一定是一个整体性的存在。这个整体性的存在是通过什么联系在一起的呢？外部效应可能就是最重要的联系因素，其重要性甚至超过人类每一个行为主体当时的主观目标。如果说，正是外部效应在很大程度上塑造了社会整体秩序，可能一点也不为过。

值得注意的是，随着人类社会的进步和人类社会分工不断向着广度和深度发展，人类社会愈发成为一个紧密联系的整体。如果说在人类历史早期还存在过相对的（只是相对的）桃花源式的“孤岛”现象，这些孤岛看上去似乎在一个封闭的环境中自行进化，与外部的世界联系不甚紧密。那么，在当下的全球化时代，地球浓缩为地球村了，这样的“孤岛”已经不复存在；即便有，也是很少了。所以，时代发展的结果正导致外部效应变得越来越强化、越来越复杂化、越来越多样化。指出这一点，对下面将要讨论的各种（政治的、经济的、社会的、思想言论的）社会治理问题是非常重要的。因为，自由主义的基本假设就是每个人都是自我包容的、自足的实体。这样的个人实体假设，完全脱离人类社会现实中广泛存在的外部效应。

外部效应具有难以预测性

历史经验表明，对于具体的社会行为主体来说，许多外部效应是难以预测的。

第一，不同性质的外部效应具有不同的预测难度。有的外部效应比较直接明了，比如上面那个养狗的例子，这种外部效应比较容易预测。但更多的外部效应是间接式的，它是在一个更为广阔的时空维度上发生的。比如癌症问题，究竟是什么时间、什么原因，使某个癌症患者得了癌症呢？我们无从知晓。

第二，外部效应多样化增加了预测难度。行为主体的某个行为不只产生一两个外部效应，而是可能产生一连串的外部效应。比如有人买车以方便出行，在这里方便出行是其主观目标，但与此同时就产生了一系列外部效应：一是增加铁、铜、铝、橡胶、石油等资源耗费，加剧资源紧张；二是资源开发又加剧环境与生态失衡；三是尾气排放加剧城市大气污染；四是导致城市停车位紧张；五是占用公路，加剧交通堵塞；六是增加发生交通事故的机会，给其他人的生命财产安全带来危害……这个外部效应“清单”还可以继续延伸。这样的外部效应如何预测？尤其是对行为主体来讲，更是难以预测。

第三，外部效应叠加使得预测更为困难。比如温室气体效应问题，自从工业化以来，在200多年时间里，在地球的各个角落，人类大量地消耗能源，许多不同的能耗主体先后或同时排放温室气体，其叠加效果导致目前地球表面温度上升。这种叠加型的外部效应更是很难预测的。

第四，行为主体忽视或故意逃避外部效应。人作为具有理性能力的动物，其行为具有明确的目的性。因此，行为主体总是千方百计要达成他的主观目标，而无意关注或故意逃避外部效应。再加上外部效应具有前面所说的大时空、多样化、叠加性等复杂特征，对生活在一个有限时空背景下的行为主体而言，预测更是难上加难了。

外部效应是决定社会整体秩序的关键因素

这些不可避免又难以预测的外部效应，如果对人类的秩序和发展来说是无关紧要的，那我们倒也不必大惊小怪、小题大做；但是我们偏偏惊异地发现，外部效应恰恰是决定社会整体秩序的关键因素。因此，如果对外部效应不给予必要的关注和掌控，灾难迟早会降临到人类社会自己头上。

外部效应为什么是决定社会整体秩序的关键因素？

自由主义理论宣称，每个人都是自我包容的、自足的原子个人，社会只是个人的集合体。在这个前提下，每个个人的人生轨迹都是一条专行线，个人可以在自己的专行线上自由地、无所顾忌地运行；每一条专行线之间相互平行、互不交叉；一系列平行的专行线就构成了社会整体秩序，集体只是个人的简单集合体。在这个自由主义臆想出来的“平行线”社会秩序模型中，人是绝对自由的，社会管理可以最小化，它们担心社会管理会妨碍自由。

但是，人处在普遍联系之中，人与人之间形成了一个立体的关系网。每个个人的任何行为，都不可避免地通过这个关系网产生相互影响，这些影响就是外部效应。从外部效应的角度，人们可以更深刻地理解“人是一切社会关系的总和”。由于外部效应，每个人的人生轨迹与社会其他成员的人生轨迹会产生许多交叉点。这些交叉点构成了社会整体秩序的关键点，管理这些交叉点就成了社会管理的主要任务。在这个“交叉线”秩序中，必须在这些交叉点上设置必要的管理规则，否则在此相逢的行为人之间必将产生碰撞、混乱、瘫痪以致失序。

社会秩序究竟是平行线秩序还是交叉线秩序？不同的人可以做出不同回答。但笔者认为，平行线秩序只是自由主义的空想，交叉线秩序才是社会真实的秩序形式。完全不必一一列举和论证，人类全部历史都可以证明这一点。因此，可以得出结论——外部效应是决定社会整体秩序的关键因素。

自由主义的坏“基因”

自由主义的坏“基因”是什么，其实已经呼之欲出。

在第一章的“个人主义”一节中，笔者曾经对个人主义做了四点归纳：一是每个人就像原子一样，都是自我包容和自足的；二是个人有足够的理性和能力去判断和实现其价值；三是个人是最高价值，社会只是个人的集合体，可以理解为个人与整体之间只是机械式的集合而非有机的结合；四是既然整体只是个人机械式的集合体，个人与整体之间的内在联系被切断，整体也就不必有自身构建的规则，因此个人主义不承认共同的客观道德准则。

这四个自由主义的要点，第一点是基础，后面三点都是在第一点基础上的推论。它们环环相扣，形成了一个逻辑整体。如果第一个结论不成立，其他三个结论就都要动摇，自由主义理论体系就难免分崩离析。比如，只有假设个人是自我包容和自足的，个人才有足够的理性和能力去判断和实现其价值；但是，在一个充满外部效应的环境中，个人怎么可能有足够理性能力去判断和实现其价值？

不损害他人或利己不损人是自由主义理论的一个重要基点。自由主义理论大师密尔在解释他的《论自由》一书时指出，全书的要义就是两条：“第一，个人的行为只要仅涉及自身而不涉及其他任何人的利害，他就不必向社会负责交代”；“第二，对于损害他人利益的行为，个人则需要负责交代，并且在社会认为需要用这种或那种惩罚来保护它自身时，个人还应当承受社会的或法律的惩罚。”①

密尔的上述论点暗含着自由主义的理论前提，即：每个人就像原子一样，都是自我包容和自足的；因此一定存在“仅涉及自身而不涉及其他任何人的利害”的行为；个人有足够的理性和能力来判断，哪些行为是“仅涉及自身而不涉及其他任何人的利害”，哪些行为是损害他人利益的。

而自由主义的民主理论的假设前提则暗含如下推论：每个人就像原子一样，都是自我包容和自足的；因此，每个人是其自身利益以及知道如何促进这些利益的最佳判断者；经过多数人同意的决定，一定能够为多数人带来利益。

可见，原子个人的假设是西方自由和民主理论的共同前提，是自由主义理论的“基因”。

但是这个“基因”却是个坏“基因”。

在现实社会中真的存在“仅涉及自身而不涉及其他任何人的利害”的行为吗？你买车以方便交通，却导致资源耗费、尾气排放增加、占用公路和停车场，难道不涉及他人利益吗？你小长假去旅游，无意中加剧高速公路和景区拥堵，难道不涉及他人利益吗？你深夜看书需要开灯，这会加剧用电紧张，增加温室气体排放，难道不涉及他人利益吗？……外部效应的原理告诉我们，根本不存在“仅涉及自身而不涉及其他任何人的利害”的行为。人类任何行为都会涉及他人利益，只不过涉及他人利益的程度和方式不同而已。更重要的是，由于外部效应具有不可预测性，所以行为人对自身行为是否损害了他人，其实是很难做出预测的，更多的时候是不去预测的。因此，自由主义的“不损害他人”这一重要理论基点，就被外部效应原理重重击倒，成为一句空话。

“每个人是其自身利益以及知道如何促进这些利益的最佳判断者”吗？在美国多数人的支持下，小布什发动了伊拉克战争，没想到正是这

① 顾肃：《自由主义基本理念》（修订版），译林出版社 2013 年，第 341 页。

场战争成为美国衰落的转折点，并给中国崛起提供了契机；据《环球时报》2014年6月4日载，中资企业拟在缅甸南部建一个炼油厂，为此，有人因为不相信该炼油厂可以为当地带来好处而举行游行示威，有人则认为该炼油厂可以为当地人带来经济利益，并集体向总统递交请愿信表示支持；保持家庭卫生整洁似乎是一个常识，但是《参考消息》2014年6月18日刊文称《家中清洁太过头，婴儿易患过敏症》，等等，这些事例表明，外部效应使个人之间的利益关系多元化、复杂化和模糊化，使得每个人经常很难判断其自身利益的所在。

李光耀先生说："你真的相信那些连小学都没有毕业的人在回答关于语言、文化和宗教方面的问题时明白自己的抉择引发的后果吗？但我们知道这些后果，我们将会挨饿，我们将会爆发种族骚乱，我们将会解体。"①

原子个人的假设之所以是坏"基因"，坏就坏在它否认人与人之间的普遍联系，坏就坏在它否认外部效应，坏就坏在它反社会、反道德的本质。所以自由主义理论发展到目前，已经完全违背洛克、密尔、亚当·斯密、孟德斯鸠等这些经典自由主义理论家高度重视伦理道德的传统，走向了崇尚道德多元主义、否定客观道德标准的路线。

当前，自由主义在发达国家和发展中国家都遭遇到了前所未有的困境。人们为此寻找各种解释，如中产阶级的衰落、公民社会不健全、权力失去制衡、民主简化为选举、文化传统不适应等。这些都是自由主义困境的表象，隐藏在这些表象后面的，则是那个自由主义坏"基因"——每个人就像原子一样，都是自我包容和自足的。由于这个坏"基因"忽视外部效应，恰好与全球化时代外部效应越来越强烈的国际环境相排斥，于是这个坏"基因"开始病变。当前的自由主义困境，比如政治原则与伦理原则相背离、公意违反公益、多数人的决定违背多

① ［新］李光耀口述：《李光耀论中国与世界》，中信出版社2013年，第38页。

数人的利益等，并非出于偶然，正是这个坏“基因”病变的必然结果。这恰恰说明自由主义必将走向末路。

自由主义正在走向末路

严格来讲，自由主义理论起源于古希腊时期，资本主义发展初期到工业化以前得到系统发展，伴随工业化过程而逐步完善，在冷战结束后走向神坛。根据事物发展的一般规律，随着自由主义走向神坛，它的高峰期似乎已经过去，它跨过了最高拐点，正在掉头向下走向末路。当前，在全球范围内发生的自由主义困境，正反映了自由主义的这样一种命运轨迹。

沿着古希腊时期→前工业化时期→工业化时期→后工业化时期→全球化时期这样一个大略的历史轨迹，可以看到，人类经济形态逐步摆脱自然状态，不断向着更为深度分工的社会化方向迈进；人类社会形态则逐步摆脱局部孤立，不断向着联系更为紧密的一体化方向发展，直到当今，进入全球化时代，人类世界已经越来越发展成为一个共同体。自由主义却完全脱离了这个历史进程。

全球化的本质就是全球的深度互联与融合，以至于地球被称为地球村。从全球化的角度来看，人类历史就是一个全球化不断发展的历史，就是人类互联与融合不断深化的历史，因此也更是外部效应不断强化的历史。

在古希腊自然经济的环境下，由于人类的互联与融合还比较弱，因此，自由主义坏“基因”——每个人就像原子一样，都是自我包容和自足的——还有比较大的存在合理性；在工业化时期，其合理性虽然有所下降，但还没有达到矛盾不可调和的地步；但是，随着全球化的发展和外部效应的强化，这种合理性终究要逐渐弱化，这是不可逆转的趋势；到了当今全球化时代，人类的互联与融合已经达到如此紧密的程度，以至于自由主义坏“基因”——每个人就像原子一样，都是自我包容和自足的——已经完全脱离当前社会现实并失去了大部分的合理性。自由主义坏“基因”目前已经彻底“癌变”，并且正在加速侵蚀人类的肌体，这就是当前全球范围内自由主义困境的真实原因。

自由主义困境反映在政治领域，就是西方权利政治的危机。

西方政治是权利政治。权利的本质是维护权利人自身利益，因此权利的本性是自私。在权利政治语境下，西方认为，少数人决定只会为少数人谋利，多数人决定一定能为多数人谋利，即公意必能带来公益。这是民主政治的理论基石。如今，这个论点正遭遇严峻挑战。在西方世界，尤其是在美国，多数人的决定，却长期违背了多数人的利益。近三十多年来，美国不断通过多数人的决定，选出议员和总统，但美国社会1%的人群与99%的人群的矛盾却不断扩大。事实证明，“多数人决定一定能为多数人谋利”的民主信条已经破产。在第五章，将会重点讨论在美国多数人决定是如何违背多数人利益的问题。

为什么西方民主政治会发展到如此尴尬的局面？归根结底，还是由于自由主义坏“基因”作祟。由于自由主义认为“每个人就像原子一样，都是自我包容和自足的”，从而认定“个人有足够的理性和能力去判断和实现其价值”，这导致西方过分相信个人权利，使个人权利实际上严重超越个人理性能力。但在全球化时代，外部效应已经使西方民主制度的理论基石失去合理性。

因此，张维为教授说“美国的政治制度设计，严格地说，还属于前工业时代的设计，非改革不可，否则美国将难以避免走向衰落”①，这是非常有见地的。

笔者认为，不管民主的形式如何，民主的本质是非常清楚的。民主就是多数人的统治。如何理解这句话呢？解剖这句话，其含义就是：**多**

① 张维为：《中国震撼：一个“文明型国家”的崛起》，上海人民出版社2011年，第154页。

数人决定，为多数人谋利。其中多数人决定是形式，为多数人谋利是本质。正是因为民主意味着为多数人谋利，民主才成为崇高的价值。由于外部效应的影响，多数人的决定会有出错的时候，这就是西方民主本身的致命局限。但由于全球化时代外部效应远远超出个人的理性能力，建立在理性人假设基础上的西方民主制，不管采取什么形式，终究难以突破外部效应这道坎。西方的尴尬在于，民主发展到现今，多数人决定（票决）已经难以为多数人谋利了，于是西方民主制也就快走到了终点。

西方选举政治的非理性特征一再证明，选举往往无法选出一个最佳执政者，只是选出一名最佳参选者。为了克服选举政治弱点，中国提出了协商民主。所谓协商民主，就是摆事实、讲道理，讨论、谈判，然后形成共识。协商民主可以有效地限制个人非理性行为、弥补信息不对称、制约本位主义，是对西方民主制的有效矫正。

西方民主作为国家治理方法，在一定环境中可以发挥一定的作用，但它绝对不是万能的。历史证明，西方民主已经屡屡出错。可以肯定地说，光靠西方民主不足以治国。西方民主制的弱点是本质性的，这种弱点要从西方民主自身找原因。经常有人说“民主是个好东西”，其实这种说法过于简单化，还是没有脱离西方话语权的阴影，无助于社会治理的创新。

两种自发秩序

自由主义往往喜欢强调自发秩序。市场秩序就有某种自发性，经济学家们喜欢把它比喻为“看不见的手”。美国经济教育基金会（the Foundation for Economic Education）创始人伦纳德·里德（Leonard E. Read，1898—1983）写过一篇非常著名的文章，叫《铅笔的故事》（见本章后的延伸阅读）。里德用通俗易懂的文字，讲述了在接近纯粹市场的条件下，数量庞大的、不同地区、不同工作的人通过分工合作，最后才生产出一支铅笔。诺贝尔奖获得者、主张自由放任资本主义而闻名的米尔顿·弗里德曼（Milton Friedman）在为《铅笔的故事》所做的导语中写道："伦纳德·里德引人入胜的《铅笔的故事》，已经成为一篇经典之作，它也确实是名副其实的经典。据我所知，再也没有其他的文献像这篇文章这样简明扼要，令人信服地、有力地阐明了亚当·斯密'看不见的手'——在没有强制情况下合作的可能性——的含义，也阐明了弗里德里希·哈耶克强调分立的知识和价格体系在传播某些信息方面的重要性的含义，而这些信息'将使个人毋须他人告诉他们做这做那而自行决定做可欲的事情'。"①

无须否认，《铅笔的故事》描述了自发秩序的典型特征，并大胆地为自由主义伸张。这篇文章极其精彩、极富启示、极其典型，被很多人用来证明自发秩序的有效性，它似乎为自由主义做了极其雄辩的论证。然而，事实果真如此吗？

首先，要说明，笔者无意否定自发秩序。强调外部效应，实际上就是强调自发秩序。那么多的人、那么多的事，在无人协调组织的情况下，依靠自发的力量结合在一起，最后生产出一只铅笔，实在是一件非常奇妙的事。

然而，需要郑重指出的是，《铅笔的故事》固然精彩，但这个故事中的"产品"，并不只是铅笔一种。相反，如果考虑到外部效应，那么除了铅笔以外，同时也意外地产生许多其他"产品"，这些"产品"似乎都被自由主义者忽略了。而这种"忽略"是个致命错误。这里简单列举一二。

开采矿石，冶炼钢铁，再将其加工成锯子、轴、发动机，这个过程会消耗资源，还会破坏环境；要种植大麻和咖啡，可能会使粮食减

---

① 罗卫东主编：《经济学基础文献选读》，浙江大学出版社2007年，第103页。

产、土地沙化、环境恶化；采伐雪松圆木会导致水土流失、环境恶化；雪松圆木切割会产生巨大噪声、粉尘并损害工人健康；烘干木材板条要消耗能源，产生温室气体排放；铅笔芯所用的石墨，也是高度污染之物，容易破坏环境和人体健康；石墨要与黏土混合，还要用到氢氧化铵，这对环境损害更大；铅笔木杆上涂了六层漆，为了这种漆就要种植蓖麻，无形之中又减少粮食的种植；蓖麻油的加工过程可能会使工人被剥削。

如此等等，这些难道不也是整个铅笔制造过程的自发秩序的一部分吗？自由主义、市场原教旨主义在自发秩序面前，往往是选择性失明，从而产生对自发秩序的片面认知。哈耶克的第一个重要失误就是，他看见了正外部效应，即好的“看不见的手”，却忽视了那些负外部效应，即坏的“看不见的手”。他一味强调自发秩序，却忽视了依靠自发秩序无法抑制那些坏的“看不见的手”。

在更广泛的领域里，负的自发秩序比比皆是。

温室气体效应是不是自发秩序？几百年来，人们自发地向空气中排放二氧化碳，导致地球温度上升，已经给人类生存带来危机。

生态环境破坏是不是自发秩序？那些分布在地球不同角落的人们，这个人排放一点废气，那个人排放一点废水，那个人又排放一点垃圾，还有人要砍伐一点树木，开采矿山，采沙，如此等等，造成了环境灾难。

城市交通拥堵是不是自发秩序？那么多人都想买车以便利出行，反而造成城市交通瘫痪。

人口爆炸是不是自发秩序？人们只想着自己生孩子，却没有想到这么多人如何生存。

两极分化是不是自发秩序？

中等收入陷阱是不是自发秩序？

2008 年席卷世界的金融危机是不是自发秩序？

黑社会、毒品走私是不是自发秩序？

……

这些事例与前面讲的《铅笔的故事》有异曲同工之妙，它们其实都是自发秩序。哈耶克的错误也正是自由主义的错误：只看见了有利于人类的自发秩序，忽视了不利于人类的自发秩序。外部效应原理告诉我们，有正外部效应，也有负外部效应，它们分别产生有利于人类的正自发秩序和不利于人类的负自发秩序。自由主义看见了正自发秩序，并把正自发秩序当作自发秩序的全部，然后告诉我们：只要人类拥有自由，就能享受这美妙的自发秩序。自由主义想要表达的正是那“铅笔”的自白：“如果你能认识到我所蕴含的那些不可思议之处，你就会愿意努力维护人们正在不幸地丧失的自由。”

但是，它们却无视温室气体效应、环境灾难、交通拥堵、人口爆炸……

笔者说自由主义救不了这个多灾多难的世界，原因就在这里。

自由与“囚徒困境”

负外部效应可能是可预测的，也可能是不可预测的。对那些不可预测的负外部效应，行为人自身既没有动机、也没有可能去控制。那么，对那些可预测的负外部效应，行为人是否会采取主动控制行为，以减少或消除对社会的损害呢？“囚徒困境”的理论，对这个问题做出了回答。张千帆教授在一个访谈节目中讨论了这个问题，给我们带来了深刻的启发。下面，是他访谈的部分内容。

谈论道德不容易，但是一个社会没有道德又不行；没有道德，这个社会就乱了。这是绝大多数人的直觉，我认为这个直觉是对的。

打个比方，我们两人素昧平生，遇到一起，譬如说你要卖我一件东西。我们每个人会有不同的策略选择，一种是与人为善，采用“合作”策略；还有一种就是“不合作”策略，背信弃义、互相拆台。譬如你把假冒伪劣产品卖给我，就溜之大吉。如果我们彼此之间没有信任，各自都追求自己利益的最大化，那么“囚徒困境”博弈会预言，我们都会用“不合作”策略。这种策略构成了“纳什平衡”：你对我合作，我会不合作，因为那样好处更多；你对我不合作，我更不会合作，所以无论你合作还是不合作，我都会不合作。当然，你知道我这么想，也会采取同样的不合作策略。

大家接触的经济学知识基本上都是这个逻辑，市场经济就是假设每一个人都是理性自私的。法治也是这套假设，民主政治也是这套假设。民主政治的目的就是更好地满足更多人的需求。但是博弈论告诉我们，如果说我们之间确实没有任何道德约束的话，那么我们都会选择不合作的策略，最后因为彼此不合作，所有人的状况都是几乎最差的。这就是理性的悖论：我们一开始为了追求最好的结果，对于我们各自来说都是这样的——我不管你好还是坏，其实我没有什么恶意，你混得好我既不感到高兴，也不感到嫉妒，大致人性就是这样的。但是我们每一个人都以短视的方式追求个体利益最大化的结果，是整体利益受到了伤害，而既然每个人是这个整体的一部分，最后每个人的个体利益也受到了伤害。我们每个人都想为自己得到最好的结果，而最后得到的却是对自己几乎最差的一种安排。这就是“囚徒困境”对我们的启示。

大家看看这个世界，会发现我们周围每天都在发生这样的事情。我们每天都生活在各种各样的“囚徒困境”中。我遇到最常见的一个例子就是随地吐痰，很小的一件事情。中国和落后国家相比的话还好，但跟一些我所去过的发达国家相比，是卫生习惯最差的国家。

……

超越“囚徒困境”有三种方式。一是通过更加复杂的博弈。经济学中比较复杂一点的理论会告诉我们，许多社会博弈不是一锤子买卖，而是重复博弈。比如我今天卖你的果子是坏的，但是明天你找不到我了，我就赚了。这就是典型的一锤子买卖，会导致相互折台的“囚徒困境”。但是如果明天我还要到这里来做生意，那么我今天骗了你，明天你就会来找我算账，所以我今天也不敢骗你。通过重复博弈，有可能在理性计算的基础上建立社会互信。不可否认，重复博弈有助于超越“囚徒困境”，尤其在小型“熟人社会”。问题是，它并不足以帮助我们摆脱“囚徒困境”。现代社会很大，流动性也很大，很多人际交流是短期的，一锤子买卖很多。重复博弈也许对一个封闭的小村庄很管用，但是不足以维持一个大社会的互信。

第二种超越“囚徒困境”的方法是法家的国家主义，但是它同样也不管用。其实，我们的法治就处于“囚徒困境”之中。

例如在汉初，儒家和法家之间就一些具体的国家政策有过争论，比如《盐铁论》中就有所反映。读了以后，我认为应该说儒家赢了，但是儒家赢了并不说明法治不重要，而只是因为儒家立场比较温和。儒家并不认为一个国家可以没有法，但是道德比法更重要。当然，这个立场推到极端的话，可能是有问题的。德治强调的是道德自律，过度强调的话容易让我们忽视制度建设，走向人治。虽然历史上儒家确有这个问题，但是儒家本没有必要走向那个极端。

法家则认为这个国家只需要法就可以了，道德是没有用的。大家想想，法家的立场也有一定的道理，因为按照儒家的理论——君子有道德、小人没道德，但我们知道这个社会绝大多数都是小人，社会现实就是这样，君子只是极少数，而统治是关系大众的事情。

要统治一个国家，我们要统治的显然不是少数君子，而是绝大多数小人。用道德统治这些小人，现实当中不具备可操作性。不仅远古的时候是这样，今天或多或少也是这样。比如我们很难说服那些随地吐痰的人，其实成本不高就可以把这个恶习改掉，但是发现很难。现实中还有很多这样的例子。

……

回到一开始讲的问题，如果只把人假设为理性自私的，而人的理性自私往往都是短视的，那么这样的社会确实是没法统治的，它会变成一团乱麻。当然，法家自认为有答案，而法家的答案很简单：乱了就严刑峻法、重刑去刑。犯一点点小罪，就实施非常严厉的刑法，而我们都是理性人，觉得犯法得不偿失，所以就不犯法了。但看似简单的法家逻辑实际上是走不通的。当今的《刑法》还是相当严厉的。如果说国家想治你的话，随便安一个罪名就可以治你。

但是你会发现违法现象还是很普遍，尤其是政府自己不守法。为什么会这样？因为虽然公私表面对立，官和民、公权和私权没有什么绝对的区别。两者相互联系，也可以相互转化。譬如权钱交易，就是公与私的一种转化。官员也是一个有七情六欲的人，也在和民众博弈中。如果他没有什么压力，为什么要严格执法？

……

既然前面两种办法都不管用，现在就剩下第三种——道德信仰。虽然有人说中国古代治国采用“儒表法里”，儒法实际上不矛盾，在上层，有儒家伦理这套道统；在下层，对老百姓实行法家的吏治。

但要说儒家伦理只是在士大夫阶层发挥作用显然是不准确的，它对于整个社会的日常生活都发挥了很重要的作用，是传统中国社会很关键的凝聚力。之所以说传统中国没有儒家不行，是因为儒家伦理帮助我们超越狭隘理性造成的“囚徒困境”。

为什么中国这么大，文明却能够维持那么长的时间？我觉得这离不开儒家文化。一个社会一定要有道德信仰才能够维持下去，只有理性自私是不行的。博弈论建立在人的理性自私之上，但是反过来证明纯粹理性自私的社会必然陷入“囚徒困境”。道德、伦理是一种非理性因素。我们在做好事（至少不做坏事）的时候，不会每次都做很复杂的计算，衡量我这么做的结果是得利还是得不偿失。如果说人生中的每一个决定，每天每时每刻都这么做出的话，本身也不可行，因为计算成本太高，这也不是人类惯有的思维方式。道德信仰很简单，就是命令我们做正确的事情。中国历史上，儒家伦理正是发挥了这种作用。①

张千帆教授告诉我们，要避免“囚徒困境”给社会秩序造成的破坏，必须借助道德力量。这恰是说明了善优先于权利的观点。问题是道德力量是一种软约束，弹性过大，效果未必令人满意，更何况不能指望一般民众都有很高的道德水准。因此寄希望于一般道德力量，可能无法完全避免和消除“囚徒困境”。

那怎么办呢？出路在于集中制。

出路在于集中制

人类在享受正自发秩序的同时，如何调控负自发秩序，这成为当今社会的重大课题。自由主义无视负自发秩序的存在，因此也无意去面对这个问题，实际上也一直无所作为。

自由主义的个人行为者，出于追求个人利益最大化的需要，“他”

---

① 张千帆：《官员也是人，和老百姓没什么绝对区别》，2014 年 12 月 24 日，见 http://finance.ifeng.com/a/20141224/13382175_0.shtml。

只会全力以赴追求自身目的，而置任何外部效应于不顾。正外部效应形成了一种正自发秩序，固然无意中给他人带来利益，但是负外部效应却会累积成一种负自发秩序，这些负自发秩序一直“自发”下去，终将导致社会整体秩序混乱，直至崩溃，这是可以预见的结果。实际上，自由主义一定会导致集体非理性的结果，这是它的宿命。所以说，自由主义这把钥匙已经开不了当代社会这把锁，自由主义发展下去，结局只有一个，就是社会崩溃。建立在自由主义基础上的西方民主，其实是很成问题的，西方民主绝对不应该是中国政治转型的目标。

怎么办？必须有一种有别于自发力量的外部力量，才可能对负自发秩序实施调控和制约。这种力量只能是一种超越一般自发力量的、位于社会顶层的带有强制性的自觉力量。

由于它位于社会顶层，它能够比任何自发力量都站得高看得远，更容易克服信息不对称，更能够把握局部与整体、眼前与长远的关系，更能够对社会整体秩序做出宏观预测和调整，因而也具有自觉的特征。

由于它是一种强制性力量，它能够制约局部力量的反抗，从而使局部与整体、眼前与长远的关系趋向和谐。在局部与整体、眼前与长远力量对比上，局部的、眼前的力量总是现实和强大得多，而整体的、长远的力量则往往是虚拟和虚弱的。如果没有一种强制性力量支持，整体的、长远的力量在与局部的、眼前的力量的较量中，几乎总会落败。

笔者把这样一种社会管理机制称为集中制，它恰好与自发的、分散的、处于基层的自由力量相对应。

在这里，笔者要指出哈耶克的第二个错误。哈耶克认为高层决策者不可能掌握足够的微观信息来为经济做计划。从一定意义上说哈耶克是对的，那些微观信息的确是市场行为人才更清楚。传统计划经济试图去完全控制微观经济活动是“致命的自负”。但是，还有一类信息，比如中国农田变化趋势（这决定是否必须实行农田保护）、地球气候变化情况（这决定是否必须控制温室气体排放）、北京市车辆与道路发展情况（这决定是否要实行车辆限行）等等，这类宏观经济信息却是任何微观的个人难以了解的，而只有高层决策者才能够了解。政府掌握宏观信息，市场主体掌握微观信息，这也是“知识分工”应有之义。哈耶克一味排斥政府在经济活动中的作用，这不是从过度计划的“自负”转向了过度市场的“无知”吗？

改革开放以来，中国成功地运用了集中制的力量，并产生良好效果。仔细思考，我们会发现，假如实行“一人一票”，假如没有集中制的力量推动，中国不可能实行改革开放；不可能实行计划生育；不可能实施基本农田保护以促进中国粮食安全；不可能进行国有企业改革闯关；不可能大力推动反腐斗争；不可能持续地、深入地、与时俱进地改革；不可能有成效卓著的扶贫工程；不可能有如此高效的高铁建设……

《纽约时报》专栏作家托马斯·弗里德曼在其《世界又热又平又挤》一书中，有一章的标题是“做一天中国（仅仅是一天）”。他在这一章中写道：“据我所知，如果需要的话，中国领导人可以克服官僚主义的障碍，彻底变革价格水平、规章制度、标准、基础设施，以维护国家长期战略发展的利益。而这些议题若换在西方国家讨论和执行，恐怕要花几年甚至几十年的时间。”随后，弗里德曼以汽油无铅化为例，来比较中美之间的差异：“美国从 1973 年就开始了将汽油去铅的进程，但直到 1995 年才基本实现了全国售出汽油的无铅处理。而中国决定于 1998 年开始实行无铅化，1999 年新标准已在北京地区试行，而到 2000 年整个国家全部实现了汽油无铅化。美国为制定汽车燃油经济性标准从 1975 年着手进行到 2007 年再次取得重大进展共花了 32 年的时间。同时，在 2003 年，中国开始将轿车、卡车的经济燃油标准提上议事日程，并把新的标准报经国务院待批。该标准在 2004 年获得批准并于 2005 年开始实施。”他感叹道：“我希望我们能做一天的中国——仅仅一天——在这一天里制定所有正确的税收法律、各项规章，以及一切有利于建立清洁能源系统的标准——这对华盛顿的价值远大于对北京的价值。因为一旦上级颁布命令，我们就克服了民主制度最差的部分。”[①] 可以说，托马斯·弗里德曼羡慕中国的正是集中制的力量。

在国际上，进行全球性的世界气候谈判是集中制的典型事例。气候谈判是经过公民授权的吗？没有。相反，来自公民社会和利益集团的反减排力量极其强大，因为减排可能会损害公民的现实利益。事实说明，越是自由主义国家，越难以推进减排，其中美国又是减排的最大阻力源，它是发达国家中唯一不愿签署《京都议定书》的国家。特朗普总统决定要退出《巴黎协定》再一次证明了这一点。但是，世界精英阶层认识到，如果不推动减排，人类将面临巨大灾难，总有一天，人类的后代将无立足之处。世界气候谈判的动力正是来源于精英阶层的道德勇气，而不是广大公民的自由和权利。

实际上，代际问题正成为自由主义难以逾越的鸿沟。为什么？因为按照自由主义追求自身利益最大化原则，在委托代理制民主体系中，那些还没有出生的后代，他们无法履行自身的投票权，无法维护自身利益，他们的利益是没人代理的。因此这种代际问题在西方民主制中是无解的。在现实中，当代西方社会主要危机正是体现为寅吃卯粮的代际违约，致使主权债务不断增高而不可持续。西方社会普遍出现的代际违约（严格来说，不能称为代际违约，因为后代们还没有成为合法的行为主体，哪来代际契约？）现象正好说明自由主义存在致命缺陷。要解决这个矛盾，只有回到建立在道德基础上的代表制民主——集中制——上来。气候谈判是一个典型的代际问题，按照西方自由主义逻辑肯定无解，必须依靠道德而不是自由，才有办法面对。联合国气候变化框架公约执行秘书长克里斯蒂娜·菲格雷斯曾说：“我们不能达成减排协议，就注定了下几代人的不幸，而他们还没有出生哪。这真是特别特别不公

① ［美］托马斯·弗里德曼：《世界又热又平又挤》，王玮沁等译，湖南科学技术出版社2009年，第355—356页。

平，特别特别不道德。”① 所以，气候问题的解决最后只能回到道德层面上来，用道德来约束自由。

张维为教授说：“在今天这个全球化日益深入和全球性危机日益增多的世界上，仅仅具备‘数目字管理’而不具备‘宏观整合力’的国家将竞争不过两者兼具的国家”，“国家治理早已不是一个民主与专制的简单问题，而更多是一个自由与集中的辩证关系。”② 对此，笔者深以为然。

以中等收入陷阱问题为例

世界银行前首席经济学家、北京大学国家发展研究院名誉院长林毅夫先生，针对中等收入陷阱问题曾表示，第二次世界大战以后，世界上能够打破中等收入陷阱的国家和地区非常少，但中等收入陷阱并不是必然，关键是政府要因势利导，创造条件推动技术创新和产业升级。

林毅夫先生指出，根据1950年到2008年的数据可看出，在第二次世界大战以后的世界200多个国家和地区中，只有28个经济体人均收入跟美国的差距缩小了10个百分点以上。这28个经济体绝大多数是欧洲国家，如果再把当中的石油或是钻石生产大国刨除，就只有12个经济体。世界上有将近200个国家和地区，大多国家和地区陷入低收入陷阱或是中等收入陷阱，真正能够打破这个陷阱的国家和地区是非常少的。

林毅夫指出，国家开始发展时大部分是劳动密集型产业，然后变得有竞争力，积累资本，产业不断升级，这个过程当然必须以市场为基

---

① 孙莹：《全世界都在看巴黎，而巴黎气候大会就靠这四人了》，2015年12月3日，见 http://news.ifeng.com/a/20151203/46514055_ 0.shtml。

② 张维为：《中国震撼：一个“文明型国家”的崛起》，上海人民出版社2011年，第77、135页。

础，同时在产业升级的过程当中，政府扮演因势利导的角色。关键是政府要协调在产业升级、技术创新中所带来的外部问题，在专利、基础科研方面给予支持，还要通过政府采购，以及对某些技术化产品的行政指令给予帮助。林毅夫特别谈到，除专利支持外，另外三方面都要求政府把有效的资源做一个策略性配置，针对特定的、政府认为比较有前途的产业来进行支持。①

笔者认为，林毅夫先生的论述是有道理的。其本质是，原有的秩序依靠自发力量难以打破，政府必须采取强力措施加以推动。一种产业结构向另一种产业结构过渡，需要很多外部因素的协同推进，而这种协同推进，纯粹依靠市场力量是达不到的。那么多国家陷入低收入或中等收入陷阱，就是由于过分依赖市场的自发秩序而政府缺少作为，以至于难以达到协同推进外部因素，当然也就难以促进结构调整并实现产业升级。笔者对于中国冲破中等收入陷阱充满信心，主要是因为相信中国政府完全有能力实现外部因素的协同推进。在创新问题上，我们已经看到了这种政府力量的作用。几年前，美国人还在谈中国是一个没有创新力的国家，转眼之间他们开始惊呼中国将成为世界创新中心。这种变化是因为市场力量吗？当然有市场因素，但政府所起到的推动与促进作用，也是十分重要和不可忽视的；单从市场因素是很难解释这种快速转变的。

这是从经济的角度论证了集中制的力量。

集中制的本质是德政

集中制为什么会有如此巨大的威力？它的内在机制是什么？

笔者认为，集中制源于中国传统文化中的德政，集中制的本质就是

---

① 林毅夫：《极少国破中等收入陷阱，产业升级是关键》，2012 年 10 月 29 日，见 http://finance.china.com.cn/news/tbch/20121029/1100667.shtml。

权力服从于道德。

西周时期有“明德慎罚”，孔子有“为政以德”，慎到有“立天子以为天下，非立天下以为天子也”，孟子有“民为贵，社稷次之，君为轻”，荀子有“君者舟也，庶人者水也，水则载舟，水则覆舟”。这些论述奠定了“惟以一人利天下，非以天下奉一人”的德政思想的精髓。因此在中国，当官的就要“为官一任，造福一方”“当官不为民作主，不如回家卖红薯”，老百姓则把官员称作“父母官”。

中国的德政传统塑造了中国老百姓对政府的独特认知：政府是必要的善。李光耀在其《李光耀观天下》一书中说：“五千年来，中国人一直认为，只要中央政权是强大的，这个国家就安全。如果中央虚弱了，国家就会紊乱。一个强大的中央会带来一个和平繁荣的中国。每个中国人都这样认为，这是他们从根深蒂固的历史教训中吸取的基本。”①

集中制是一种集权，但不等于专制。它们有一个相似的表象：少数人决定。这就把西方人搞糊涂了，因为在他们看来，集权就是专制。所以他们搞不明白，南美洲那些集权国家，经济搞得一团糟；中国也是个集权国家，为什么经济长期繁荣？于是他们猜测，中国的繁荣是暂时的，很快就会像南美洲国家一样崩溃。可是这种猜测一次次落空。为什么？都是因为他们不懂德政，不懂集中制。

笔者认为，德政或集中制，是东西方文化的基本分野之一。在西方文化中，权力从一开始就是自私的，因而是恶的；但在中国文化中，权力从一开始就服从于道德，因而可以是善的。所以，中国不能简单搬用西方政治理论，原因也在这里。

在德政理念下，由于道德是利他性质的，因此少数人的决定，其目的可以为了多数人。就是说，少数人可以为多数人谋利。同时，在德政语境下，权力也可以自我约束。

---

① ［新］李光耀：《李光耀观天下》，北京大学出版社 2015 年，第 3 页。

一位19世纪中期曾在中国任职的英国领事官员T. T. 梅多斯，根据其第一手观察资料得出结论："通常的中国政府基本上是建立在道德力量的基础上：它不是一个专制政府。它所维持的军队和警察，无论在人数上还是在事实上，仅够镇压派别叛乱，而完全不足以镇压一个表示厌恶的、愤怒的民族。但是，尽管这一政府并不实施暴政，但它在形式上和机制上却是一个纯粹的独裁政府。"① 这就是中国特有的、看上去像独裁、像专制，实际上却不专制的政府形式，也就是笔者称之为集中制的政府形式。

但是，在西方权力政治话语下，由于权力是自私的，因此他们认为，少数人决定一定是独裁或专制，只有多数人决定才能为多数人谋利益。权力之间必须相互制衡。

新加坡国立大学公共政策学院院长马凯硕在新加坡《海峡时报》2013年4月6日刊登题为《慧眼识善政》一文，文章指出，中国和新加坡的实践证明，民主（指西方民主——笔者注）和善政没有必然联系，新加坡"之所以表现出色，是因为它形成了一种使公务员全心全意致力于改善新加坡民生的文化"。实际上这就是德政文化。但在西方人看来，这种没有民主的善政就像圣母玛利亚怀孕一样不可想象。

可见，中西政治话语有根本性区别。这个区别是如此之大、之显著，以致西方人很难理解中国政治。这也同时说明，西方政治理论有很大的局限性，不要简单地用西方的政治话语来解释中国政治，比如多党制、宪政、制衡、民主制、君主制、政府是必要的恶、政府合法性等，这些都解释不了几千年来形成的中国独特的政治传统。中国的传统政治体制与西方的君主制可能根本不是一码事。当然，更不能用西方的政治标准作为中国政治发展的典范。用西方政治话语来讲，政府是必要的恶，用中国德政或集中制话语来讲，政府则是必要的善。两者差别很

① ［美］斯塔夫里阿诺斯：《全球通史：从史前史到21世纪》（上），吴象婴、梁赤民、董书慧、王昶译，北京大学出版社2012年，第265页。

大。西方人很难理解，中国的威权体制为什么那么得人心，又为什么能够推动经济社会快速发展。

可以说，德政是中华文明最优秀的内核，也是中华文明对世界文明的独一无二的贡献。那么，中国能否吸收东西方政治文明的优势，取长补短，融合发展出既超越西方模式、也超越中国传统的更为有效的政治模式呢？在第六章将会论述这个问题。

把自由关进伦理道德的“笼子”

笔者已从两个方面论述了自由与伦理道德的关系。一方面，人类要战胜外部效应，维护社会整体秩序，实现社会正义，只有依靠集中制，而集中制的前提是道德责任。另一方面，自由主义把人看作孤立的原子个人，在否认外部联系的同时也否认了道德约束的必要性，从而导致自由主义逐渐走向末路。

这就充分说明，绝对的自由必然走向灭亡，自由只有服从伦理道德，才能够得到救赎。这也是本章所要阐述的核心观点。

其实，自由主义经典作家，运用理性主义和经验主义的思想方法，曾经对自由和道德的关系做出了敏锐而深刻的判断。

洛克说：“处在政府之下的人们的自由，应有长期有效的规则作为生活的准绳，这种规则为社会一切成员所共同遵守，并为建立秩序的立法机关所制定。”①

密尔说：“如果说有谁低估个人道德，那么我是倒数第一名；个人道德在重要性上仅仅次于社会道德，假如还能用次于来比较。教育的任务也是要对二者作同等的培养。”②

① ［英］洛克：《洛克说自由与人权》，高适编译，华中科技大学出版社 2012 年，第 49 页。

② ［英］密尔：《论自由·代议制政府》，康慨译，湖南文艺出版社 2011 年，第 63 页。

亚当·斯密固然发现了“看不见的手”的巨大威力，但是他也写作了《道德情操论》。而且在晚年，亚当·斯密更看重《道德情操论》，而不是《国富论》。因为前者为“经济人”设立了道德约束机制。现在许多经济学家只关注《国富论》，而不关注《道德情操论》，实在是本末倒置。

康德更是提出了“道德是最高律令”的重要命题。

在此，我们要重视孟德斯鸠的论述。这是因为，一方面孟德斯鸠的理论对现代西方自由民主政体影响巨大；另一方面，他对自由与伦理道德的关系，论述至为深刻。在《民主政体的原则》一文（见本章后的延伸阅读）中，孟德斯鸠认为：“自由有两种含义，一种含义是权利，即受法律保护的不可侵犯的权利。另一种是行为，即不受阻碍的行为。作为权利，自由是正当的；作为行为，自由就未必是正当的”，“特别是当自由不受限制地被滥用的时候，会带来灾难性的后果”，“为了防止民主政体因过度自由走向毁灭，必须对其加以限制。法律是一个重要手段。除了法律的限制外，人民的品德是十分重要的。一个人的品德如何，在很大程度上决定着一个人的行为。”①

柏拉图告诉我们，“极端自由的结果只能是极端的奴役”；孟德斯鸠告诉我们，不受法律和道德限制的、过度自由的民主政体，“离毁灭为时不远了”。而法律和品德正是笔者说的伦理道德。

笔者非常震惊于经典作家们如此深刻的论述和历史洞察力。而当代自由主义完全沿着柏拉图和孟德斯鸠的预测，正在滑向历史的终点。我们不禁要问：自由主义为什么会不顾经典作家的告诫，走向过度自由？

要弄清这个问题，不妨先来回顾历史。自由的绝对性其实来源于与神权抗争的需要。资产阶级在取得一定经济地位后，他们就要从神权那里争取自由，但神权都具有至高的绝对性，是不容挑战的。资产阶级必

① ［法］孟德斯鸠：《论法的精神》，申林编译，北京出版社 2012 年，第 13 页。

须找到一种同样具有绝对性力量的理论武器，以便跟神权对等抗衡。这些理论家们从古希腊的自然法理论得到启示，提出了自然权利和自然自由的概念，以此来论证自由是与生俱来、不可剥夺的。这样就使自由取得了与神权一样的至高无上地位。

问题是，资产阶级思想家们在取得与神权斗争的胜利后，并没有放弃这个虚构的理论。他们敏锐地发现，由于自由实际上源于物质基础，因此自由取得绝对地位，就意味着物质力量取得绝对地位，同样就意味着资本取得绝对地位。这就是资本主义宣传自由至高无上的奥秘所在。

发展至今，当代自由主义不承认社会客观道德标准，倡导道德多元主义。他们一方面认为善与恶没有共同标准，另一方面认为人类存在着超越具体文化差异的少数共同的价值准则，即自由与民主。通过这样的循环论证，自由民主完成了自我辩护，取得了只受自身约束、因而实际上不受任何约束的至高无上的地位。在法治和宪政理论上也出现了同样的问题，即不承认法律的历史性和社会性，不承认人类进步的渐进性，认为法律只有体现自由民主的原则才是合法的，否则就是恶法，而恶法不是法，人们不必受恶法的约束。这样，自由民主受法律约束的原则，又巧妙地转化为只受自身的约束，使自由民主实际上取得了超越一切法律的地位。

但是，这个虚构的理论，其最大的弱点恰恰就在于脱离社会理性和历史现实。把自由抽象为宗教性的绝对价值，其本身蕴含着反历史、反社会、反道德的基因。自由主义发展到一定阶段，终究会与现实社会产生不可调和的矛盾。放眼世界在当代自由主义社会，到处泛滥着过度自由的现象。泰国反对派硬要拉民选政府下台，乌克兰独立广场暴力事件，香港“占中”事件，台湾反服贸团体占领立法机构……诸如此类，他们都是以民主的名义公然违背法律，至于道德，就更是抛到九霄云外去了。美国由于过度自由导致社会危机和衰落，等待美国的命运恰如孟德斯鸠所说，“离毁灭为时不远了”。

这就是当代自由主义社会的普遍现实，自由和民主已经成为游离于社会伦理道德的怪兽。

然而，这正与我们所在的当今社会发展趋势背道而驰。人类已经进入全球化、大数据时代。互联与融合是这个时代的最大特征，立体的交叉线秩序已经完全替代平行线秩序。大数据时代意味着外部效应极其复杂多变，个人面对信息海洋，其理性能力显得极其可怜，人们经常自我迷失方向。因此，这是一个需要广阔视野、整体思维、顶层设计、总揽全局和统筹兼顾的时代；这是一个比以往任何时候都更需要规则、秩序、法律和道德的时代。个人、公司、政府的失德行为，可能严重破坏整体秩序，给社会造成不可估量的损失。自由主义踽踽独行的原子个人的身影，与大数据时代格格不入。因此，只有把自由关进伦理道德的“笼子”，人类才能重新找到前进的方向。

延伸阅读

铅笔的故事*

伦纳德·里德

我是一支铅笔——最普通的木杆铅笔，只要是能读会写的男女老少都再熟悉不过的铅笔。写字是我的职责，也是我的业余爱好；那是我的全部工作所在。

你肯定有点奇怪，我干吗要搞一个什么家谱。好吧，我来解释一下，嗯，首先，因为我的故事很有趣。其次，我是一件神秘的东西——要比树木、比日落，甚至比闪电要神秘多了。不过，很不幸，那些用我的人把我看得平淡无奇，就好像我完全是自己钻出来的，一点背景都不需要。这种目空一切的心态把我归入大路货的档次。这实在是一个令人伤痛的错误，而如果人们一直犯这种错误，难免会出乱子。因为，博学的切斯特顿曾经说过："我们会因为缺乏好奇而毁灭，而不会因为期望奇迹而毁灭。"

我，铅笔，尽管看起来平平凡凡，但是也值得你探索和敬畏，我会证明给你看的。事实上，如果你能理解我的心——唉，这对不管什么人来说，恐怕都是过高的要求——如果你能认识到我所蕴含的那些不可思议之处，你就会愿意努力维护人们正在不幸地丧失的自由。我可以教给你们一些深刻的教训。而且我教给你的教训，要比汽车、飞机或者是洗碗机还要深刻——这恰恰是因为，我看起来是这么简单。

---

* 本文英文原标题为"I. Pencil"，刊于经济教育基金会（the Foundation for Economic Education）出版的 *Freeman* 杂志 1958 年 12 月号上。作者 Leonard E. Read（1898—1983）于 1946 年创立经济教育基金会，并担任主席至去世。"I，Pencil"是他最著名的文章。本文选自罗卫东主编：《经济学基础文献选读》，浙江大学出版社 2007 年，第 97—102 页。

简单？在这个地球上，没有一个人能了解我是如何被制造出来的。这听起来实在有点荒唐，是不是？尤其是当我们得知，在美国，每年要生产15亿支我，就更荒唐了。

把我拿起来仔细端详一下，你看到了什么？没有多少东西——也就是些木头，漆，印制的标签，石墨，一丁点金属，还有一块橡皮。

数不清的前身

你不能把你的家族追溯到很遥远的时代，同样，我也不大可能叫得出我的所有前身的名字，并对其做出解释。不过，我想尽可能地列出来，让你对我的背景的丰富性和复杂性好有个认识。

我的家谱得从一棵树算起，一棵生长在加利福尼亚北部和俄勒冈州的挺拔的雪松。现在，你可以想象一下，锯子、卡车、绳子，以及无数用于砍伐和把雪松圆木搬运到铁道旁的各种设备。再想想制造砍伐和运输工具的形形色色的人和数不胜数的技能：开采矿石，冶炼钢铁再将其加工成锯子，轴，发动机；要种植大麻，经过复杂的工序将其加工成粗壮的绳子；伐木场要有床铺，有帐篷，要做饭，要消耗各种食物。哎呀，忘了说了，在伐木工喝的每杯咖啡背后，也有成千上万的人的劳作！

圆木被装船运输到加利福尼亚的圣莱安德罗。你能想象得出制造平板大卡车、铁轨、火车头的那些人，和那些修筑和安装送我到那里的整个交通体系的人们吗？这无数的人，也都是我的前身。

想想圣莱安德罗的木材加工厂。雪松圆木被切割成铅笔那么长的薄板条，只有1/4英寸厚。要在烘干炉内将这些板条烘干，然后，涂上颜色，就像妇女们往脸上涂脂抹粉一个道理。人们喜欢我看起来漂漂亮亮的，不喜欢我煞白的模样。板条上蜡，然后再烘干。制造颜料，烘干需要的热量，照明，电力，传动带，电动机，一家工厂所需要的一切设备，等等，所有这一切需要多少技能？工厂里的清洁工也算我的前身吗？不错，还应该包括那些向太平洋天然气与电力公司的电站大坝浇铸水泥的人！因为，正是这些发电站向工厂供应了电力。

不要忘了那些或早或晚在薄板条穿州越县的运输过程中——每车装60吨——出了一份力的人们。

现在，到了铅笔制造厂——这样的工厂在机械设备和厂房建筑上要投入400万美元，这一切资本，都是我的生身父母们通过省吃俭用才积累下来的。一台很复杂的机器在每根板条上开出八条细槽，之后，再由一台机器在另外的板条上铺设笔芯，用胶水粘住，然后，放到其他的板条上面——可以说，做成了一块笔芯三明治。再由机器切割这“牢牢粘在一起的木头”三明治，我跟七位兄弟就诞生了。

我的“铅笔芯”本身——它其实根本就不含铅——就相当复杂。石墨开采自锡兰。想想那些矿工和制造他们所用的工具的人，以及那些制作用轮船运输石墨的纸袋子的工人，还有那些装船的人，还有那些造船的人。甚至，守护沿途灯塔的人也为我的诞生出了一把力——还有港口的领航员们。

石墨要与产自密西西比河床的黏土混合，在精炼过程中，还要用到氢氧化铵。然后，要添加增湿剂，比如经过磺酸盐处理的油脂——这是用动物脂肪与硫磺酸进行化学反应制造出来的。经过一道又一道机器，这些混合物最后看起来是在源源不断地挤出来——好像是从一台香肠研磨机中挤出来似的——按尺寸切断，晾干，再在1850华氏度的温度下烘烤数个小时。为了提高其强度和顺滑性，还要用一种滚热的混合物处理铅笔芯，其中包括固体石蜡、经过氢化处理的天然脂肪和产自墨西哥的大戟石蜡。

我的雪松木杆上涂了六层漆。你知道油漆的全部成分吗？谁能想到蓖麻子的种植者和蓖麻油的加工者也是我的前身的一个组成部分？他们确实都是。啊，仅仅是把油漆调制成一种美丽的黄颜色的工序，所涉及的各种各样的人们的技巧，就数不胜数了。

再看看标签。那是炭黑跟树脂加热混合而形成的一张薄膜，请问，你知道怎么制造树脂吗，你知道炭黑是什么东西吗？

我身上的那点金属——金属箍——是黄铜的。想想那些开采锌矿石和铜矿石的人们吧，还有那些运用自己的技能，把这些自然的赐予物制作成闪闪发光的薄薄的黄铜片的人们。金属箍上的黑圈是黑镍。黑镍是什么东西，又有什么用途？为什么在我的金属箍的中间部分没有黑镍，光这个问题，就得用上好多页纸才能回答清楚。

然后就是我那至高无上的王冠，在该行业中被人很粗俗地称之“塞子”，就是人们用来擦除用我犯下的错误的那个东西。起擦除作用的那种成分叫作“硫化油胶”。看起来像橡胶一样的东西，是由荷兰东印度群岛出产的菜籽油跟氯化硫进行化学反应制造出来的。与一般人想象的相反，橡胶则仅仅起黏合的作用。在这儿，需要各种各样的硫化剂和催化剂。浮石产自意大利，给“塞子”上色的颜料则是硫化铬。

无人知晓

现在，还有谁对我前面提到的这种说法不服：这个地球上没有一个人完整地知道如何制造？

事实上，有成百万的人参与了我的诞生过程，他们中没有谁能比别人知道得多一点。你现在会说，我也扯得太远了，竟然把遥远的巴西的咖啡豆采摘工和其他地方的粮食种植者，也跟我的制作过程扯到一起。这也未免太夸张了吧。不过，我仍坚持我的说法。在这成百万人中，每个人，哪怕是铅笔生产公司的总裁，所做出的贡献也只是微不足道的一丁点实际知识。从实际知识的角度看，远在锡兰的石墨开采工与俄勒冈的伐木工之间的唯一区别，仅在于实际知识的类型不同。不管是矿工还是伐木工，所做出的贡献都不比工厂中的化工师或油田工人——石蜡是从石油中提炼出来的——更多。

这真是令人惊异的事：油田工人或化工师，或石墨、黏土开采工，或者是制造轮船、火车、卡车的人，或者是操纵机器生产金属箍上的滚花的工人，或者是铅笔制造公司的总裁，所有这些人，都不是由于本人需要我而干自己的那份工作的。很可能，他们每个人对我的需求都不如一年级小学生更殷切，事实上，在这无数的人中，有的人可能从来就没有见过铅笔，也根本不知道怎样使用铅笔。他们根本就没有想到过我。他们的动机也许是这样的：这成百万人中的每个人都明白，他可以因此而用自己那微不足道的实际知识来换取自己需要或短缺的物品和服务。在这些需要中，可能包括我，也可能不包括我。

无人主宰

还有一件事就更令人称奇了：并没有一个主宰者来发号施令，或强制性地指挥生产我的这无数的生产活动。一点都没有存在这种人物的迹象。相反，我们发现，看不见的手在发挥作用。这就是我在前面提过的神秘的东西。

据说，“只有上帝能造出一棵树”。为什么我们同意这种说法，难道不是因为我们都明白，我们自己不可能造出一棵树来？事实上，我们甚至是否真能把一棵树说清楚？恐怕不能，我们只能描述一些表面现象。比如，我们可以说，某种特定的分子结构表现出来就是一棵树。然而，在人类中是否真的存在一些人，有能力记录，更不要说指挥使一棵树获得生命的分子的持续变化？这样的壮举，可实在是无法想象！

我，铅笔，是种种奇迹的复杂的结合：树，锌，铜，石墨，等等。然而，在这些大自然所显现的种种奇迹之外，还有一个更为非凡的奇迹：人的种种创造精神的聚合——成百上千万微不足道的实际知识，自然地、自发地整合到一起，从而对人的需求和欲望做出反应，在这个过程中，竟然没有任何人来主宰！只有上帝才能造树，因此我也坚持，正是上帝，才造出了我。人是不可能指挥这成百上千万的实际知识聚集到一起造出我来的，就像他不可能把分子聚合到一起造出一棵树一样。

这就是当我在前面写下那句话时的用意所在：“如果你能认识到我所蕴含的那些不可思议之处，你就会愿意努力维护人们正在不幸地丧失的自由。”因为，如果人们认识到，这些实际知识会自然地，是的，会自动地组织成为创造性的、有效率的形态，从而对人的需求和要求做出反应——也就是说，不存在政府或任何强制性控制——那么，人们就掌握了自由的最本质的要素：对自由人的信心。如果没有这种信心，也就不可能有自由。

一旦政府拥有了对创造性活动的垄断权，比如投递邮件，那么，绝大多数人就会相信，邮件本来就不可能由可以自由行动的人来有效地投递。原因如下：每个人都承认，他本人并不知道如何做跟投递邮件有关的一切事情，他也承认，任何个人都做不到这一点。这些想法都是正确的。没有任何个人拥有制造一支铅笔的充分的实际知识，同样，也不会有任何个人拥有在全国投递邮件的足够的实际知识。而今，由于对自由人缺乏信心——没有意识到成百上千万人的微不足道的实际知识会为了满足这一需求而自然地、奇迹般地形成并彼此合作——人们就只能得出大错特错的结论：邮件只能由政府“掌管”来投递。

证据多的是

假如我，铅笔，是唯一能够对世界上的男男女女们在可以自由尝试的情况下可以达到何种成就提供证据的东西，那么，某些人信心不足，还情有可原，但是，证据多的是，都近在眼前，唾手可得。与制造一辆汽车或者是一台计算机、一辆联合收割机等等成千上万的东西相比，投递邮件实在是最简单不过的事。都是输送，可是，由于让人们自由地尝试，因此，他们可以在不到一秒的时间内让人的声音传送到世界任何地方；事件还在进行之中，他们就可以把图像传送进每户人家中；他们可以在四个小时内把150名乘客从西雅图送到巴尔的摩；他们把天然气从得克萨斯州送进纽约某户人家炉中，收费之低，令人难以置信，而且还不要任何补贴；他们把四磅石油从波斯湾运到美国东海岸——差不多是绕地球半圈——所花的钱，比政府把一盎司重的信件送到街对面收的费用都要少！

民主政体的原则*

孟德斯鸠

民主政体的原则是由民主政体的特点决定的。那么民主政体具有哪些特点？

为了便于理解，在这里，我们先离开一会儿本书，来看一下柏拉图是如何论述民主政体的特点的。柏拉图认为，民主政体的特点是自由、宽容、和平。柏拉图对这三个特点分别给予批评。

柏拉图首先批判了民主制度下的过度自由。他以讽刺的口吻说道：在这种国家里，如果你有资格掌权，你也完全可以不去掌权；如果你不愿意服从命令，你也完全可以不服从，没有什么可以勉强你的。别人在作战，你可以不上战场；别人要和平，如果你不喜欢，你也可以要求战争。那些被判了死罪的或要流放国外的，照旧可以在人民中间来来往往。柏拉图认为，这种过度自由的后果是十分严重的：不顾一切追求自由的结果，破坏了民主社会的基础，导致了极权政治的需要。无论在个人方面还是在国家方面，极端自由的结果只能是极端的奴役。

柏拉图接着批判了民主制度下的宽容：这种制度是宽容的，对我们

---

* 本文选自［法］孟德斯鸠：《论法的精神》，申林编译，北京出版社2012年，第11—13页。

建立理想国家时所宣布的庄严原则是蔑视的。民主制度以轻薄浮躁的态度践踏所有这些理想，完全不问一个人原来是干什么的，品行如何，只要他转而从政时声称自己对人民一片好心，也就能得到尊敬和荣誉。

柏拉图还批判了民主制度下的平等。他说，在这种制度下不加区别地把平等给予一切人，不管他们是不是平等者。

柏拉图认为，在民主制度下，过度的自由和不恰当的平等，必然导致无政府主义盛行。他挖苦地描述了一幅民主制度下无政府主义的图景：父亲尽量使自己像孩子，甚至怕自己的儿子，而儿子也跟父亲平起平坐。外来的依附者也认为自己跟本国公民平等，公民也自认为和依附者平等。教师害怕学生，迎合学生，学生反而漠视教师和保育员。年轻人普遍地充老资格，与老一辈分庭抗礼，而老一辈的则顺着年轻人，说说笑笑，态度谦和，像年轻人一样行事，担心被他们认为可恨可怕。买来的男女奴隶与主人同样自由，更不用说男人和女人之间有完全的平等和自由了。连人们畜养的动物在这里也不知自由了多少倍，狗变得同其女主人一样，驴子在大街上横冲直撞。到最后，他们不要任何人管了，连法律也不放在心上了。

从柏拉图的描述中，可以看出民主政体的最大特点是过度自由。自由有两种含义，一种含义是权利，即受法律保护的不可侵犯的权利。另一种是行为，即不受阻碍的行为。作为权利，自由是正当的；作为行为，自由就未必是正当的。一个人没有干坏事的自由，指的是他不具有干坏事的权力，不具有干坏事的正当性。但是，当一个人主动地、不受阻碍地干坏事时，他的行为却是自由的。行为自由既会产生好的结果，也会产生不好的结果。特别是当自由不受限制地被滥用的时候，会带来灾难性的后果。

现在让我们回来吧。为了防止民主政体因过度自由走向毁灭，必须对其加以限制。法律是一个重要手段。除了法律的限制外，人民的品德是十分重要的。一个人的品德如何，在很大程度上决定着一个人的行为。如果人们品德败坏，那么自由就只能成为他们堕落和干坏事的工具。所以，为了确保民主制度下的自由得到恰当运用，人民必须拥有一定的美德。所以，民主政体的原则是品德。

当品德消失的时候，人们的野心膨胀、私欲泛滥，贪婪的欲望变得不可遏制。过去人们遵守法律，现在人们反抗法律；人们把规则视为束缚，把谨慎视为胆怯。公共财产被私人巧取豪夺，整个共和国成了人们竞相瓜分的对象。人们为所欲为，什么坏事都做得出来。这个时候，民主政体离毁灭为时不远了。雅典就是这么衰落的，罗马共和国也就是这么灭亡的。

因此，要想建立民主政体，必须考虑人们的品德。当人们的品德普遍堕落时，这样的国家是不适合建立民主政体的。

第四章

自由的渐进式发展

实现自由是一个渐进过程。

有限自由观

在前两章中，我们分别讨论了自由与物质、自由与道德的关系，进而得出了两个重要观点，即：自由源于物质基础，自由限于伦理道德。为了区别于西方自由主义的绝对自由观，我们不妨把上述自由观称为有限自由观。自由源于物质基础、自由限于伦理道德就是有限自由观的两个基本观点。

自由作为人的某种行为，不管是经济自由、社会自由还是政治自由，都必定要耗费一定的物质资源，都是有成本的。从一定意义上说，成本的支付能力就决定了可能拥有自由的程度。如果把自由比作一辆车，物质基础或者说成本支付能力就是这辆车的发动机，某个人或社会团体，物质基础很差，就意味着发动机的功率很小，其拥有的自由就非常有限；相反，假如他们的物质基础非常雄厚，就意味着发动机的功率很大，其可能拥有的自由就很多。

与此同时我们看到，人类社会自古到今，每个人天生是不平等的。这种不平等大概来源于三个方面。一是来源于生理上的不平等，比如男人与女人之间的生理不平等，有人力气大、有人力气小，有人四肢健全、有人腿脚不全，有人智力高、有人智力低。二是来源于社会地位的不平等，比如有的人出生于皇家贵族、有的人出生于下层草民，有的人受过高等教育、有的人目不识丁，有的人有大笔遗产可以继承、有的人却始终一贫如洗。三是来源于机会的不平等，比如有的人碰到贵人相助，有的人摸彩票得奖。正是这些不平等，造成了人们财富上的不平等，然后又进一步造成了自由的不平等。于是，有人锦衣玉食、有人衣衫褴褛，有人花天酒地、有人沿街乞讨，有人住宅雕梁画栋、有人只能栖身于茅屋山洞，人被区分为三六九等。

那么，这种不平等是完全不受限制的吗？当然不是。若任凭这种不平等发展，那些最穷的人为了活命就会被迫铤而走险，采取暴力手段抢夺富人的财产，导致社会秩序崩溃。这时候穷人可能丢掉性命，富人可能既失去财产又丢掉性命，导致双输。为了防止社会秩序崩溃，从而出现这种双输的局面，就要有一套社会规则让全社会成员遵守，这便是伦理道德，也是李泽厚先生说的，"人意识到自己个体性的感性生存与群体社会性的理性要求处在尖锐的矛盾冲突之中，个体最终自觉牺牲一己的利益、权力、幸福以至生存和生命，以服从某种群体（家庭、氏族、国家、民族、阶级、集团、宗教、文化等等）的要求、义务、指令或利益"。由于任何人都不能脱离社会而存在，为了避免双输，人们除了去遵守道德规则以外，没有第二种选择。这就是通过"每个人为整体而存在"来实现"整体为每个人而存在"。这也解释了康德所谓的道德是最高律令、是不能逃避的责任以及道德是把所有的人作为目的的伦理学原则。

正如李泽厚先生所指出的，伦理与道德是两个层面的问题。伦理具有外在、宏观、强制的特点，是国家法律政策等；道德具有内在、微观、自觉的特点，是个人价值取向。笔者认为，根据三种权利划分的原理，伦理规则是从宏观的角度来调整全社会的限制性权利和保障性权利，确保社会正义，使得某些自由即便人们具有支付其成本的能力，也必须受到限制，不能让他们为所欲为；而另一些自由则即便个人不能支付其成本，社会也必须予以保障，使他们取得基本的生存机会。道德规则则是用来调整伦理规则以外的局部秩序，通过选择性权利来实现微观秩序的稳定。

我们可以用一个数学公式来表示有限自由：

$$y = f(x) \pm k$$

其中：y 是人们可以拥有的自由，$f(x)$ 是物质基础的正变函数，k 是调整量。

这个公式是说，你可以拥有的自由是物质基础的正变函数；但是，社会为了维持整体秩序，你的自由不能无限制地增加或减少。当你拥有的自由过多或过少时，社会通过道德伦理系统做出一定量的调整，以削减不平等。

因此，如果说物质基础是自由这辆“车”的发动机，那么伦理道德就是自由这辆“车”的刹车。没有动力，车子走不了；没有刹车，车子就会失控；动力和刹车都健全的车子，才能稳妥地跑起来。对于一个健康的社会来说，人们的自由必须有合理的物质支撑和相应的道德限制，这就是有限自由观的本质内涵。同理，一个社会要想持续健康发展，首先需要不断创造丰富的物质财富，以提高全社会的自由水平；其次，还需要建立完善的道德伦理体系，以增进社会公平与正义。

中西方文化的优劣对比

长期以来，人们为中西方文化孰优孰劣争论不休。近代以来，体用之辩、全盘西化之论此起彼伏。当前的争论尤其激烈。

笔者认为，一个符合有限自由观的社会才是一个健康的社会，一种符合有限自由观的文化才是一种先进的文化。用有限自由观来辨别一个社会、一种文化是否健康，是否先进，将为我们提供一个崭新的视角。有限自由观的标准实质上就是生产力标准和道德标准。一种先进文化，应该既能推动生产力进步，又能促进社会道德水平的提高。

对比中西方文化的优劣，我们需要从人类历史的广域视角来看问题。总体来讲，中国传统文化是一种伦理文化，孔子、老子总体上讲都是伦理学家。在经验技术时代，由于中国地域辽阔、人口众多，因此在生产力发展上具有先天优势。所以在科学革命和工业革命爆发以前，中国社会发展水平似乎处于优势地位，至少是与西方社会处于相似的水平。美国学者彭慕兰的大分流理论即持此论。

西方文化也有系统的伦理传统，从亚里士多德的《伦理学》到亚当·斯密的《道德情操论》，再到康德高度系统化的伦理学说，都说明西方不乏伦理道德思想传统。马克思预想中的共产主义社会更是一个高度道德化的社会，与中国的“天下为公”可谓异曲同工。密尔所讲的“自由不应伤害他人”则与孔子所谓“己所不欲，勿施于人”的内涵相似。

但是，更为重要的是，西方具有理性主义和科学主义，而这恰是中国传统文化所缺少的。西方以古希腊的本体论和认识论为基础，逐渐形成理性主义和科学主义文化。在科学主义的基础上，又产生了科学技术革命，而这是工业化和现代化的前提。中国为什么没有产生科学革命和资本主义？并不仅仅是因为自明朝开始闭关锁国，更深层的原因是中国传统文化中没有科学主义。北大著名学者饶毅对这个问题有过深刻论述。他在一篇题为《中国未来与科学的隐患》的文章中说：“中国流行一百多年的一种说法：‘中国古代有很好的科学传统，到明清后中国科学落后于西方’，是误传……这一说法违反基本事实”；“看过欧几里得《几何原本》的，就系统性、深刻性、准确性而言，会感慨是否西方科学在两千多年前达到的程度在两百年前的中国可能都未达到”；“科学在中国的历程，虽然有100多年可以算上去，但很多人有共识可以安心考虑发展的只有十几年。”[①] 笔者非常赞同饶毅先生的观点，同时也敬佩他把这个非常刺耳的观点讲出来。20世纪著名物理学家埃尔温·薛定谔曾经引用约翰·伯内特的话指出：“科学是‘以希腊的方式思考世界’，这是对科学的恰如其分的描述。因此，除了那些受到希腊影响的

① 饶毅：《中国未来与科学的隐患》，2015年12月30日，见 http://www.aisixiang.com/data/95804.html。

民族之外，科学从未存在过。”[①] 古代中国当然属于“受到希腊影响的民族之外”。另一位20世纪著名科学家爱因斯坦在1953年给美国加利福尼亚州圣马托的斯威策的一封信中曾说：“西方科学的发展是以两个伟大的成就为基础，那就是：希腊哲学家发明形式逻辑体系（在欧几里得几何学中），以及发现通过系统的实验有可能找出因果关系（在文艺复兴时期）。在我看来，中国的贤哲没有走上这两步，那是用不着惊奇的。令人惊奇的倒是这些发现［在中国］全都做出来了。”[②] 这些论述是如此相似，足以让我们深思。笔者觉得，中国很多知识分子实际上至今仍然搞不清楚科学这一概念的准确内涵。因此，笔者对中国在实用主义技术创新上抱有乐观心态，原因在于中国不缺实用主义传统；但是在科学创新上却是相对悲观的，原因则在于中国缺乏形而上学的文化基因。

那么，中西方文化究竟孰优孰劣呢？从有限自由观来看，由于中国传统文化缺少理性主义和科学主义的基因，所以从理论上来说，西方文化总体上优于中国传统文化。学者苏三有一个观点，认为相对于西方文化而言，中国文化其实从来没有先进过。笔者认为，大概原因就在于，西方文化总体上讲，既提供了科学技术这样一个强劲的动力，又具有伦理道德这样完善的刹车器，因而更加符合有限自由观的两个基本观点。反观中国传统文化，在提供了伦理道德这个刹车器之外，只产生了经验技术，而没有科学技术这个动力。相对于科学技术以逻辑思维为基础，经验技术则主要产生于实际经验，因此经验技术有很大的局限性，如经验技术只能随机产生而不能自觉产生，只能产生简单技术而不能产生高度复杂技术，只能依靠经验传承和复制而不能实现大规模复制等，这使得经验技术完全无法与科学技术相抗衡。因此，中国传统文化不能完全符合有限自由观的两个基本观点。中国为什么在几千年的封建历史阶段

---

① ［奥］埃尔温·薛定谔：《自然与希腊人　科学与人文主义》，张卜天译，商务印书馆2015年，第16页。

② ［美］爱因斯坦：《爱因斯坦文集》第1卷，商务印书馆1976年，第574页。

基本处于停滞状态？就是因为中国这辆“车”只有刹车，而缺少科学技术这个动力。尽管中国传统社会产生过相当辉煌的经验技术，但终究没能产生科学，也不能内生出科学技术，这是中国传统文化的缺陷。所以从中国传统文化中既不能产生工业化，更不能产生现代化。在几千年的封建社会中，中国终究没能进化到资本主义社会，假如没有西方的影响，中国可能永远停留在封建社会和农业文明中。在当前轰轰烈烈的国学热中，我们一定要保持足够的文化自觉，以免重新陷入狭隘的文化自恋中去。

大分流理论认为，中西方历史分流发生在1800年以后，这也是站不住脚的。任何一种文化都是一个整体，任何一种文化的发展，都具有一定的连续性和惯性。从古希腊的科学发源到文艺复兴后的科学革命，再到技术革命，再到工业化和现代化，这是西方文化的主线，是西方文化发展的整体轨迹，具有明确的前后因果联系，是无法割裂的。没有古希腊的泰勒斯、毕达哥拉斯，怎么会有后来的牛顿、爱因斯坦？以1800年为界限，把西方文化分割为两部分，这在逻辑上是缺乏说服力的。从古希腊的科学萌芽到16至19世纪的科学和技术革命，其间虽然相隔两千多年，但它毕竟具有内在的本质联系。忽视这种本质联系，只看到某些近代的“大分流”现象，是不科学、不严谨的。要说“分流”的话，中西方文化在古希腊时期就已经“分流”了。中国文化向人文道德领域“分流”，西方文化则向科学理性主义“分流”。

现代西方过分强调物质和自由，忽视道德约束，这是一个现实。但是从整个西方历史长河来看，笔者宁可把这看作西方对自己文化传统的一次出轨，就像中世纪文化是对古希腊文化的一次背叛和出轨一样。实际上，西方并不缺道德传统，随着历史的演进，笔者预测，西方终将会有再一次“文艺复兴”，只不过上一次是主要复兴了科学传统，而下一次可能将是主要复兴道德传统。

对于中国传统文化，我们要看到中国社会近两千年来处于停滞状态，是因为与西方社会相比起来，中国社会缺乏像西方那样强劲的科学技术这个动力系统。五四新文化运动却错误地把这个账算到刹车系统上，导致反传统反过了度，这是五四新文化运动的另一个局限。因此，当前国学的复兴不是毫无道理的。它是中国社会通过改革开放向西方学习科学技术这个前进动力后迫切需要刹车系统的结果。

当代社会的难点是，随着现代化的发展，普遍出现了物质主导精神、自由超越道德的现象，这也违背了有限自由观。当代哲学谈论的工具理性问题，集中体现了这一现象。在这一背景下，有一些学者的意见是极富启发性的。刘兆玄先生提出，中国领导世界要靠王道文化。什么是王道呢？孟子说“以德行仁者王”，所以王道的本质就是德政，就是集中制。中国现今的外交政策强调合作共赢，强调命运共同体，就是王道的具体体现。这是有限自由观在外交领域的具体表现形式。它与西方自由主义只顾追求自身利益最大化，例如提出“美国优先”这种诉求，从而必然走向国强必霸的结局大不相同，也与在国际秩序上只能采取均势原则，完全不可同日而语。台湾学者龚鹏程提出用传统文化来改造现代社会，正是以传统的伦理文化来平衡当代社会过度的自由。复旦大学教授白彤东认为，现代民主国家的很多问题都是民意过大（自由过度——引者注）造成的，儒家提倡的精英与民意的混合政体，可能比一人一票的宪政政体更好一点。学者萧功秦认为，“中国也许是‘贤人政治’与公民民主政治相结合的政治形态，或者还会有一种我们想象不出来的、更好的方式存在”①。如果从德治的角度来解读精英政治，那么精英政治就是集中制。那么，精英与民意的混合政体就是“自由—集中式政体”，类似于中国现在实行的民主集中制。从当今社会普遍存在的“刹车系统”与“动力系统”失衡的现象来看，这些观点恰恰为有限自由观做了间接论证。

① 萧功秦：《超越左右激进主义——走出中国转型的困境》，浙江大学出版社 2012 年，第 376 页。

至于说到体用之辩，笔者认为是没有道理的，也是多余的。我们现在的主流文化是社会主义、市场经济、科学技术，有哪样不是西方的发明？又何者为体何者为用呢？历史早已超越了体用之辩。当然我们没有、也不必全盘西化。问题的实质不在于体与用，而在于真正的文化自觉。全盘西化论与国学万能论可能都偏离了真正的文化自觉。在笔者看来，全面否认中国传统文化固然是不对的，但是看不到西方文化总体上比中国传统文化有优势也不是实事求是的。中国传统文化不缺“刹车系统”，尽管这个“刹车系统”需要与时俱进加以改进。中国真正缺的是“动力系统”，是科学技术。因此中国真正需要的不是启蒙运动，而是文艺复兴。有很多人谈论，中国需要启蒙，对这个观点，笔者不能认同。难道因为西方有启蒙运动，中国就一定要启蒙吗？西方启蒙是要挣脱基督教这个一神教的束缚，可是中国从来没有这种桎梏。如何真正学到西方理性主义和科学主义的真谛，才是中国摆脱封建枷锁、实现现代化的关键。因此所谓现代化，在哲学上讲，笔者认为就是坚持有限自由观，就是创建一个科学发达、物质丰富、道德昌明、秩序正义的社会。

自由的渐进式发展

有限自由观告诉我们，一个健康的社会必须保持自由与物质基础相适应，即不能让社会总体自由超越社会物质总水平。因此自由的发展其实是与物质基础的发展相联动的。

从物质基础的角度来讲，纵观人类历史，存在着一种财富逐步溢出的现象，就是越来越多的人享有越来越多的财富。

在原始社会，人们生活在食不果腹的赤贫之中，也许几天都吃不上一顿饱饭，没有剩余的生活物资，更没有私有财产。到了原始社会末期和奴隶社会，小部分人开始有了剩余的产品，人类社会出现了私有财产，但占多数人口的奴隶，仍然没有任何财富，他们只能成为奴隶主生产财富的工具。到了封建社会，随着耕地的增加，出现了地主和自耕农，拥有财富的人比以前更多了。到了资本主义社会，社会生产规模进一步扩大，从资本家到小资本业主、再到专业人士和蓝领工人，拥有财富的人群空前壮大。社会主义社会更是提倡共同致富。这种“越来越多的人享有越来越多的财富”的现象，可以称为财富溢出效应。

为什么会产生财富的溢出效应呢？生产力发展是根本推动力。

一方面，人类的生产技术从狩猎、农耕、手工业、机械化、电气化、信息化这样一路发展，不断得到提升；与此相应，要求劳动力素质也越来越高，从而不断推高劳动力培养成本，劳动报酬随着劳动力培养成本的提高而相应提高。

另一方面，在生产技术保持稳定的前提下，为了增加利润就必须扩大再生产，从而带动更多资本投入，开发更多矿山等，这使更多的劳动力得到就业机会。在此过程中，财富逐渐向边缘地区和边缘人群扩散。经济学家把这种现象称为涓滴效应。

这种财富溢出效应，在人类社会发展过程中，从来没有停止过，而且规模越来越大。当前正在涌动的全球化浪潮，正是一轮巨大的财富溢出效应。值得特别关注的是，生产力发展也好，涓滴效应也好，都是一个渐进的过程，因此毫无疑问，财富溢出效应也是一个渐进的过程，建立在财富基础上的自由的发展，当然就更是一个渐进的过程。

这种随着财富的逐渐溢出而产生的自由的渐进发展，是西方自由主义难以理解的，更是自然权利理论难以解释的。由于自由的渐进式发展是有限自由论的一个合理推论，又由于人类经常存在超越物质水平去过度追求自由的倾向，从而使得自由的渐进式发展问题显得非常重要，因此，我们不妨把自由的渐进式发展作为有限自由观的重要推论。

英国与美国的渐进民主之路

西方现今把自由民主绝对化、普世化，要向全世界所有国家推广自由民主，而不问那些国家经济社会发展处于什么水平。当今世界许多矛盾都由此引起或与此有关。

然而，英国和美国的历史表明，英美自身的自由民主发展历程都是渐进的。实际上，不仅仅是英国和美国，主要西方国家都不是由于实行政治民主化而实现经济繁荣；相反，基本上都是首先实现经济发展，然后才争取民主权利的。法国是个例外，但法国为此付出了极其惨痛的代价。

首先，英国、美国的资产阶级革命，都是在资产阶级成功取得相当的经济地位后发生的。

从 16 世纪到 18 世纪，一方面通过殖民掠夺，另一方面也由于科学技术的进步，资本主义工商业取得了长足发展，一个有产富裕阶层——资产阶级已经形成。资产阶级为了巩固、保护和扩大自身的经济利益，自然要寻求和争取政治权利，于是发生了资产阶级革命。自由主义理论恰在此历史背景下发展起来。“要求民主自由的，是批发商资本家和银行资本家中的一些人、法学家或法律从业人员，他们从自由职业者、乡绅、小买卖商、富农和绅士那里得到了一些支持”，而对手工业工人来说，“他们所要的不是自由和民主，而是法律保护，其目的总不外乎这些：提高他们手工产品的价格或工资；减少日工作时长；保护其抵御外部竞争。”①

其次，从最初的资产阶级革命到目前普选民主，经历了几百年的演进，是一个渐进的过程，并不是一蹴而就的。

美国的情况在前文已经有所涉及。当美国人在 1776 年《独立宣言》中号称“人人生而平等”时，他们所指的“人人”，绝不包括黑奴！因为黑奴没有经济地位。“人人”只是特指资产阶级而已，黑奴们只能继续当他们的黑奴。当 200 年后，黑人政治权利得以落实时，黑人人口已经基本城市化和中产化。按照自由主义的标准，此时的美国才能称得上是民主

---

① ［法］波德：《资本主义的历史：从 1500 年到 2010 年》，郑方磊、任轶译，上海辞书出版社 2011 年，第 27 页。

自由的国家；而在此以前，美国也不符合西方自由民主的标准。

英国的《自由大宪章》在人类历史上首次确立了人权的基本原则。但是最初，制定《自由大宪章》是为了保护贵族阶层的利益，而不是普通的群众利益。如果说《自由大宪章》中的一些原则后来成为普遍的人权原则，也是因为人类整体上已经取得了长足的经济进步。

“自由主义之父”洛克是英国资产阶级革命的阐释者。洛克主张人的权利与生俱来，不可剥夺。但是，洛克所谓的“人”，并不是全体的英国人，而是部分有产阶层。实际上，洛克极端轻视下层贫苦民众。对穷人，洛克不但认为他们没有治国能力，而且要武力镇压。“对于他（指洛克——引者注）来说，可以达成社会契约的自由民，是贵族、神职人员、绅士、商人资本家和金融资本家中的成员，特别是那些有学识的有产者，那些在管理自己财富的过程中提升了自身能力的资产阶级，而现在管理政府的责任又落到了他们肩上。”[①] 1688 年光荣革命后，议会政治取代了绝对王权，但是只有大约 5 万人——一个少数有产者集团——被允许选派国会代表[②]；此后到 1832 年，大约有 16%的成年男子得到选举权，但是广大工人、雇农、妇女仍被排斥于选举权之外[③]；“英国到 20 世纪初，城市人口占总人口 90%以上了，还没做到一人一票”[④]。

从美国和英国的民主演进情况来看，他们在理论上都是理想主义的，强调天赋人权和自然权利；但在现实政治中，他们又都是现实主义的，他们并没有傻到要一下子给所有人自由民主。你可以说资产阶级虚

---

① ［法］波德：《资本主义的历史：从 1500 年到 2010 年》，郑方磊、任轶译，上海辞书出版社 2011 年，第 29 页。

② ［法］波德：《资本主义的历史：从 1500 年到 2010 年》，郑方磊、任轶译，上海辞书出版社 2011 年，第 27 页。

③ 陈敏昭：《英国议会制度及其改革》，《人大研究》2009 年第 6 期。

④ 詹得雄：《冷眼向洋看世界：西方民主的反思》，辽宁人民出版社 2013 年，第 20 页。

伪，也可以说他们言行不一，但笔者认为更恰当的说法是：事实胜于雄辩，实践胜于理论，民主发展只能是渐进的。资产阶级虚构出来自然权利，固然在理论上取得了与神权和王权的平等地位，这为资产阶级争取民主权利创造了舆论条件；但要在全社会实现民主，却不是他们做理论虚构那么简单。

这种渐进性，即民主随着物质基础的发展而逐渐发展的特性——避免了民主的早产现象——正是西方社会民主机制能够正常运行的内在原因。但是当今，西方在全球推广民主的时候，却有意或无意地忘记了自己的历史。

警惕政治浪漫主义

法国的民主演进与美国、英国相比是一个例外。这个例外的案例恰恰从反面进一步证明了西式民主是随着物质基础的发展而渐进发展的观点。

正如上节所述，英国和美国的民主进程都是渐进发展的。他们首先在资产阶级内部发展精英民主，然后随着社会发展和财富溢出，民主也逐渐溢出，最后形成大众民主。整个过程，政体基本保持稳定。

法国大革命却跨越了精英民主阶段。1792 年通过普选产生了国民公会，号称代表全体国民，这样就一次性把民主推进到大众民主。托克维尔精辟地指出："古老的社会建筑同样也会坍塌，只不过是以不同的方式和时间，可能是这里早些，那里晚些；它会一块一块地塌落，而不是瞬间大崩溃。大革命通过一番痉挛式的痛苦努力，直截了当而大刀阔斧，可以说无所顾忌地突然完成了本来需要自身一点一滴长时间成就的事业。"①

然而，法国当时的社会条件是资本主义刚刚萌芽，工业革命还没有

① ［法］托克维尔：《旧制度与大革命》，王千石译，九州出版社 2012 年，第 20 页。

全面发生，全社会总体上处在物质严重短缺状态，这样的社会根本承载不了大众民主。因此，法国大革命产生的过度民主是一个典型的早产儿。它与当今的埃及革命其实是一个病根。其结果正如前文所说的——西方民主体制在物质短缺社会无法生存，自由超越了物质总水平。此后的法国政治体制经历了170多年混乱和摇摆，时而共和，时而专制，时而革命，时而复辟，直到第五共和国，政体才大致稳定下来，可那已经是20世纪50年代了。此时，资本主义已经进入了黄金年代。所以有人说，法国革命的特点就是无政府主义。法兰西民族为此付出了深重的灾难和代价。

问题是为什么法国会产生民主早产现象？笔者认为，这要归咎于政治浪漫主义。美国和英国都有现实主义传统，而法国人素以浪漫著称，法国人的政治生活也充满浪漫主义。

法国大革命的理论大师、启蒙思想家卢梭，他的社会契约论和人民主权理论在宣扬人本主义思想方面固然有积极意义，但这个理论本质上是非历史的、空想的、虚构的，充满浪漫主义色彩。在此理论指导下的法国大革命，在很大程度上脱离了法国社会现实。难怪托克维尔说："法国革命是以宗教革命的方式、打着宗教革命的旗号进行的一场政治革命……宗教把人看作普遍存在的、不以国家和时代为转移的人，法国革命也是这样，他同样抽象地看待公民，公民对他们来说，也是超脱一切具体的社会的存在。"① 托克维尔的结论真是太清楚又太精辟不过了！

有人说，法国1789年的《人权宣言》所宣布的是超越时空限制的全人类的人权。坏就坏在这个"超越时空"，一切祸害皆来自这个"超越时空"，法国人为此付出了沉重代价。政治浪漫主义的基本特征就是把"超越时空"的理想当作现实。

政治浪漫主义可能来自"左"的、也可能来自右的。中国曾受到

---

① ［法］托克维尔：《旧制度与大革命》，王千石译，九州出版社2012年，第12—13页。

“左”的政治浪漫主义影响，从1958年“人民公社”“大跃进”运动开始，到1976年“文革”结束，在将近20年的时间内试图跑步进入共产主义，正如托克维尔所说“无所顾忌地突然完成了本来需要自身一点一滴长时间成就的事业”[①]，这是典型的把超越时空的理想当作现实。

现今，那些宣扬普世价值的人，不正是“把人看作普遍存在的、不以国家和时代为转移的人”，把超越时空的理想当作现实吗？不过，他们代表的是右的政治浪漫主义。他们大喊着要清算“文革”，可是他们的思维模式却是“文革”的翻版。

基于上述理解，对中国未来的发展路径，笔者认为萧功秦先生的意见，即超越“左”、右激进主义，走理性、渐进的新保守主义路线，是较为合适的。

市场“早产儿”——休克疗法

一切自由都源于物质基础。民主超越物质基础即成为“民主早产儿”。在经济领域亦同此理。在当今世界，对市场的某种绝对化的理解，也导致了市场早产现象。

市场的本质是什么呢？当然是自由竞争。自由竞争是无条件的吗？不是。自由竞争的条件与其他自由一样，都是源于物质基础，没有物质基础就不构成自由竞争。在一个物质短缺社会中，物质总水平严重不能满足社会需求，这时的市场是一个向卖方倾斜的单边市场，不能构成竞争性市场。只有当物质供给相当丰富以后，市场竞争机制才会发生作用。

这本来是经济学最基础的原理。但把市场绝对化后，这最基础的经济学原理亦会被忽视。新自由主义的休克疗法就是这样一个脱离历史的

① ［法］托克维尔：《旧制度与大革命》，王千石译，九州出版社2012年，第20页。

市场早产儿。

在近几十年来，休克疗法在南美、东欧等地区的转型国家广泛实施，总体上造成了严重的政治经济的不良后果。休克疗法的目标是要建立一个高度放任自由的市场经济体系，其手段是在短期内实行价格自由化、产权私有化、机制市场化。休克疗法的首创者萨克斯坦言，休克疗法就是在短期内建立以法律和私有制为基础的市场经济。问题是法律和私有制能够脱离原有的社会经济条件而在短期内建立并有效运行吗？法律和私有制等上层建筑难道可以脱离当时社会的经济基础而孤立存在吗？当然是不能的。

休克疗法会造成的恶果，俄罗斯的经济状况就是一个典型的例子。俄罗斯实行休克疗法是一种市场浪漫主义，结果导致市场早产，并为此付出沉重代价。

俄罗斯自 1992 年开始实行休克疗法。当年俄罗斯经济主要指标全面下降，“与上年相比，下降幅度分别是：国民生产总值 19%，国民收入 20%，工业生产 18.8%，农业生产 8%……1992 年日用消费品和劳务价格比 1991 年 12 月上涨了 25 倍，如以 1991—1992 年两年计算，许多商品价格上涨了 100 倍或 100 倍以上”①。

为什么俄罗斯的休克疗法竟酿成如此严重的后果？运用有限自由观来看这个问题，原因就很清楚。俄罗斯此前长期实行高度集中的计划经济体制，已经导致经济结构严重失衡，商品物资严重短缺。此时急剧推行市场化，由于缺乏物质基础，市场机制和竞争机制难以发挥作用。在这样的背景下，很多市场交易行为根本就不可能是自愿的，更谈不上自由竞争。

我们看到，在休克疗法中，西方市场经济的理论严重脱离俄罗斯的实际。这也说明，不论是过去还是现在，不论是国内还是国外，理论联

---

① 刘德芳：《为什么俄罗斯的休克疗法归于失败》，《国际金融研究》1993 年 5 期。

系实际的原则永远都不过时。

普世价值论导致历史虚无主义

普世价值论者把自由民主绝对化、宗教化、原教旨化。他们把人抽象化，正如托克维尔指出的那样，“把人看作普遍存在的、不以国家和时代为转移的人”。他们把超越时空的理想当作现实，认为自由民主是普世价值；而所谓普世，就是不同的国家，无论其文化、历史和经济社会发展水平差异多大，都普遍适用；因此普世价值可以随时随地空降到任何民族、任何国家，而不必考虑该民族、国家的具体经济、社会、历史条件。西方国家在全世界推行民主化，正是这样干的。既然是普世的，就可以脱离国情，脱离历史发展阶段。他们要求某一个国家实行民主化的时候，从来不去关心这个国家的具体国情。他们反对讲中国特色论、中国复杂论。他们不愿看历史过程，历史过程对他们来说是没有意义的，他们脱离具体的历史过程去寻求一个普世的结果——自由民主。因此，历史虚无主义是普世价值论的必然归宿。正是自然自由和天赋人权，割裂了自由发展的渐进历史过程。

在所谓的普世价值观的推波助澜下，我国社会上一度产生一种蔑视革命领袖和革命先烈的舆论。这种思想舆论，从所谓的普世自由和人权出发，放大革命领袖在工作中所犯的错误，借以否定革命领袖的历史地位；通过污蔑革命先烈的奉献精神，以贬低革命先烈的人格。

历史唯物主义则认为，人类历史是一个渐进发展的过程。人类历史每向前迈进一步，都是下一个进步的前提和基础。从火、弓箭、陶器、铜器和铁器，到蒸汽机、电气化、电子化、网络化，这个过程有着不可变更的内在逻辑。人类进步的阶梯就是这样一步一步往前攀筑，人类每一个进步都有其不可替代的历史价值。

中华人民共和国的缔造者们，那些“两弹一星”和核潜艇的研制者们，那些新疆生产建设兵团的“戈壁母亲”和北大荒的拓荒者们，那些喊出“宁可少活二十年，拼命也要拿下大油田”的王进喜们，他们不少人都曾是些衣衫褴褛、食不果腹的人，在那个一穷二白的时代，他们确实没有享受到多少自由，他们的生活确实不符合普世自由的标准，他们似乎只有无止境地奋斗和奉献。由于他们未曾拥有很多自由，有些人对他们颇多鄙夷，不屑一顾。笔者却认为，正是他们为我们如今所享受的自由创造了物质基础，他们是那个时代的真正的英雄和开路先锋，他们是我们这些后来者的恩人。

美国人类学家摩尔根曾经说：“我们今天极为安全和幸福的条件，乃是我们的野蛮的祖先和更远的蒙昧祖先经过斗争、遭受苦难、英勇奋斗和坚持努力的结果。他们的劳动、他们的试验、他们的成功，都是上帝为从蒙昧人发展到野蛮人、从野蛮人发展到文明人而制订的计划中的一个组成部分。”[①] 因此，我们现在的自由生活，离不开先辈们在不自由状态下的艰苦奋斗。

台湾大学外文系教授颜元叔在《海峡评论》1991 年第 2 期发表过一篇名为《向建设中国的亿万同胞致敬!》的文章（见本章后的延伸阅读）。这篇宣言式文章，虽然带有浓厚的感情色彩，表达方式也极其口语化，不像学术著作，但是从有限自由观的角度来看，却闪耀着强烈历史感和真知灼见，是对自由的渐进式发展的一个很好的注解。笔者要强调的是：自由不是从天上掉下来的，而是靠自己的双手苦干出来的；后人享有的自由，有前人的一份功劳。

人类政治自由的演变

政治的本质是社会财富的分配。政治自由的本质就是社会成员参与

① ［美］摩尔根:《古代社会》(下册)，杨东莼、马雍、马巨译，商务印书馆 1977 年，第 639 页。

财富分配的权利。政治体制的本质就是社会各阶层参与财富分配的权利结构。政治、政治自由、政治体制都是围绕财富分配活动进行运作。看清这一点，我们就不难理解人类社会政治体制演变的逻辑脉络。

我们用一桌饭做模型来分析人类政治自由的演变。10个人围坐在一起吃饭，其中有两个青壮年男子，两个中年妇女，两个俘虏，两个孩子，两个老人。我们把他们比作一个社会的缩影，把餐桌上食物的总量比作社会财富总量，把食物的分配方式比作政治体制。

在远古的原始社会，社会生产力极端低下，人类以采集野果或狩猎为生。在这样的环境下，男女都能够从事一样的生产活动，男女的经济地位基本上是平等的。但是由于采集野果或狩猎可能经常一无所获，原始人的食物并不能得到稳定保障。这就好比那桌饭，有时桌上空空如也，有时只有一两个馒头。如何分配这点食物呢？如果这一两个馒头只给少数人吃，其他人就要饿死，久而久之，整个社会就会自行消失。这时，共有制是最好的办法，见者有份，每人吃一小口，虽然吃不饱，也不至于饿死。有的时候，实在很长时间没有获得食物，就把俘虏杀掉吃，这就是原始时代食人之风的由来。有的时候，食物少得以至于大家共同活命都不可能，这时原始人就会把小孩或老人杀掉，以减少吃饭的人，其余人可以多吃一口。

逐渐发展而来的农业社会，使人类的食物来源由不稳定的采集制进入到比较稳定的生产制，食物总量及其保障程度有了很大提高。但是，由于农业生产活动对劳动者体力和技术提出了更高的要求，男人的优势逐渐体现出来，成为社会财富的主要创造者；女人则逐渐退到家庭中去，成为家务劳动者。这时，财富逐渐被打上了生产者的烙印，即出现了财富私有的特征。回到那桌饭上来，这时桌上已经有四五个馒头，如何分配呢？俘虏和孩子照样没有分配权；妇女由于不是财富的主要生产者，也失去了分配权；分配权落在了男子手里：男子们当然不会让妇女和奴隶饿死，因为男人还要维持他们的生命，以便女人继续给男人干家务活和生儿育女，奴隶则还要给男人们做苦力。但吃得最好的则毫无疑问是男子自己。这大概就是奴隶社会的情形。

随着生产力的进一步提高，社会分工不断向深度和广度发展，通过涓滴效应，在社会总财富增加的同时，拥有财富的人也越来越多。这是一个连续的、长期的财富溢出的过程。在封建社会，表现为奴隶阶层的消失和自耕农阶层的扩大；在资本主义社会则表现为资产阶级、小资产阶级和中产阶层的不断扩大。财富溢出的结果是，伴随自由的溢出，越来越多的人具备参与政治的权利，政治体制逐渐向民主纵深发展。在中产阶级占人口大多数时，普选成为可能，意味着西方民主发展到更高的阶段。那一桌饭，现在有了 15 个、20 个馒头，由于总量够所有人吃饱，所以社会全体都参与分配（即普遍民主）成为可能。这就是现今西方发达国家的情形。在这种情况下，社会财富再分配哪怕很不顺利或很不公平，像日本六年七相、美国政府关门等现象就说明分配机制调整失效，但社会还能保持基本稳定。这是因为，社会总财富达到了让所有人都不饿肚子的水平。相反，在一些发展中国家，由于社会总财富不足，总体处于物质短缺状态，难以满足全民的需要，这时如果实行普遍民主，全体国民势必为了争夺那有限的、少量的财富而互相对抗。由于谁妥协谁就可能饿肚子，因此谁都没有退让的空间，从而使社会矛盾难以协调，严重的甚至导致社会秩序崩溃。

总体上看，人类在某一阶段的自由程度，随着其所拥有的物质总水平的发展而发展，人类历史就是这样一个不断的、渐进的自我解放过程。

自由主义的本质就是赢者通吃

自由主义与有限自由观的根本区别在于，自由主义认为自由是天赋的、绝对的、普世的，是超越物质基础和伦理道德的；而有限自由观则认为自由是有条件的、有限制的，自由源于物质基础，限于伦理道德。

自由的绝对化会导致什么社会后果呢？

首先，自由的绝对化意味着忽略自由源于物质基础这一事实，从而导致追求超越物质基础的自由，走向政治浪漫主义。法国革命如此，当今发展中国家民主化浪潮皆如此。自由的绝对化就像一个潘多拉盒子，当今人类社会经历的许多痛苦都与它有关。历史正在证明，这是西方带给人类的又一大罪恶。正是自由主义，导致绝大多数发展中国家充满分裂、内乱与动荡，甚至永远不得翻身。

其次，自由的绝对化意味着自由脱离了伦理道德的限制，从此使物质力量成为一头社会怪兽，横行无忌，赢者通吃，形成实质上的资本专制。伦理道德本来是用来平衡社会不平等现象的，以平衡强势群体和弱势群体的关系。自由脱离了道德限制后，意味着强势的将更加强势，弱势的将更加弱势。自由绝对化表面上看似保障了社会全体成员的自由，实际上却是赢者通吃，把社会不平等合理化。自由主义高喊人人生而平等，却为社会不平等寻找合法性。这也正是自由主义的虚伪性和欺骗性之所在。柏拉图说，无论是个人方面还是国家方面，极端自由的结果，只能是极端的奴役。美国当前的危机和衰落不正是柏拉图预言的实现吗？

必须指出的是，在古典自由主义那里，还是比较关注自由与物质、自由与道德的关系。自由的绝对化是逐步发展起来的，特别是 20 世纪 70 年代新自由主义兴起以及 20 世纪末的苏联解体和东欧剧变，都是促进自由绝对化的重要催化剂。

必须强调的是，西方现今的主流经济学、政治学和新闻学等都是在自由主义原则上构建起来的。根据有限自由观，包括市场经济、民主政治等在内的经济、政治、社会治理原则都有致命的漏洞，有必要按照有限自由观审视并重新构建新的经济学、政治学、法学和新闻学等。由于自由的市场力量难以制约其自身必将产生的外部效应对整体秩序的破坏，因此必须有一种集中（不是专制）的力量来制约和平衡自由力量的这种“破坏”，这就是新的、可能的社会治理模式（同时也是经济学、政治学、法学、新闻学等）的重构原则，即“自由—集中模式”的原则。

延伸阅读

向建设中国的亿万同胞致敬！*

颜元叔

打开天窗说亮话，中国的前途不在台湾（什么叫作“台湾经验”？可笑！），中国的前途不在港澳，不在海外华人，不在舔洋人后跟的学运民运小丑，中国的前途在中国大陆，在那11亿心含“鸦片战争”之耻、心含“十四年抗战”之恨的中国人身上！

他们衣衫褴褛地制造出原子弹、氢弹、中子弹，他们蹲茅坑却射出长征火箭，他们以捏泥巴的双手举破世界纪录，他们磨破屁股包办十二面亚运划船金牌，他们重建唐山而被联合国颁奖为世界模范市……同胞们，他们为的是什么？没有别的：他们爱此“中华”，他们不能让“中华”再陨落！

为什么美国人那么爱美国，为什么日本人那么爱日本，为什么有些走向“世界公民”（可笑的痴梦！）的中国人就不爱中国？爱中国，不再只是口号，不再只是情绪，而是要像大陆50年，苦心孤诣胼手胝足，不仅流汗甚至流血地干，干，干！把大庆油田打出来，把北大荒垦出来，把葛洲坝拦江筑起来……

难以屈指的各种建设，无数的建设，把中国建设起来，这才是爱中国！而中国已经被热爱了50年；她将继续被热爱，被那群建国者，真正的建国者，所热爱（我手边这部大陆编《新英汉辞典》，这部大陆版《辞源》，编得如此周全，印制如此精致，细小的铅字用放大镜看都划划清晰，而且从来没有看到一个错字：我为他们的心血表现而发抖！而

* 本文转自《海峡评论》，1991年第2期。

我们台湾，50 年来，哪部英汉辞典不是翻译剪贴日作！惭愧哪，台湾经验！)。

他们一辈子吃了两辈子的苦

大陆上的人说，他们一辈子吃了两辈子的苦。痛心的话，悲痛的话，却也是令人肃然起敬的话。试问：不是一辈子吃两辈子的苦，一辈子怎得两辈子甚至三辈子四辈子的成就？50 年前中国落后西方百年，50 年后还落后 10 年 20 年（基础科学若干部门已与西方比肩，甚至超前）。

这不是一辈子吃两辈子苦成就的吗？50 年前中国参加奥运亦总是扛着零蛋回，50 年后中国的奥运成绩已扬名世界。谁敢再说中国人是“东亚病夫”？这就是“吃两辈子苦”的成就！

我的老同学傅孝先留在大陆的姐姐，搞化学研究的高级科学家，52 岁就死了，是活活地给研究工作累死的！累死，多值得的死！她不累死，千千万万的她与他不累死，中国科学怎么迎头赶上西方！怎么出人头地！“革命不是请客吃饭”，建设文明文化也是要死人的！尤其是要“超英赶美”搞建设；而不“超英赶美”，永远跟在英美之后吃英美屁，中华怎么振兴，怎么出头？

所以，50 年来，中国大陆是“炼狱”。什么是“炼狱”？就是经过火的洗礼，能够升入天堂。中国过去 50 年的苦难，是“炼狱”的苦难，是有提升功能的苦难，是有建设性的苦难，是追求成就的苦难。

就像你要考上台大而一年不看电影的苦难，程度不同，性质则一。吃得苦中苦，方为人上人。苦出头来的中国人，如今在人类中已经崭露头角了。所以 50 年的苦难不是负面的、消极的、毁灭性的；它是中国的大蜕变，政治蜕变、社会蜕变到精神蜕变（现在的中国人不再是“差不多先生”，而是竞泳则争半掌之长，射卫星不出毛病的“精准先生”）。

而我们在台湾，侥幸而不侥幸地躲过了这场“炼狱”的煎熬，50年隔岸观火躲过了这场火之洗礼。就个人的福利言，我们是幸运者；就重建民族国家的责任言，我们是十足的逃兵！我们就像肢体残障者站在路边，看着一队队的男女好汉走上战场，看着他们、她们的尸体被抬回来，或者看着他们、她们流血呻吟地爬回来，裹好创伤又冲上去。

我们呢，隔岸观火；而他们呢？他们拼搏，他们打仗，他们打的是我们的仗，打的是150年来的民族复兴之仗，打的是为全体中国人争一口气的仗！而我们呢？我们还在讪笑他们的厕所没有门，讪笑他们的所得低，甚至视他们为仇敌！我们究竟是什么？一群没有良心的市侩？一群没有人性的畜牲？

“中国之光”中国人共用

然而，一个民族国家的羞辱，像雾一般落下来，无可取舍，你非承受不可（就算你入了美国籍，认同美国，为美国去中东作战；你若战死，你的讣告中仍然是“美籍华人”，而不会像别人一样成为“美国人”）！

何必骗自己啊，昨日今日以及今后的三五万日，民族主义还都是当令的食品，不认同自己的民族只有做异族之奴。同理，一个民族国家的荣誉，也无可取舍，它会像太阳一样，你非被照射到不可。中国今后的光荣，苦尽甘来的光荣，你是无法拒绝而非接受一份不可，连反中国的中国人也将同浴于中国的光辉中！

这就是说，我们在台湾的中国人管你是“台独”、“独台”，或统派，或无党无派，一旦生为中国人，今后你将分得一份“中国之光”。虽然我们没有为这“中国之光”之诞生做出什么贡献；无功受禄，我们实在太侥幸！侥幸之余，我们至少要“吃果子拜树头”吧？总不能吃了果子，又对那棵树冷嘲热讽或视之为敌吧。这是什么样的一种肥心症，橡皮病！

中国的问题很复杂，其实也很简单，简单得只有一个字：干，干，干！多加三个字：苦干，实干，硬干。因为中国缺乏的就是成就，要成就只有干。干，说来容易做来难。个人想干，个人有惰性；团体想干，团体会涣散。

这时候，你自己摆脱不了惰性，就得有人鞭笞你；团体反侧于涣散，就得有人严加管束。其实，就像你考大学，你自己督促不了自己，就得有师长有父母在后面鞭策，甚至补习班鞭策也是应该。假使你想考上大学，而考上大学就是一切！就中国言，建设国家就是一切！于是，在中国的问题上，你就知道为什么有集体主义之必要，社会主义之必要！

当然，假使中国有1万年的悠闲时间来完成她的现代化，那么一切慢慢来，随各人今天做一点明天做一点，1万年做不成，10万年总可以做成吧。可是，中国原已落后，而这是一个竞争白热化的世界，我们哪能悠闲！我们不仅要快，而且要比别人快；不快不足以竞争，不比别人快不足以超前，至少迎头赶上。

因为，只有这种精神，这种体制，才能团结一切的人，团结一切的意志、一切的力量，众志成城，万众一心，处处攻关，力成大业。

就算是西方人笑讽中国人是“蓝蚂蚁”，我们为建国却必须做“蓝蚂蚁”，必须是千千万万的蓝蚂蚁，像蚂蚁一般单纯一致，才能造就出比我们个人大千千万万倍的大堤坝。

再造中华，必须是每个人捐弃一己之见，乃至捐弃一己之身，为的是中国这个大堤坝之建成。要讲求个人意志，要讲求个人欲望、个人利害，必然是蚁群四下溃散，永远建不成任何东西！而中国就是要建设，要成就。

这就是为什么，为历史上此刻的中国，我胆敢高呼：反民主！反自由！反西方民主！反西方自由！抽象地说，自由民主绝非绝对之善；而落实在历史的流程中，对此时此地的中国，它们是相对之“恶”！因为，自由只会使中国涣散，民主只会使中国崩溃。

有人也许会讥笑：中国人为何如此可怜，竟然承受不了自由民主之“福”！我要反问以这种西方价值为价值的人：自由有什么了不起！民主又好在哪里！日本、德国的称雄，是它们的民主自由超过英、美？英国如今衰微了，是它的自由衰微？民主衰微？美国今日超强，是它的自由超强？民主超强？而美国的自由民主扩散开来，正好变成美帝国主义的原动力！

不是烟草资本家有剥削的自由，台湾怎么变成美烟的垃圾场！“鸦片战争”还不是一个君主立宪笃信基督的英国做出来的“撒旦之战”！而最重要的关键是：这些东西对中国有什么好处？这些东西能帮助中国达成中国的历史目标？曾经有学生问我：老师，中国民主重要还是强大重要？

我说：废话，当然强大重要。中国若不强大，而中国自由民主了，中国可没有什么东西可以保证，中国不还是清末民初的中国，不还是次殖民地的中国，不还是“华人与狗不得入内”的中国！所以，中国人必须以一条裤带束紧千万亿腰杆，中国人才得解放，自中国近代史中解放！自列强的囹圄桎梏中解放！

当西方人对你跷起拇指叫“好”时，你已是一个不折不扣的卖国贼

西方人是充分了解这13亿“蓝蚂蚁”的可怕，这13亿众志成城的“蓝蚂蚁”的可怕，于是他们用“自由民主”的口号，企图分化我们，打散我们，划割我们，制造我们的内在矛盾，让我们自己互相抵消。

因为，拿破仑早已叮嘱他们：“让这条龙睡吧，它一醒来，西方世界就麻烦了。”可怜可鄙亦可悲那些蠢才，连这点简单道理都猪油蒙心看不透，一味地接受西方价值，试图分裂中国，为西方的终极利益服务……让西方继续为世界之主，中国为奴，而尚自以为是为了中国好。

我告诉你们：当西方人对你跷起拇指叫“好”时，你已是一个不

折不扣的卖国贼！除了你们这一小撮猪油蒙心的小丑之外，天下任何聪明人都深知“人不自私，天诛地灭”——民族利益就是我们最大的私；而为国自私，更是西方帝国主义的当行本色，美国人更是如此。

世界已被西方帝国主义 dominate 二三百年，洋奴们，心头被殖民的洋奴们，台湾的“日本人”和香港的“英奴”们，难道你们的“婢妾情性”如此深重，如此安于为奴现况，不也想换换主子，让中国人骑在世界之屋脊上！

这条路中国一定会继续走下去！中国已经强大，明日的中国若不更强大，那么天理就不成其为天理了。反省我的爱国情操，似乎浓烈得近乎疯狂；其实，我只是一个“机会主义者”，只是一个识时务的人而已。

历史大趋势这么明明白白地摆在面前，我跟着它走，实在只是大潮流的跟屁虫。但是，我乐于做这么个小虫子，因为今后中国的历史命运之完成将正是我一生梦想之实现。我如今是每天喜滋滋看着中国把世界金牌一块块摘下。

第五章

美国衰落的根源在于背离有限自由

极端自由的结果是资本成为唯一赢家。

美国正在衰落

美国的衰落是当今时代的热门话题。

2008年，美国发生次贷危机，银行大批倒闭，像美林银行、雷曼兄弟这样的百年老店也没能幸免，人员大量失业，经济停滞以致衰退。

为了拯救并重新启动美国经济，美国联邦政府投入了大量资金，导致联邦债务从危机前2007年的8万多亿美元上飙到2014年底的18万多亿美元，负债率超过了100%。这又直接导致美国霸权力量下降，在利比亚和叙利亚危机中，已经明显暴露美国霸权的颓势。

次贷危机发生后，美国政府拿出大量资金去救助华尔街那些“大到不能倒”的金融巨头。正是这些金融巨头的过度贪婪导致次贷危机的发生，这又引爆了美国社会另一个更深层次的危机，即两极分化——下文将会论述，这是美国一切危机的总表象。2011年9月7日，一场以99%美国老百姓反对1%美国富人为主题的“占领华尔街”示威运动在纽约曼哈顿发生，并迅速蔓延到全美100多个城市。示威者宣称：“在美国，1%的富人拥有着99%的财富，而99%的人为国家纳税，却没有人真正代表我们，华盛顿的政客都在为这1%的人服务。”[①] 这场持续两个多月的占领运动，可以说是美国社会矛盾的一次总爆发。

2013年10月，美国政府发生关门危机，联邦政府的非核心部门停止办公。这是美国政治矛盾激化进而导致政治僵化的突出事件。这个事件说明：美国不同的政治集团之间越来越缺乏妥协的可能。资本集团不

---

① 张旸、吴云：《美国“占领华尔街”活动持续蔓延》，《人民日报》2011年10月4日。

愿妥协，因为他们占据政治经济的有利态势；劳工阶层不愿妥协，是因为他们忍无可忍。

2016 年，美国发生“民主之春”抗议示威活动，华盛顿警方逮捕了 1420 人次的示威者。同年，“政治怪人”特朗普成为共和党的总统候选人，并最终成为美国第 45 任总统。

凡此种种，美国接连发生这些严重的经济、社会、政治和国际霸权危机，难道是偶然、暂时和孤立的事件吗？难道与美国的整体社会制度没有深层的逻辑关联吗？当然不是。这些危机是美国制度性危机的不同表象。这些危机表明，美国的制度性危机已经达到非常严重的程度，以致在经济、社会、政治等不同层面都已经全方位爆发。这种危机毫无疑问已导致美国的相对衰落。所谓相对衰落，就是一种持续发生危机及停滞状态。

面对如此情况，许多西方学者著书讨论美国衰落的问题。比如尼尔·弗格森的《西方的衰落》，保罗·克罗格曼的《一个自由主义者的良知》，斯蒂格利茨的《不平等的代价》，托马斯·皮凯迪的《21 世纪资本论》等。这些著作对美国危机做了不同侧面的分析，并提出了摆脱危机的建议。

虽然美国的经济不再那么强劲有力，但依旧有人认为美国尚未开始衰落。可以说，对于美国是否衰落这个问题，还是存在不同意见的。2015 年 2 月 26 日，《环球时报》刊发了彭光谦的《美国进入霸权更年期》(见本章后的延伸阅读）一文，对此问题给出了三个较为中肯、客观的回答：其一，种种迹象表明，美国确实在衰落；其二，美国衰落是其“内在固有矛盾发展的必然结果”；其三，美国即便衰落，“仍将是一个世界重要大国”。

在本章中，笔者将努力揭示，美国的“固有矛盾”是如何发展并导致其衰落的，并将在本章适当的地方对西方学者的观点做出分析。值得特别注意的是，在分析美国危机的时候，西方学者们有一个共同关注点就是：两极分化。记住这一点，对于理解本章将要讨论的内容，会有莫大的帮助——因为两极分化是美国衰落的总表象，而不是总根源。我们在分析问题、解决问题的时候，不能将表象当成原因——这会让我们对问题的理解走向错误的方向。我们要搞清楚的是：究竟是什么原因使美国产生如此严重的两极分化的？

重新解读亚当·斯密

那么，美国是如何走到衰落这一步的？为搞清楚这个问题，让我们暂时把美国衰落的问题放在一边，从资本主义发展的历史源流中去寻找启迪。

亚当·斯密被誉为现代经济学之父、市场经济的鼻祖。因此我们从亚当·斯密开始，讨论美国和西方危机问题的来龙去脉，是合适的逻辑起点。

究竟如何理解亚当·斯密的思想呢？

亚当·斯密由于写了《国富论》而名垂青史。这部被称为经济学“圣经”的著作，原名叫《国民财富的性质和原因的研究》，它首次系统地告诉人们国民财富的来源以及如何创造更多的国民财富。

财富固然是世人所关心的重要问题或主要问题，因为财富是人类生活自由和幸福的源泉。或许正是这个原因，世人提起亚当·斯密，首先想到的是他的《国富论》。

然而，在真实的历史中，亚当·斯密首先是一个伦理学家。《国富论》出版于1776年，而远在此前的1759年，亚当·斯密就出版了其另一部巨著《道德情操论》，并因此名声大噪。更为重要的是，相对于《国富论》，亚当·斯密本人更看重《道德情操论》。“在他晚年，斯密尤其钟爱《道德情操论》，并在他离世之前完成了第七版的修订。现代经济学家对此一定大失所望，甚至尴尬不堪，但是斯密却一直认为《道德情操论》远胜过《国富论》。把《道德情操论》从斯密的经济学中分割出去不仅导致了误读亚当·斯密，更是误导经济学陷入困境。”①

从宏观角度来说，亚当·斯密追求的既是一个财富丰盈的社会，更是一个仁慈正义的社会。用本书的观点来讲，其推崇追求的就是一个有限自由的社会。然而自由主义使道德虚化，西方经济学长期曲解亚当·斯密，只讲自由竞争，不讲道德正义，“误导经济学陷入困境”。我们将会逐步地看到，西方与美国当前的危机正是由于这种误导而陷入困境的具体表现。

上面我们从宏观角度了解了亚当·斯密的思想，现在我们要从微观的角度解读一下《国富论》。因为正是在《国富论》中，亚当·斯密提出了市场经济“看不见的手”的思想。亚当·斯密说：“在许多场合，因为受到一只看不见的手的指导，他达到了一个并非他本意达到的目的。其实，他追求自己的利益，往往能够比他在真正出于本意的情况下更有效地促进社会的利益。”②

亚当·斯密这段话其实说得非常有分寸，需要我们认真并仔细解读。首先，所谓“看不见的手”，就是非本意的结果。联系到前面对外部效应的论述，即外部效应是行为者意外的附带影响，就可以讲，亚当·斯密所说的“看不见的手”，其实正是外部效应，指非本意的或意外的影响或结果。

我们已经知道，一个行为的外部效应绝不是唯一的，而是存在着直接的、间接的、可预测的、不可预测的、正的、负的等多种外部效应。市场经济“看不见的手”也不是只有一只，而是有多只。因此，亚当·斯密在此才十分小心地说“在许多场合”“往往能够”等限制性语

---

① ［英］罗纳德·哈里·科斯、王宁：《变革中国——市场经济的中国之路》，徐尧、李哲明译，中信出版社 2013 年，第 243 页。

② ［英］斯密：《国富论：经济学“圣经”》，朱丹译，时事出版社 2014 年，第 218 页。

言，以表明市场经济并不是处处都是“比他在真正出于本意的情况下更有效地促进社会的利益”，因为当市场经济的其他“看不见的手”起作用时，可能会严重损害社会利益。这个问题被现在很多经济学家所忽视，但实在又是极其重要、不容忽视的问题。

实际上，亚当·斯密多次指出市场的有害的“看不见的手”。他说：“商人的利益在若干方面往往和公众利益不同，有时甚至相反……缩小竞争只会使商人的利益提高到自然的程度以上，而其余市民却为了他们的利益而承受不合理的负担。因此，这一阶级所建议的任何新商业法规，都应当十分小心地加以考察。若非小心翼翼地、抱着怀疑态度做了长期的仔细检查以后，绝不应随便采用。因为他们这班人的利益，从来不和公众利益完全一致。一般地说，他们的利益，在于欺骗公众，甚至在于压迫公众。事实上，公众也常为他们所欺骗、压迫。”① 在这里，亚当·斯密并没有像很多当代经济学家那样信任市场，他至少点明了三只带来负面结果的“看不见的手”：垄断、欺诈、压迫。而且，“一般地说，他们的利益，在于欺骗公众，甚至在于压迫公众”，可见，在竞争、垄断、欺诈、压迫等诸多“看不见的手”中，竞争这只“看不见的手”只是特例，垄断、欺诈、压迫这些“看不见的手”反而是“一般”。事实上，资本主义的历史证明，资本家为了挣钱，一般是优先采取垄断、欺诈、压迫等这些“看不见的手”，只有在这些“看不见的手”难以施展时，才会考虑使用自由竞争这只“看不见的手”。亚当·斯密是完全明白这个道理的，他在《国富论》第一篇第十章第二节《关于欧洲政策的不均等》中，非常具体地描述了人们追求垄断更胜于追求竞争。因此，竞争根本就不是市场主体的优先选项。

新自由主义推行放任自由的市场经济，认为市场经济就是自由竞争，没有看到自由竞争只是市场经济的一个特例，更一般的市场行为其

---

① ［英］斯密：《国富论：经济学“圣经”》，朱丹译，时事出版社 2014 年，第 127 页。

实是垄断、欺诈、压迫……新自由主义完全曲解了亚当·斯密的原意。

在这里，还有必要从微观的角度解读一下《道德情操论》。亚当·斯密强调，存在两种美德，即仁慈和正义。这两种美德有巨大区别。仁慈是一般的美德，而正义是最高的美德；没有仁慈，社会可以在不愉快的状态中维持下去，而没有正义，整个社会将不复存在；缺乏仁慈不会遭受惩罚，违背正义肯定要遭受惩罚；践行仁慈应该得到报答，遵守正义不会得到报答；仁慈依靠个人自觉，而正义依靠社会强制性约束。①

亚当·斯密的《道德情操论》告诉世人，没有政府就没有正义，没有正义就没有社会，没有社会就没有任何个人幸福。在这里，政府分明是必要的善、最高的善。这与自由主义强调的政府是必要的恶，因而千方百计排斥政府干预之论调，简直是南辕北辙。

因此，不管是从宏观的角度还是从微观的角度来解读亚当·斯密，我们都无法得出新自由主义的结论，即市场经济可以放任自由。亚当·斯密分明是在推崇追求一个有限自由的社会，即推崇追求一个国民财富不断增长、又充满道德正义的社会。因此，新自由主义实在是对亚当·斯密的曲解和背叛。

马尔萨斯告诉我们什么？

在经济学界，马尔萨斯是一个毁誉参半的人。他提出了一个令人扫兴的理论，而且这个理论似乎从来也没有实现过。但笔者认为，马尔萨斯是最伟大的经济学家之一，因为他发现了市场经济另一只极其重要的“看不见的手”——毁坏地球。人类在这只“看不见的手”面前，至今还在苦苦挣扎。

---

① ［英］亚当·斯密：《道德情操论》，何丽君译，北京出版社 2012 年，第 32—37 页。

在《人口原理》一书中，马尔萨斯提出，人类的人口数量将会按照几何级数增长，而食物仅仅能够以算术级数增长。长此以往，人类将会受到战争、饥饿、流行病等灾难的毁灭性的惩罚，千万人的生命被夺走。

马尔萨斯的理论并没有完全兑现。因为人类的人口数量虽然呈现出加快增加的态势，却也没有快到以几何级数增长的地步；粮食产量由于生产技术进步而大大增加了，人口与食物的矛盾并没有如马尔萨斯预言的那般演化。

那么，马尔萨斯的理论失去意义了吗？恰恰相反，马尔萨斯的理论只是为人类与地球的危机关系破了个题。由于人类需求往往是大于地球的供给，人类在满足自身需求的过程中，将产生大量难以克服的外部效应，从而也给自身造成了巨大危机。人类因满足自身物质需求而产生的外部效应之一——毁坏地球，如今恰恰已经成为人类自己的重大难题。

我们从一个小故事开始，来展开分析。甲、乙两人饥肠辘辘，他们在争着买最后一个馒头。甲说，我有钱，这个馒头无论多少钱我都要定了。乙知道自己囊中羞涩，只好悻悻然无奈走开。在这里，甲要不计代价买下最后一个馒头，完全符合市场经济规则——以追求自身利益最大化为目的。然而，他的行为不可避免地产生一个非本意的结果，或产生一只“看不见的手”：乙没有馒头可买。

当今世界面临的问题是，现今的人类社会就像是甲，我们的后代就像是乙，地球就像那个馒头。当我们按照市场规则行事，只顾追求自身利益最大化，一只“看不见的手”却正在发生作用，其结果是我们的后代可能没有“馒头”可吃了。

从外部效应角度来说，它是一种叠加型外部效应，它会悄悄地起作用。从人类历史来看，上述这只“看不见的手”就像温水煮青蛙一般，缓慢地发生作用。当人类人口较少，地球资源显得非常丰富，而且看上去简直是无限丰富时，这只“看不见的手”可以忽略不计；随着人类进入工业化时代，人口不断增加，人与地球的矛盾变得明显起来。根据联合国人口基金公布的数据，19 世纪初（正好是马尔萨斯出版《人口原理》的时代），世界人口仅有 10 亿，1927 年达到 20 亿，1960 年达到 30 亿，1974 年达到 40 亿，1987 年达到 50 亿，1999 年达到 60 亿，2011 年达到 70 亿。人口增加的脚步在加快的同时，人类与地球之间的失衡也在急剧恶化，资源枯竭、生态失衡、环境恶化……例如气候变暖的问题，人类正在紧锣密鼓地加紧谈判，以便地球不至于被气候变暖彻底摧毁。

面对市场经济发展的严重后果，米歇尔·波德发出呼吁："人类正面临一些重要的抉择，如对于寻求永无止境且不断更新的消费的社会模式（这是追求自身利益最大化的必然结果——笔者注），我们是否任由其扩大？在目前已有 10 亿到 15 亿消费者的情况下，这个模式已经造成了巨大毁坏，同时导致了许多不满。难道不应该致力于发展出一种新的社会模式，使其基于适度、节俭（一种更有道德约束的社会模式——笔者注），基于无破坏性的生产技术的发明吗？（寻求一只更好的'看不见的手'——笔者注）"①

市场经济与人类生存和发展存在着根本性的矛盾，马尔萨斯和米歇尔·波德都看穿了这点。究其根源，恰在于市场经济以实现自身利益最大化为原则，而地球终究承受不了人类自身利益没有止境的最大化。

马克思：市场经济终将退出历史舞台

马克思对资本主义生产方式或市场经济的生产方式，进行了迄今为止最为全面、最为系统、最为深刻的剖析。

在马克思看来，市场经济的本意就是资本家追求剩余价值、追求利

---

① ［法］波德：《资本主义的历史：从 1500 年到 2010 年》，郑方磊、任轶译，上海辞书出版社 2011 年，中文版序。

润、追求自身利益的最大化。如果说市场经济有“看不见的手”存在，那这“看不见的手”绝不止一只，而是有很多只。资本家有多少种追求自身利益的方法，就有多少只“看不见的手”。马克思对市场经济的各种奇奇怪怪的“看不见的手”，进行了大量具体的分析。

剥夺。这是资本家实现原始积累时期的主要方法。“掠夺教会地产，欺骗性地出让国有土地，盗窃公有地，用剥夺的方法、用残暴的恐怖手段把封建财产和克兰财产变为现代私有财产——这就是原始积累的各种田园诗式的方法。”① 在资本主义生产方式逐渐成熟以后，一种新的剥夺方式也同时成熟起来，这就是克扣工资，马克思在《资本论》第一卷第三篇第八章《工作日》中，对其有很多记述。

过度劳动。资本家在追求自身利益最大化的过程中，强迫劳动成为其最初的、也是最重要的一只“看不见的手”。马克思在《资本论》第一卷第三篇第八章《工作日》中，对资本家早期的种种过度劳动现象进行了详细描述。过度劳动的形式包括延长劳动时间、利用童工等。其中对工人阶级的令人触目惊心的悲惨境遇在此不去引述，读者可以自己去看原文。而这些历史恰好说明，在放任自由的市场经济下，“资本起初并不关心它所征服的劳动过程的技术性质。起初，它是遇到什么样的劳动过程就采用什么样的劳动过程”②。因此，过度劳动正是放任自由的市场经济的题中之义。

欺诈。这是市场经济的另一只“看不见的手”。前面所述过度劳动的“看不见的手”，是伸向劳动者的，而欺诈这只“看不见的手”是伸向消费者的。欺诈的典型形式是假冒伪劣。马克思说：“面包掺假的情况，令人难以置信，尤其在伦敦更为厉害。”“他每天吃的面包中包含一定量的人汗，并且混杂着脓血、蜘蛛网、死蟑螂和发霉的德国酵母，更不用提明矾、砂粒以及其他可口的矿物质了。”以致下院“食物掺假”

① 《资本论》第1卷，人民出版社1975年，第801页。
② 《资本论》第1卷，人民出版社1975年，第277页。

调查委员会“也相当坦率地承认，自由贸易实质上是假货贸易”。①

如果说，上面这三只“看不见的手”很容易判断和理解，因为它们都属于直接外部效应的范畴；那么下面要谈的“看不见的手”则具有间接性和叠加性，往往不容易一眼看穿。

资本家追求自身利益最大化，就要想方设法投入更多资本，这个过程就是资本积累。资本积累是资本家追求自身利益最大化的产物，但是它同时也产生一系列外部效应，即“看不见的手”。

失业。这是资本积累的一个最直接的结果。马克思告诉我们，资本积累是通过剩余价值转变资本实现的，因此，为了实现资本积累，资本家必须赚取更多的剩余价值。赚取更多剩余价值的主要方法就是不断提高资本的有机构成从而提高劳动生产率。而恰恰是资本有机构成的提高，使得劳动力的需求下降，从而产生相对过剩人口即失业者。所以，相对过剩人口即失业者是与资本积累同步增长的，资本积累越多，失业者的增加就越多，体现为一个间接叠加的过程。

两极分化。两极分化是资本积累的一个间接结果。前文提到，一边是资本家财富的积累即资本积累，另一边却是相对过剩人口的增加。相对过剩人口的加入，使得劳动力市场竞争加剧，导致劳动力价格即工资下降。所以，资本积累总是伴随着贫困的积累。马克思说：“开头是创造出相对过剩人口或产业后备军，结尾是现役劳动军中不断增大的各阶层的贫困和需要救济的赤贫的死荷重。”②

经济危机。马克思认为，资本主义经济危机的根源在于资本积累导致的两极分化。“一切真正危机的最根本的原因，总不外乎群众的贫困和他们的有限的消费，资本主义生产却不顾这种情况而力图发展生产力，好像只有社会的绝对的消费能力才是生产力发展的界限。”③“在资

---

① 《资本论》第1卷，人民出版社1975年，第277—279页。
② 《资本论》第1卷，人民出版社1975年，第707页。
③ 《资本论》第3卷，人民出版社1975年，第548页。

本主义生产方式内发展的、与人口相比显得惊人巨大的生产力，以及虽然不是与此按同一比例的、比人口增加快得多的资本价值（不仅是它的物质实体）的增加，同这个惊人巨大的生产力为之服务的、与财富的增长相比变得越来越狭小的基础相矛盾，同这个日益膨胀的资本的价值增值的条件相矛盾。危机就是这样发生的。”① 这里说的“基础”“条件”，显然就是指社会消费能力。

历史上，资本主义的经济危机从来没有超出过马克思的论述。在早期，当资本积累体现为产业资本的时候，资本主义经济危机就直接体现为生产与消费的矛盾。在当代，当资本积累体现为金融性资本的时候，资本主义经济危机就体现为资产泡沫的金融危机。

如何才能消灭资本主义的经济危机呢？马克思的结论是：用计划代替市场，用公有制代替私有制，实现资本与劳动的统一。只有资本主义私人所有制被公有制取代，经济危机才能结束。没有了私人占有，就失去了以追求自身利益最大化为原则的市场经济的基础。而这个以公有制为基础的社会就是共产主义社会，它是一个物质极其丰富、人们道德水准极高的高级自由社会，是自由人的联合体。从有限自由观来讲，它是一个高级有限自由社会。尽管在现实生活中，如何实现、何时实现共产主义社会还是未定之数，但并不能由此否认马克思所揭示的市场经济和资本主义生产方式的固有矛盾，以及这个矛盾发展所导致的社会危机。事实证明，美国的衰落仍然是马克思所揭示的市场经济和资本主义生产方式固有矛盾运动的结果。

市场与政府的关系

现在，可以来讨论一下市场与政府的关系了。

---

① 《资本论》第3卷，人民出版社1975年，第296页。

如前文所述，建立在私有制基础上、以分散决策为原则、以追求自身利益最大化为目的的市场经济中，任何市场主体在它追求自身利益最大化的时候，都将不可避免地产生一系列外部效应；或者说任何市场行为都会产生很多“看不见的手”。这些“看不见的手”，常见的有：竞争、垄断、欺诈、压迫、过度劳动、失业、两极分化、经济危机、毁坏地球等，但并不限于以上这几种。这里面，只有竞争这只“看不见的手”是有利于社会的，其他“看不见的手”都是有害于社会的——有害于社会的“看不见的手”要远远多过有利于社会的“看不见的手”。这些有害于社会的“看不见的手”，不管在西方还是东方，不管在市场经济的历史还是现实中，都在不同程度地发挥作用。

对市场经济众多“看不见的手”进行分析，会发现，市场的、分散的自由决策模式，由于外部效应，必然导致系统结构失衡。这种失衡从里到外，逐步加剧。系统内部的局部失衡，如垄断、欺诈、压迫、过度劳动等；失业是一个更大层面的失衡，它是劳动阶级内部的分裂；两极分化则是劳动阶级和资产阶级之间的结构失衡；经济危机是两极分化发展到一定阶段后引起经济体系的整体失衡；毁坏地球则是人类与自然之间的结构失衡。这些失衡一层比一层深化，影响面一层比一层更大。

因为市场经济有众多“看不见的手”，所以说，市场经济不等于竞争。纯粹放任自由的市场经济，是一个“千手”恶魔。人类对市场经济的利用有一个对市场经济不断改造的过程。这种改造靠市场自身是难以完成的，它必须依靠一种与市场对立的力量即政府的力量。市场经济发展的历史也充分证明了这一点。

在市场经济发展的早期，它众多“看不见的手”都曾经危害过人类，资本主义发展历史中的“早期资本主义的灾难”已经充分说明了这一点。市场经济如果一直停留在纯粹的、原始的、放任自由的阶段，人类也许早已毁灭。人类的伟大之处就在于能够做出选择，能够对一种自发秩序进行改造，能够通过自己的努力实现遏其之短、扬其之长。人类对市场经济的利用，正是通过政府干预，通过立法，逐步遏制其有害于社会的“看不见的手”，保留其有利于社会的“看不见的手”。例如《反垄断法》《反不正当竞争法》《劳动法》《安全生产法》《环境保护法》《食品安全法》《产品质量法》等，通过这些法律，人类已经有效地遏制了垄断、欺诈、压迫、过度劳动、毁坏地球等有害于社会的“看不见的手”。所以在现实社会中，已经不存在真正的放任自由的市场经济了。

然而，人类改造市场的任务还没有完成，所以这个市场还经常会“作恶”。比如失业、两极分化、经济危机、毁坏地球等“看不见的手”，还在危害社会、危害人类。前文看到，失业、两极分化、经济危机、毁坏地球等“看不见的手”，都是资本积累造成的，因此如果利用政府干预去矫正或者遏制这些“看不见的手”，毫无疑问，就一定会对资本积累产生阻碍，这是资本家绝对不愿意的，是违背资本本意的。新自由主义为什么要鼓吹放任自由的市场经济、反对政府干预市场？目的就是让资本家能够继续演绎资本积累的历史，继续实现资本利益的最大化。

因此，一个纯粹放任自由的市场经济，一定是一个只有极少数资本占有者拥有自由、而绝大多数劳动者受到无情剥削的社会，也一定是一个经济、社会、政治、环境全面失衡的社会；只有政府的干预才能纠正这个失衡的社会，使大多数社会成员能够更多地享受到自己劳动的果实。这就是笔者对市场与政府关系的总体结论。至于政府要干预到什么程度，则是一个具体的社会实践问题。

张维迎先生曾说，“市场永远比政府做得好”，“孔子就是市场的产物”，市场逻辑是“你要自己幸福，你首先要让别人幸福”等等。从上面的论述已经看到，政府与市场其实做的根本不是一件事，政府是在纠正市场的失效或者缺失，是对市场的必要补充或限制，从而使市场行为符合人类的目的。政府做的是市场做不到的事，反过来也一样，市场做的也是政府做不到的事。市场与政府不是互相替代关系，而是互相补充关系，无所谓哪个更好、哪个更差。我们经常听到，经济体制改革的目标是小政府、大社会，笔者对此表示怀疑。政府要小到什么程度呢？市场又要大到什么程度呢？政府与市场是各司其职的，不能互相代替，因此既不能随意大，也不能随意小。所谓小政府、大社会，无非是一个新自由主义的提法而已。至于说到“孔子是市场的产物”，这当然没错，但这句话恰恰说明市场不是无所不能的。因为，中国固然产生了孔子，但也只产生了孔子，却没有自发产生毕达哥拉斯，这就导致中国传统社会伦理发达，没有产生西方意义上的科学。这恰好证明市场本身是有缺失的。社会要发展，只有孔子是不够的。直到“五四”新文化运动，中国人才明白，科学正是中国传统文化所缺失的，而且对这个缺失必须加以弥补，中国才会有现代化。20 世纪下半叶，中国政府始终不遗余力地推进科学技术的发展，不正是依靠政府的力量弥补市场的缺陷吗？由此可见，市场的自发秩序不会自动带来人类的一切美好生活。至于说市场逻辑是“你要自己幸福，你首先要让别人幸福”，从本章前面几节的论述来看，这种观点是极其片面的，也可以说是天真的。若真是如此，历史上著名的“早期资本主义的灾难”也不会发生。“你要自己幸福，你首先要让别人幸福”，这样的市场只能是经过政府调教后的市场，而不是放任自由的市场。张维迎先生的观点，给人的感觉是，既缺乏历史感，又缺乏逻辑感。

林毅夫先生在谈到中国模式时，经常强调“有为政府和有效市场相结合”。总体来说，笔者认为这是正确的：因为中国模式中确实既有有为政府，又有有效市场，两者缺一不可。但是仔细分析起来，中国模式又不是有为政府加有效市场这么简单；因为在中国模式中，有为政府与有效市场不是并列关系，而是因果关系。这是林毅夫先生强调得不够的。它是这样一个因果关系：

市场经济+有为政府=有效市场=社会主义市场经济。

指出没有有为政府就没有有效市场，这是非常重要的。为什么中国在一系列全球性的经济危急机中能够独善其身？就是因为中国政府通过自己“看得见的手”有效地纠正了全球市场失衡的影响。

诺贝尔经济学奖获得者约瑟夫·E. 斯蒂格利茨的一段话最符合笔者想要表达的意思：“市场的力量相当强大，却没有内在的道德品质。我们必须决定如何管理市场经济。过去200年来，市场的最大贡献体现在促进了生产力和生活水平的极大提升——这种提升远远超过先前2000年的总和。虽然政府在这些进步中也发挥了重要作用，但是这一事实通常得不到自由市场倡导者的承认。另一方面，市场也能积聚财富，也会把环境成本传递给社会，还会虐待工人。鉴于这些原因，显然市场必须被驯化和调和，才能确保为多数人的利益服务；而且驯化和调和必须反复进行，才能确保市场继续为多数人的利益服务。在美国历史上，这种情况曾出现在进步时代（Progressive Era），当时竞争法案第一次被引入；也曾出现在罗斯福新政时期，当时社会保障、就业、最低工资等相关法律被引入。”① 因此，市场是容不得放任自由的，一旦放任自由，就会有损多数人利益。

凯恩斯与资本主义黄金时代

资本主义世界在1929—1933年期间，发生了有史以来最严重的经济危机，史称大萧条。在大萧条时期，西方国家生产减少了30%—50%，世界贸易萎缩近2/3，全世界失业人口达到3000万人以上。

在如此严重的经济危机面前，政府应该如何应对？作为还是不作为？是放任自由还是积极干预？人民持续生活在水深火热之中，如果政府无所作为，人民绝对不能答应，因为人毕竟是有自由意志的。正是在

① ［美］约瑟夫·E. 斯蒂格利茨：《不平等的代价》，张子源译，机械工业出版社2013年，序言第IX页。

这样的历史环境下，产生了“罗斯福新政”：美国政府发起了一些巨大的公共工程项目，以增加需求、改善就业，通过一系列措施使劳动者在劳动时间、工资等方面获得保障。

1936年，凯恩斯的经济学名著《就业、利息和货币通论》出版，为资本主义世界政府对市场的干预提供理论依据。

凯恩斯理论的重要特点是关注人，关注人的现实和道德境遇。当一些自由市场人士声称，政府无须干预，长期来看市场终究会自动恢复平衡。对此，凯恩斯回答说：“从长期来看，人终究会死的。”言外之意，平衡不是目的，而人的境遇才是经济政策的目的。是的，从长期来看，地震废墟上终究还会草木葱茏，但是我们关注的是身处地震中的生命。只有人，才是我们关注的焦点。人是目的，这恰恰是道德的出发点。

在危机来临的时候，市场经济的传统理论是通过降低工资来增加就业，让工人阶级承担更多危机的成本。凯恩斯另辟蹊径，通过政府公共投资来扩大需求，以改善就业。

在第二次世界大战期间及战后，资本主义世界普遍采用凯恩斯主义路线，实行政府积极干预的混合式经济政策，结果迎来了将近30年的资本主义爆炸性增长的黄金年代，直到石油危机发生。在整个黄金年代，资本主义世界的经济社会呈现出前所未有的繁荣景象。汽车、冰箱、电视机、洗衣机、电话等耐用消费品大规模进入家庭；从航天核能到电脑、机器人，各种科技创新层出不穷；就业空前繁荣，国家福利制度提供了包括生、老、病、死在内的各种保障，劳动阶层工资连年增长，社会收入差距大幅缩减。资本主义似乎已经完全不是早期留在人们印象中那个样子了。

对于黄金年代的出现，英国历史学家艾瑞克·霍布斯鲍姆指出：“资本主义本身的改变，促成了一种‘混合式经济制度’的出现，使得国家更易进行现代化经济事务的计划与管理，同时也相对地大大推动了需求的增加。战后发生于资本主义国家经济发展的成功案例，往往是一连串由政府支持、监督、引导，有时甚而由政府主动计划、管理的工业化发展的故事。这一类由政府主导的成功事例涵盖全球，从欧洲的法国、西班牙，一直到远东的日本、新加坡、韩国皆是，例外情况少之又少（如中国香港）。与此同时，各国政府也信誓旦旦，致力于全面就业的形成，并设法尽量减少社会上的生活不平等，即全力保障社会福利和社会安全制度。”① 也就是说，恰恰是凯恩斯的政府干预理论而不是放任自由的市场推动了黄金时代的形成。在凯恩斯需求管理的政策引导下，公共投资和工人阶级工资增加维护了全社会需求的增加，从而使得经济保持增长。对此，艾瑞克·霍布斯鲍姆也有清醒的认识：“黄金年代的出现，全凭生产力与消费者的购买力之间，两者同在增长上维持着一种微妙的平衡，这是一种在两次大战之间，可说完全不曾存在过的现象。工资增加的比例，必须快到使市场上始终保持活力的气象，可是却不能快到对企业的利润造成伤害。”②

因此，黄金时代与凯恩斯主义，与政府干预是密不可分的。这是资本主义发展史上最阳光、最温暖、最人道、最道德、最公平的一段时期，是一段反映了古典自由主义者提倡的有利于最大多数人的最大幸福的时期，它是资本主义历史上最接近于有限自由观——既有物质发展，又有伦理道德——的时期。

哈耶克与新自由主义

凯恩斯主义造就了资本主义的黄金年代，是否意味着资本主义有救

① ［英］艾瑞克·霍布斯鲍姆：《极端的年代：1919—1991》，郑明萱译，中信出版社 2014 年，第 337 页。

② ［英］艾瑞克·霍布斯鲍姆：《极端的年代：1919—1991》，郑明萱译，中信出版社 2014 年，第 358—359 页。

了呢？不能这样说。要说清这个问题，还得从凯恩斯的理论入手。

凯恩斯看到，资本主义危机及失业源于需求不足。可需求不足的原因又是什么呢？对此，马克思已经说得非常清楚，是由于资本主义资本积累的一般规律在起作用，即与资本积累同时发生的贫困积累，正是这种贫困积累导致需求不足。这是资本主义社会的核心问题。然而，凯恩斯并没有去关注这个核心问题，更没有去解决这个核心问题，而是试图避开这个核心问题去解决需求不足的问题。凯恩斯的药方就是通过政府公共投资去增加社会总需求。凯恩斯的药方当然有助于缓解需求不足，但是他的理论在实践中也存在明显弱点。第一个弱点是：由于他避开了资本主义社会资本积累导致需求不足的核心问题，因此他的药方只能是治标不能治本，不能从根本上解决资本主义需求不足的问题。正是从这个意义上说，凯恩斯主义也被称为“中间道路”。第二个弱点是：由于他的药方不能治本，因此资本主义需求不足的问题会不断产生和发展，从而需要不断增加公共投资，这就势必会无止境地扩大财政赤字和主权债务，这总有一天会达到临界点而不可持续，使需求不足的问题再次显现出来。

实际上，黄金年代固然大大缓解了资本主义的固有矛盾，但却没有从根本上解决它。因此，经过 20 多年的高速发展，在黄金年代后期，凯恩斯主义已经呈现出疲态，政府债务增加，需求不足再次凸显出来，资本主义世界平均利润率已经很低，凯恩斯主义已经难以掩盖资本主义资本积累的固有矛盾。

恰在此时，1973 年 10 月第四次阿以战争爆发。阿拉伯产油国为了报复美国及西方国家对以色列的支持，采取了石油禁运政策，使得国际石油价格狂涨，导致了著名的石油危机。本来在 20 世纪 60 年代后期，凯恩斯主义的治标之策已经逐渐失效，资本主义世界经济已经是强弩之末，趋于停滞，而石油危机的结果又导致强烈的通货膨胀突然降临，因而产生了著名的“滞胀”现象。提倡积极财政政策的凯恩斯主义在

“滞胀”面前显得束手无策。

如何摆脱“滞胀”的困境？西方世界想到了哈耶克，或者说哈耶克的机会终于来了。也许更准确地说，是西方资本集团等来了一个利用哈耶克主义反击凯恩斯主义的历史性机会。

哈耶克，出生于奥地利的英国经济学家。他提倡一种自由至上的政治和经济秩序。他认为任何建构都是徒劳的，只有完全建立在自由基础上的自发秩序才是现实的。在经济上，他反对政府干预，提倡放任自由的市场经济，他认为政府管理经济一定导致专制和奴役。因此，他也强烈反对凯恩斯主义政府干预。在1931—1932年间，作为反对政府干预市场的代表人物，他与凯恩斯展开了激烈的辩论。然而，在1930—1940年间，以及后来的黄金时代，历史眷顾凯恩斯，凯恩斯主义成为当时资本主义世界的主流经济学，如日中天。在这一历史时代中，哈耶克只能在凯恩斯的阴影下寂寞前行，孤独地研究其自由秩序理论。

1973年石油危机后的“滞胀”，使得整个资本主义世界都在寻找克服“滞胀”的办法，这给哈耶克主义带来了机会。其实所谓克服“滞胀”，实质就是寻找为“滞胀”危机承担成本的人。任何经济危机的克服，都要有人来承担危机的成本。在凯恩斯主义背景下，一个相对强势的政府施行优厚薪金、全面就业以及福利国家三项特色政策，对劳工阶层提供了较多的保护，危机的成本不容易让劳工阶层来承担。如果政府放弃对市场的干预，实行放任自由的市场经济，劳工阶层就会失去政府的保护，资本集团就完全可能让劳工阶层承担危机的成本。哈耶克提倡的自由秩序，正好反对政府干预市场，是资本集团转嫁危机成本的理想理论工具。

1974年，哈耶克获得诺贝尔经济学奖，标志着反对政府干预、提倡放任自由的市场经济的新自由主义，借助哈耶克的理论开始反攻。1979年撒切尔夫人当选英国首相，1981年里根当选美国总统，这两个人都欣赏哈耶克的理论，标志着新自由主义正式主导英、美政府政策。

此后新自由主义一直是西方，特别是美国经济学及其国家经济政策的主流理论，一直到2007年次贷危机爆发。

新自由主义的最大特色就是“主张极端自由主义”，“笃信绝对自由的市场制度”（艾瑞克·霍布斯鲍姆语），反对政府干预经济活动。由于资本及其代理人即资本家最喜爱自由，新自由主义为“滞胀”危机找到了成本的承担者即劳工阶层，从而为资本转嫁危机并实现更大积累扫清障碍。正如米歇尔·波德说：“这也对为了帮助企业重新恢复利润率的劳动者造成了急迫的压力：通货膨胀、失业成为一种手段（这些手段并非所实施的政策失败的迹象，而是这种政策的特征）；还有一些手段是限制工资增长的多重努力，并且以更普遍的方式，质疑或限制劳动者已经获得的东西：社会保险、公共服务、国有化的部门、罢工的权利和组织工会的权利等，这在撒切尔夫人担任首相时的英国和德斯坦担任总统时的法国尤甚；更加深层次地，还有老板们为了分裂劳动者阶层所做的不懈努力，或者伴随着不稳定的雇佣形式的发展（固定期限劳动合同、临时雇佣、半工、代职工作、分包工、在家劳动），或是通过指责可被认为是‘一致获得’的那些东西（最低工资、四十小时标准工作周、受保失业津贴……）。通过上面这些手段，企业收入占国民附加值的份额的缩减逐渐地被遏止了；表现最好的那些企业的更好的盈利条件得以重建。”①

艾瑞克·霍布斯鲍姆也明晰地指出：“这场危机二十年（指1973年后的20年——引者注）的历史悲剧，即在于生产线上抛弃人工的速度，远超过市场经济为他们制造新工作的速度。更有甚者，这个过程，在全球愈演愈烈的竞争，在政府（政府也直接或间接是最大的单一雇主）肩上日重的财政负担等因素作用之下越发加速。更严重的是，1980年后，更被当时那一批仍占上风的自由市场神学不断施压，要求将工作机

① ［法］波德：《资本主义的历史：从1500年到2010年》，郑方磊、任轶译，上海辞书出版社2011年，第275—276页。

会，转移为以追求最大利润为目标的企业经营形式；其中尤以将就业市场转往私营公司一事，造成影响最大。这些以营利为目的的集团，除了自己的金钱利益，当然天生就对其他一律不感兴趣。大势所趋之下，意味着政府及其他公营事业单位，不再扮演着一度被称为‘最后可以投靠的雇主’角色。而行业工会的力量，在经济不景气中及新自由主义政府的敌视之下，也日渐衰落，越发促成人工淘汰趋势的演变，因为会员工作的保障，一向是工会最宝贵的任务之一。总之，世界经济在不断扩张，可是扩张之中，原本可以为劳动力市场上缺乏特定条件的男女自动制造工作的机制，此时的运转却显然失灵了。”“凡是资本主义在战前世界最为人指责的缺陷，如‘贫困、大量失业、混乱、不稳定’等，本来在黄金时期已被扫除长达一代时间，1973 年后却开始重现。”“总而言之，挥舞绝对个人自由大旗的旗手们，面对着无限制市场资本主义社会的种种不公不义，却能视若无睹（如 80 年代绝大多数时间里的巴西），甚至当这样一种制度无法对经济增长做出贡献时，依然不改其坚持的主张。”①

概括地说，倡导放任自由的市场经济的新自由主义，以牺牲劳工阶层利益为代价，为资本积累和两极分化疏通了航道。市场一旦放任自由，就恢复了其“千手”恶魔的真面目。如果说，凯恩斯主义在一定程度上关心人的生存状态，因而其政策缓解了资本主义固有的矛盾；那么新自由主义则只关心利润，它不但没有缓解，反而进一步刺激了马克思曾经尖锐指出的资本主义固有的矛盾，造成更大程度的社会不平等和两极分化。后来的历史演进恰恰证明了这一点。

在《新自由主义害了世界经济 30 年》（见本章后的延伸阅读）一文中，张锋先生对新自由主义危害世界的情况做了高度概括。

---

① ［英］艾瑞克·霍布斯鲍姆：《极端的年代：1919—1991》，郑明萱译，中信出版社 2014 年，第 513、502、508 页。

两极分化的社会

在本章第 1 节曾经谈到，两极分化是当代资本主义危机的总表象。之所以这样说，首先是因为不理解两极分化，就不能全面理解当代资本主义的种种危机；后文将分析两极分化这个总表象是如何导致当代资本主义的种种危机的。其次，之所以说两极分化是资本主义危机的总表象而不是总根源，是因为在这个总表象后面有一个让资本积累放任自由的总根源；在本章的前面几节，已经对此进行了剖析。在此需要指出的是，迄今为止，资本主义社会的一切危机，包括 2007 年的次贷危机，都没有超越马克思对资本主义运行规律的深刻分析。

近些年来，凡是谈论西方危机的著作，都无法回避两极分化的问题。实际上，两极分化恰恰是分析西方危机或衰落的关键点。

现在让我们来看一看，美国在 1973 年以后新自由主义实施反攻以来两极分化达到怎样的程度。

诺贝尔经济学奖获得者约瑟夫·E. 斯蒂格利茨在《不平等的代价》一书中分析了美国社会两极分化的情况：

> 最上层的那 1%人群却设法占有了国民收入的巨大比例——超过了 1/5。
>
> 大约 30 年前，收入者中最上层的 1%群体只得到全国收入的 12%。
>
> 美国社会最上层的 0.1%的家庭所拥有的收入是社会底层 90%家庭平均收入的 220 倍。
>
> 最富有的 1%人群拥有的财富超过国家财富的 1/3。
>
> (美国中产阶级) 在金融危机爆发前的 30 年里，他们的收入几乎没有变化。实际上，一个典型的全职男工的收入在过去 1/3 世纪里是停滞不前的。

到了2007年，最上层1%群体的平均税后收入达到了130万美元，而最底层20%群体的平均税后收入却只有17800美元。

在过去的30年里，低工资人群（底层的90%群体）的工资只涨了大约15%，而上层的1%群体的工资却涨了差不多150%，最上层的0.1%群体的工资涨了300%还要多。

还有大量的美国人至少一个月有一次是空着肚子上床睡觉的，不是因为他们在节食，而是因为他们吃不起。

1980年时美国的基尼系数刚刚触及0.4，今天已达到0.47了。①

另一位诺贝尔经济学奖获得者保罗·克鲁格曼，对美国社会两极分化的情况，也做出了独到的描述：

（在美国）普通工人每小时创造的价值，即使在经过通货膨胀调整之后，也比1973年提高了将近50%。但收入日益集中到一小部分人手中，其速度之快使我们怀疑，或许普通美国人从未从生产率的提高中获得一丝一毫的好处。

我们甚至于在争论普通美国人有没有获得改善，这件事本身就足以告诉读者大部分真相了。

依据通货膨胀调整之后，家庭中值收入从1973年至2005年有轻度增长；2005年是目前有据可查的最后一年，总增幅约为16%。（笔者按：需要注意的是，这样轻微的增幅，还是在许多美国妇女走出家庭、参与社会工作的情况下取得的。也就是说，这一增长是通过延长工作时间取得的，而实际工资很可能是下降的。）

现有资料显示，单靠一名男子来养家糊口变得更困难了，因为

---

① ［美］约瑟夫·E. 斯蒂格利茨：《不平等的代价》，张子源译，机械工业出版社2013年，第3、5、3、3、4、5、8、15、21页。

经过通货膨胀调整后，全职工作男性的中值收入在 2005 年要略低于 1973 年。

考察 35—44 岁男性的收入，我们发现，他们按通货膨胀调整后的工资在 1973 年要比在今天高 12%。

在 20 世纪 70 年代之后过得比第二次世界大战后一代人好的人，就只有最富的 1%了。而再往上走，收入增长率就高得离谱了——0.1%最富者的收入增长了 4 倍，而 0.01%的最富美国人要比 1973 年时富裕 7 倍。

CEO 的收入却大涨，在 1970 年只相当于一般工人的 30 倍左右，现在已经超过 300 倍。①

法国经济学家托马斯·皮凯蒂的《21 世纪资本论》，是研究不平等问题的最新专著。他是这样描述美国的不平等问题的：

自 1980 年以来，美国的收入不平等就开始快速扩大。前 10%人群的收入比重从 20 世纪 70 年代的 30%—35%，上涨到 21 世纪伊始的 45%—50%——上升了 15 个百分点。

更引人注目的是，2010 年的水平（前 10%人群收入占国民收入的比重已超过 46%，当然这剔除了资本收益）已经明显高于 2007 年金融危机爆发前夕的水平了，而且 2011—2012 年的早期数据显示，这种增长仍在持续。

至关重要的一点是：事实清晰地表明，不能指望金融危机来结束美国不平等的结构性扩大。

截至 2010 年，前 10%人群的财富比重超过了 70%，前 1%人群的财富比重接近 35%。（笔者按：美国的财富不平等 1979 年达到 20

① ［美］保罗·克鲁格曼：《一个自由主义者的良知》，刘波译，中信出版社 2012 年，第 137、139、139、140、140、142、148 页。

世纪最低水平，此后开始上升。)①

此外，另外两个资料也很有必要在此引用一下，它们反映出美国在金融危机后两极分化状况还在迅速扩大，因此具有指标性意义。

2014 年 9 月 18 日，《人民日报》发表文章《美国：经济复苏没给穷人带来好处》，其中披露："2013 年，美国家庭收入的中位数，也就是典型的美国家庭的年收入为 5. 1939 万美元，比 2007 年低大约 8%。"

2014 年 9 月 22 日，《参考消息》发表文章《"美国梦"出了什么问题》，其中谈道，"最富有的 10% 的美国人获取了经济复苏成果的 149%"。也就是说，处于下层的 90%的美国人，不但没有享受到任何复苏成果，反而使其原有财富缩水了相当于复苏成果的 49%。

上面引用的资料，有三点值得特别关注。

其一，20 世纪 70 年代以来，美国中产阶级的实际收入处于停滞甚至下降状态。这一点对理解美国危机非常重要，后文会对此展开全面分析。

其二，2008 年金融危机后，美国两极分化还在急速加剧。这说明美国危机或衰落的结构性根源并没有消除。这与我们对两极分化的根源的认识是一致的。当前美国经济所谓的复苏，只是量化宽松后引起的一点泡沫而已，并不存在真正的复苏。

其三，美国的两极分化在 1980 年以后急剧扩大。这是为什么呢？这与里根总统 1981 年上台后推行新自由主义难道只是时间上的巧合吗？需要强调的是，两极分化是资本主义生产方式的必然结果，资本家在追求自身利益最大化的同时，一定会导致劳动阶层的贫困化。皮凯蒂也认为资本主义的自由市场机制是催生其不平等的根源。本来，政府可以采取措施对市场进行"驯化和协调"，以缓解这种不平等，就像黄金年代

① ［法］托马斯·皮凯蒂：《21 世纪资本论》，巴曙松、陈剑、余江、周大昕、李清彬、汤铎铎等译，中信出版社 2014 年，第 300、301、301、358 页。

那样，虽然这无法从根本上消灭不平等。1981 年里根总统上台后，美国采用新自由主义主张，对市场实行放任自由的不干预政策，放弃对市场的“驯化和协调”，结果使市场原形毕露，两极分化毫无阻碍地迅速扩大。也就是说，市场越自由，两极分化就越严重。保罗·克鲁格曼和约瑟夫·E. 斯蒂格利茨两位学者，都把两极分化的原因归结为政治制度，笔者认为这是错误的：他们都把直接的表层近因当作深层的根本原因了。政治制度就像水龙头的闸门，它可以通过开合调节水量，但它却无法改变水的源流。只有清晰地辨明这个关系，才能准确地分析西方危机的真正根源。正如英国学者比伦特·格卡伊和瓦西里斯·福斯卡斯所说：“资本主义作为经济体系所能做的最有效的事情，特别是在任其发展时，是制造和加剧社会和政治的不平等。”[①] 这说明，市场越是放任自由，就越有利于资本积累，就越会加速普通劳工阶层的贫困化。因为放任自由的市场，就是资本独占的市场。

金融化：美国衰落的转折点

金融化实际上是新自由主义导致 2008 年金融危机的重要中间环节，所以，我们有必要弄清金融化的来龙去脉。

首先，要区别两个重要概念：金融资本和金融性资本。所谓金融资本，就是在金融部门（如银行）与产业部门之间循环的资本。而金融性资本是指在金融部门之间循环的资本，如在股市、债市、期货市场、衍生品市场、外汇市场、抵押市场中进行资产交易的资本。金融资本是通过使用价值的生产来获取利润，金融性资本则通过对金融资产的炒作获取利润。因此金融性资本的一个重要特征是其本身不产生使用价值，极易刺激虚假需求，从而制造经济泡沫。

① ［英］比伦特·格卡伊、［英］瓦西里斯·福斯卡斯：《美国的衰落》，贾海译，新华出版社 2013 年，第 96 页。

所谓金融化，就是经济重心从生产向金融的转移，或者说是金融性资本比重逐步扩大的趋势，也可以说是金融市场的重要性不断提升的趋势。

金融化的本质是资本积累方式的转变。我们知道，资本的唯一目的就是实现利润最大化。在整个资本主义发展史上，由于自然、社会、经济条件的变化，资本实现利润最大化的方式也在不停地调整。因此，要弄清美国金融化的发展，就要深入到美国的社会经济环境中去，方能准确梳理其逻辑脉络。

一方面，在20世纪60年代后期，凯恩斯主义已成强弩之末，美国经济增长率下降，平均利润率大幅度降低，劳工阶级的实际可支配收入开始下降；1974年后的严重滞胀，使凯恩斯主义束手无策，新自由主义理论开始抬头；1981年以里根总统当选为标志，新自由主义在美国政治经济生活中确立了主导地位；此后，美国贫富差距急剧扩大，中产阶级购买力严重萎缩。自整个70年代的长期经济不稳定时期以来，“包括1971年的衰退，1973—1975年更糟糕更持久的衰退，1979—1980年恶性通货膨胀，紧随其后的1981—1982年的严重衰退”[①]，本来已经耗尽了美国中产阶级的购买力，新自由主义的实施更是雪上加霜，进一步降低了中产阶级购买力。资本通过生产和制造进行积累的传统模式已经难以为继，因此迫切需要寻找新的资本积累方式。

另一方面，1971年美国关闭黄金窗口，意味着汇率市场的正式形成。美国国会在1980年通过了《存款机构解除管制与货币控制法案》，在1982年又通过了《加恩-圣杰曼储蓄机构法案》，逐渐解除了对利率的限制和对金融机构的监管。更有甚者，1999年美国废除了1933年大萧条后实施的《格拉斯·斯蒂格尔法》，该法是为防止大萧条重演而制定的，它规定银行只能从事存贷业务，严禁从事股权投资，以保护存款人利益。通过对这些管制措施的逐一撤除，一个放任自由的金融市场就

① ［英］比化特·格卡伊、［英］瓦西里斯·福斯卡斯：《美国的衰落》，贾海译，新华出版社2013年，第66页。

逐步成形了。

上述两个方面说明，新自由主义一方面造成中产阶级消费能力停滞甚至下降，从而使资本积累“从生产向金融的转移”即金融化成为必要；同时，新自由主义提倡放任自由的市场，于是政府逐步撤除对金融行业的管制，使金融化成为可能。在 20 世纪 80 年代中期，当这两个条件都具备以后，金融化就畅通无阻了。

根据有关资料，美国金融企业的税前利润在全美企业税前利润中的比重，从 1985 年左右的 12%，急剧提高到 2007 年左右的 37%。

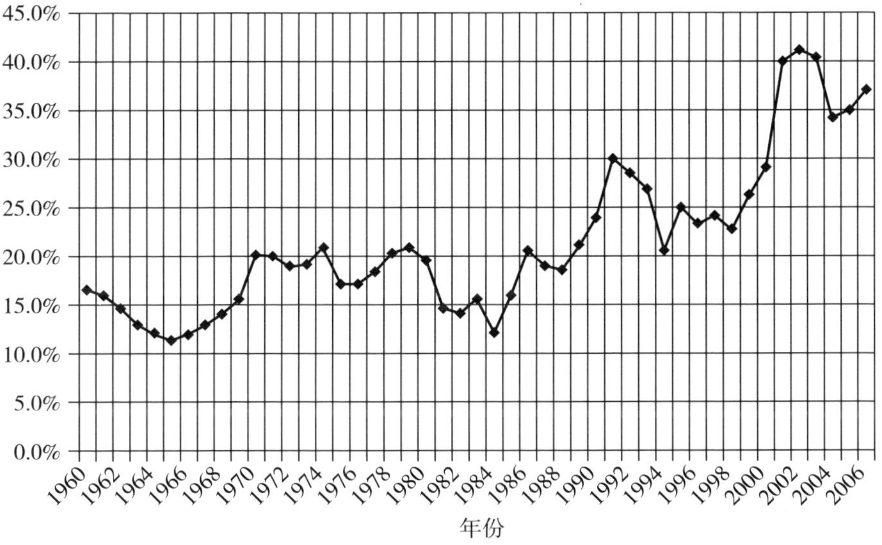

数据说明：表中的利润是税前利润，并考虑了存货估值和资本消耗调整值。

数据来源：美国经济分析局，2008。

图 1　美国金融企业利润占全美企业利润总额的比重①

这里需要再次强调，市场一旦放任自由就会无恶不作。金融化一旦失去监管，其很多只“看不见的手”就开始作恶，就会突破了伦理道

① 转自［美］大卫·科茨：《金融化与新自由主义》，孙来斌、李铁译，《国外理论动态》2011 年第 11 期。

德的制约。要注意的是，金融化的受益者是美国社会上层的极少数人。正如托马斯·皮凯蒂指出的，“美国新时代的不平等更大程度上归因于超级经理人而非超级巨星的涌现……金融行业（包括银行和其他金融机构的经理人以及金融市场上的交易员）从业者在超高收入群体中的比例是整个经济群体中的两倍”[①]。这说明，金融化又进一步推动了中产阶级的贫困化。管恩琦与刘海军在《美国的寡头集团与政治腐败》一文中描述了金融高管人员的收入状况：“2006 年，3 个从事投资活动的经理，每人带回家的钱都超过 10 亿美元。这样，首席执行官平均 1000 万美元的收入与他们相比，就简直是小巫见大巫了。3 个经理的收入加在一起是 44 亿美元……25 个顶端期货交易经理 2006 年总共收入 140 亿美元，比约旦或乌拉圭的国内生产总值还高。更令人吃惊的是，2007 年，投资公司经理的收入更加漂亮：25 个顶端人物的总收入从 140 亿美元，一跃而升为 220 亿美元，最高的前 5 位每位拿回家的工资都超过 10 亿美元。”[②]

从一定意义上说，美国经济的金融化使美国成为依赖泡沫生存的国家，从而走向了不归路。美国金融化发展以后，总是需要一个新的泡沫去掩盖一个旧的、难以持续的泡沫，使国民经济处于一个不断恶化的“庞氏骗局”之中。20 世纪 90 年代是网络泡沫，21 世纪初是房地产泡沫；2008 年金融危机以后，又依靠多轮量化宽松制造新的泡沫。所以笔者认为，美国此次所谓经济复苏，实际上多半是虚假的，就是一点泡沫而已。

美元霸权也是一个大泡沫，美国到处惹是生非就是要维持这个大泡沫。美元霸权这个泡沫何时刺穿，或许美国的衰落就走到尽头了。由于国际大环境的变化，特别是中国崛起的影响，美国制造泡沫的能力越来

---

① ［法］托马斯·皮凯蒂：《21 世纪资本论》，巴曙松、陈剑、余江、周大昕、李清彬、汤铎铎译，中信出版社 2014 年，第 309 页。

② 管恩琦、刘海军：《美国的寡头集团与政治腐败》，《理论月刊》2013 年 1 期。

越力不从心，越来越不能随心所欲。从 2016 年美元升息要看中国经济的情况来判断，美元泡沫似乎已经很难再吹得更大了。因此，美元霸权的“剪羊毛”现象，这次严重遇阻。我们不妨大胆地预测，当美国无力制造一个新泡沫以缓解旧泡沫危机时，美国政经体制将开始走向崩溃。

金融化的发展：从过度消费到危机爆发

作为金融化重要形式的负债消费，是在资本主义发展过程中逐步发展起来的。“十九世纪中后期的技术革新，使美国的社会生产力大大提高，一些耐用品往往需要普通家庭很长时间的储蓄才能购买，于是一些工厂设计出分期付款的销售方法。分期付款的销售方式最早出现在农业设备的销售中，随后扩展到缝纫机、家具、钢琴等产品的销售和消费领域，成为主要与穷人、女性以及新移民家庭相联系的信贷活动。直到汽车信贷的兴起，负债消费的消费模式逐渐普及，成为社会普遍认可的消费行为。”①

在一定范围内，负债消费扩大了消费规模，促进了生产的发展和经济的增长。然而负债消费是有极限的，负债消费意味着“典当”未来的劳动，而未来的劳动具有不确定性，因此它是有风险的，也不可能无限扩大。1980 年以后，新自由主义却把负债消费推向极端直至危机爆发。

正如上节所述，金融化进一步加剧了贫富两极分化。负债消费就是金融化的具体形式之一。设想一下，在一个两极分化严重的社会，以中产阶级为代表的普通民众由于收入增长停滞甚至下降，其消费能力已经难以拉动生产的发展，国家经济增长也趋于停滞，而同时资本家手中却有大量资金难以进入生产领域以实现增值。如何解决这个难题呢？负债

---

① 周玲玲：《美国的负债消费与金融危机》，《长春师范学院报》（人文社会科学版）2011 年第 2 期。

消费成为必然选择。只要以中产阶级为代表的普通民众开始增加消费，生产就能增加，资本就能增值，政府所需要的经济增长就能实现。一切自然集中在民众的消费增长上。可是，民众没有支付能力怎么办？让民众负债消费，就成为不二选择。这样，美国资本家就把资本积累的希望投向了民众的负债。显然，这是一个不可持续的过程。

在负债消费风潮的推动下，美国家庭负债占可支配收入的比重迅速上升，从 1999 年的 90%上升到 2007 年的 130%。这种高比例的消费贷款成为资本增值的新途径，其结果是民众进一步贫困化，因此消费贷款也不妨被称为是一种“掠夺性贷款”。不断扩大的负债消费是资本集团和政府强力推动的结果。在负债消费的各种商品和服务中，住房是最大宗商品，对经济增长也最具拉动作用。因此，住房贷款成为资本集团和政府推动负债消费的重点。2006 年，美国住房抵押贷款占家庭总债务的 76%。[①]

为了有效利用住房抵押贷款对经济的拉动作用和资本增值的功能，美国政府和资本集团可谓使出浑身解数，挖空心思，吃干榨尽。

在政府层面，积极推动自有住宅计划，努力号召普通民众拥有自己的住房；降低首付款和贷款发放标准；推出各种利息抵税补贴政策；美联储实施低利率政策，以推动房价上升；为房利美和房地美背书，推动抵押支持债务流通，实现抵押贷款证券化。

有了政府的背书和兜底，住房贷款机构发放住房贷款的风险大为降低，于是次级住房贷款可以畅通无阻了，一场房地产泡沫狂欢盛宴即将登场。住房贷款机构可以以极低首付给任何偿债能力不足的家庭发放住房贷款，甚至还可以随着房价上涨发放房屋净值贷款。各种贷款组合和住房贷款金融衍生产品纷纷被创造出来，有毒资产向全国甚至全球漫延。整个住房贷款金融链条如同一个“庞氏骗局”。

---

① 周玲玲：《美国的负债消费与金融危机》，《长春师范学院报》（人文社会科学版）2011 年第 2 期。

在整个克林顿总统和小布什总统任期，都把住房作为拉动经济的主力。尤其是在小布什总统任期，随着网络泡沫的破灭，房地产业更是其经济增长的关键动力。这个时期，美联储把联邦基金利率下调至1%的几乎免费水平。与此同时，次贷规模急剧膨胀，在2002—2007年住房市场大发展时期，每年抵押贷款总额超过3万亿美元，整个期间的抵押贷款总额将近20万亿美元。①

在这样的以负债消费为基础的经济泡沫中，中低收入家庭的偿债能力被推到极限，消费和支付能力之间的张力面临崩断，住房贷款庞氏骗局面临破灭。当美联储在2004年推动利率上升周期时，次级贷款的偿债能力就逐步出现危机，债务违约随着利率升高而不断增加，直至2007年出现大规模的次贷危机。后面的情况我们都知道了，局面回到本章开头，美国的各种危机逐一发生。目前，美国经济虽有所恢复，但是，美国的社会矛盾和危机的根源一个也没有消除。

美国的资本专制

如前所述，既然新自由主义只有利于资本积累，损害绝大多数美国人的利益，并最终导致美国的危机和衰退，那么它为什么能够几十年来长期存在并取得主导地位呢？为什么不能及时改变新自由主义的有害政策呢？这就要讨论一下美国资本专制问题。美国从表面上看是一个民主国家，但实质上是一个资本专制的社会。丁进先生敏锐地指出，美国实际上是“小政府，大资本”。②

近些年，揭示美国资本专制的资料越来越多，美国人自己也有很多这方面的论述，不断揭露美国社会是如何从“一人一票”逐步演变为

① ［美］戴维·斯托克曼：《资本主义大变形》，张建敏译，中信出版社2014年，第388页。

② 丁进：《美国是“小政府，大资本”》，《环球时报》2013年10月10日。

“一美元一票”的。如保罗·克鲁格曼的《一个自由主义者的良知》、约瑟夫·E. 斯蒂格利茨的《不平等的代价》、戴维·斯托克曼的《资本主义大变形》等，他们不断申明，美国的民主处于危机之中。戴维·斯托克曼更是在《资本主义大变形》一书的扉页上直接道明：“美国，特别是作为央行的美联储已经被权贵资本主义势力彻底占领了。”①

这就从政治层面解释了为什么 30 多年来美国的财富会集中于 1%的人手中，而中产阶级的收入停滞甚至下降。这个逻辑是这样的：放任自由的市场产生两极分化，而资本专制的政治体系又为放任自由的市场提供了辩护和保护，经济和政治体制都在自由这一最高价值的名义下被资本集团绑架了。

为了进一步搞清楚美国资本专制的机理，我们必须对实现资本专制的种种手段进行分析。总的来看，大概有如下几种。

一是培植代理人。更多的时候，资本集团本身只能在背后运作，把代理人推向前台。这些代理人，在不同战位上相互配合，最终取得战役胜利。

资本集团的代理人不局限于政界，还有媒体精英、知名教授、顶尖智囊等。例如，美国外交协会就是一个由资本集团组建、资助并由资本集团代理人组成的精英组织。

资本集团不但大力寻找个人代理人，如今连共和党都已经成为资本集团的代理党了。共和党起初是代表自由劳工的利益，但到了 19 世纪 70 年代，它已毫无疑问地代表大公司和富人的利益。如今，共和党代表大资本集团的利益，这是国际政治中的常识。通过 100 多年的“调教”，通过一整套内部运行机制，资本集团已经使共和党完全听命于自己。保罗·克鲁格曼称此为“大阴谋”：

---

① ［美］戴维·斯托克曼：《资本主义大变形》，中信出版社 2014 年，扉页。

> 保守主义运动牢牢把持共和党的本质，可以一言以蔽之：弗吉尼亚有个右翼的大阴谋。也就是说，有一组环环相扣的机构，其最高指挥者是一小群人，他们奖赏忠诚人士，惩罚异己分子。这些机构向顺服的政客提供胜选所需的资源。他们若是失败，还可得到避风港，而在离职之后，还有收入丰厚的工作机会。他们确保遵行党派路线的政客得到正面的新闻报道，并骚扰、毁谤反对者。他们还维持一支党与活动者大军，随时可以投入使用。[①]

他们这样做，无非就是让共和党完全地、彻底地代表资本集团的利益。实际上，他们也确实做到了。共和党执政时，总会提出有利于资本集团的减税、削减福利、放松管制等措施。甚至连战争都成了共和党的专利，最近的三场大规模战争——海湾战争、阿富汗战争、伊拉克战争都是由共和党执政时发动的。

最新的一个例子是奥巴马总统推行医保改革。作为世界最发达国家之一，美国却有5000万人没有医保。近一个世纪来，几乎每个民主党总统都想推进这项改革，却都没有成功。奥巴马总统在金融危机后上台，于是推出医保法案，但共和党人就是不买账，因为这项法案有损保险、制药公司和医师协会的利益。医保法案通过后，共和党议员几次扬言要推翻法案。2014年11月21日，美国众议院议长、共和党人博纳竟向法院起诉奥巴马总统，由此看来围绕医保法案的斗争远未结束。北京大学教授李玲的文章《从医改看美国意识形态和特殊利益集团》[②]，揭露了美国共和党是如何死心塌地地为美国利益集团服务而丝毫不顾普通大众的疾苦。

---

① ［美］保罗·克鲁格曼：《一个自由主义者的良知》，刘波译，中信出版社2012年，第177页。

② 玛雅主编：《美国的逻辑——意识形态与内政外交》，中国经济出版社2011年，第71—78页。

二是政治捐款。在美国，不管是总统选举还是议员选举，都要耗费大量金钱。2004 年大选，小布什花费 3.67 亿美元，对手克里花费 3.28 亿美元。2008 年大选，奥巴马募捐高达 7 亿美元。2006 年的国会选举，众议院当选议员平均花费 125 万美元。

谁花钱多谁当选，这是美国选举的黄金法则。“在加州 2002—2004 年的选举中，95%的当选者都是本选区花钱最多的候选人，4%的当选者是本选区花钱第二多的候选人，有 1%的当选者是本选区花钱第三多的候选人。”①

这样，政治捐款的多少就基本上决定了当选的可能性大小。有钱人找到了一种轻易控制政治的手段，只要你愿意花钱即可。事实上，“巨额捐款来自小小的‘捐款阶层’，其占全国人口 1%左右，但其捐款数量约占竞选用款的 80%之多……因此，竞选捐款以寡头可以影响公共政策为手段而构成了可行机制，不管其民主制度是否坚实……巨额捐款人拥有以较早拒绝或始终资助的手段使不友好候选人沮丧或窒息的实力”②。

研究表明，虽然美国选举看上去是一人一票，实质上却是“一美元一票”，美国中产阶级对选举基本没有影响力。

三是政治游说。资本寡头利用自己的财富优势成立游说机构或雇用专业游说公司，以影响国会和政府的决策，使之有利于自身利益。截至 2008 年，美国有注册说客 15138 人，从业人员将近 4 万人，游说公司 13000 家，游说总支出 32.4 亿美元，大大超过大选费用，号称华盛顿第一大产业。

四是控制舆论。舆论是实现资本专制的关键环节，任何重大的政治经济活动都离不开舆论的配合和支持。资本极其善于向舆论渗透，并努力控制舆论。

---

① 玛雅主编:《美国的逻辑——意识形态与内政外交》，中国经济出版社 2011 年，第 60 页。

② 管恩琦、刘海军:《美国的寡头集团和政治腐败》,《全球视野》2013 年第 1 期。

资本控制舆论的途径主要是通过控制媒体和智库来实现的。资本集团往往都会成立各种基金会，然后通过基金会资助的方式来控制媒体和智库。保罗·克鲁格曼在《一个自由主义者的良知》一书中指出，在智库领域，保守主义控制了美国企业研究所、卡托研究所、遗产基金会等大名鼎鼎的机构，同时也控制了《华尔街日报》《国家评论》《公共利益》《美国旁观者》等知名媒体。这些智库和媒体把一批知识分子纳入麾下。这些智库和媒体只发布迎合预设观点的研究结论。[①]

掌握了舆论控制权的利益集团，可以轻而易举地按照自己的利益来制造舆论，诱导大众相信他们的观点。**这是导致民主机制失灵的关键一步**。他们制造舆论的手法很多。例如欺骗，小布什就曾欺骗大众说，伊拉克制造了大规模杀伤性武器，结果70%的人支持伊拉克战争；再如混淆是非，资本集团经常宣传降低税率能够增加税收、提高最低工资标准会增加失业等观点，事实上这些观点根本经不起严格推敲，但它毫无疑问有利于资本集团；还有就是转移焦点，资本集团往往利用一些情绪化的议题来转移大众的注意力，比如种族问题、堕胎问题、安全问题、枪支管理问题等，使得大众不去关注社会不平等和社会阶层分化这样的重大问题。

2014年9月，美国《时代》周刊发表一篇题为《即将来临的种族战争与种族无关》的文章，其中说道：

> 美国贫困人口达到5000万。如果将他们组织起来，旨在推动实现他们共同的经济目标，这5000万人可以成为一个实力强大的集团。因此，对于最富有的1%人口而言，保持穷人的分裂状态是至关重要的，方法就是用移民、堕胎和枪支管控等容易令人激动的话题转移他们的注意力，这样他们就永远不会停下来去想，为什么

---

① ［美］保罗·克鲁格曼：《一个自由主义者的良知》，刘波译，中信出版社2012年，第125—130页。

他们上了这么久的当。

离间这5000万人的方法之一是虚报信息。政论真相网站最近发布的关于广播网络新闻的统计数据宣称，在福克斯新闻频道，60%的报道都是假的。在全国广播公司（NBC）和微软-全国广播网（MSNBC），46%的报道被认为是虚假的。

在一个民主国家，如果受众的新闻来源是受到破坏的，他们如何能够做出合理的选择？他们不能，而这恰恰就是1%控制99%的方法。

白宫前国家安全事务副助理本·罗兹，不小心泄露了美国舆论界的一些秘密，让我们窥见美国政府和资本是如何“导演”美国舆论的。为此，江宁先生在2016年5月11日的《环球时报》上发表评论文章《白宫新闻“编剧”扯破了美媒外衣》，文中说：

被称为奥巴马“文胆”的白宫国家安全事务副助理本·罗兹（Ben Rhodes）几天前的一篇专访，昨天“惹火”了美国各大媒体。

访谈说，从去年春天起，一群相关的专家开始就伊核协议问题在各大智囊及社交媒体现身说法，成为各大媒体的信息来源，而媒体其实不知道，这些专家都是罗兹及其团队精心策划的。罗兹毫不掩饰对美国传媒的轻蔑，“他们要求我们向他们解释莫斯科和开罗正在发生什么事情，大部分新闻公司都是从华盛顿报道世界大事……这些记者真的一无所知”。

罗兹的直言不讳，道出了两点事实：第一，媒体趋之若鹜的“重大新闻”，只不过是白宫精心编制的“剧本”，而他本人就是“编剧”；第二，媒体对“莫斯科和开罗”那些言之凿凿的报道，并非发自红场或解放广场，而是华盛顿。

……

但是，这显然还不是最关键的问题。在西方国家，政治集团、利益集团对媒体的态度是，“它们只要不来骚扰我们，怎么都行”。为了保护并增值手中的资本，资本家必然要运用资本赋予的舆论权力，自觉维护其赖以生存的资本主义制度。由于西方媒体基本都隶属于各大财团，当资本舞弄指挥棒时，白宫都得屏气凝神，媒体自然更要收起自己的“桀骜不驯”，“毕恭毕敬”地听命于前。这是西方媒体必须遵从的现实逻辑。与之相比，被白宫摆布，简直就是小巫见大巫。一个月前，当被称为2.0版“占领华尔街”的“民主之春”运动直指金钱政治时，美国主流媒体都不约而同地视若无睹、充耳不闻，步调高度一致，足以说明问题。

罗兹本意应该不是想做“皇帝的新装”那个说真话的孩子，但是他却捎带手地撕破了西方媒体包裹在身上的“独立媒体”外衣。美国媒体在痛批罗兹的时候，不知是满怀悲愤，还是深感无趣。

正如约瑟夫·E. 斯蒂格利茨所言：“媒体成了那1%上层群体掌握了话语权的王国。他们有实力购买并控制那些重要的媒体，有的甚至愿意赔钱这样做：这是一种维持其经济地位的投资。”①

美国资本专制的这些手段，要是在中国，基本上都是非法的，但是在美国却是合法的，因为美国是一个“自由世界”。而这种“自由”一旦过度，就成了资本独享的“自由”。

美国政治制度的衰败

弗朗西斯·福山，这位美国政治学者，在20世纪90年代初因提出

① ［美］约瑟夫·E. 斯蒂格利茨：《不平等的代价》，张子源译，机械工业出版社2013年，116页。

历史终结论而名噪一时。2014 年，他却发表一系列文章，发出了美国政治制度衰败的哀叹。他甚至提出强政府是有效政治秩序之首的观点（这是中国发展模式的关键特征），这在美国简直可称之为叛逆。前后反差之大，实在令人深思。

福山对美国政治制度衰败原因（这正是本章所要揭示的主题）的分析，笔者不能完全认同。因为他所谓的原因，其实还是一些中间表象而已，并没有揭示出最深层的原因。他指出，美国利益集团的影响力过大以致无法推动改革，但他没有去深究美国利益集团的影响力为什么会如此之大。美国政治衰败的真正原因，或许就在这个问题后面。尽管如此，他对美国政治衰败的现实分析，还是值得我们认真关注。他在美国《国家利益》杂志上发表的《美国政治制度的衰败》（见本章后的延伸阅读）一文，是对美国资本专制现实的有力印证。

福山在《美国政治制度的衰败》中直指导致美国政治制度衰败的两个原因：其一是思维僵化；其二是地位稳固的政治行为方对改革和再平衡起到了阻碍作用，而他们的实力在不断壮大。随后，他列举出美国政治结构三大特征所存在的问题：司法和立法部门在美国政府中影响力过大；利益集团和游说团体影响力的增加扭曲了民主进程，也侵害了政府有效运作的能力；联邦政府管理结构在意识形态上的两极分化。随后，福山指出由此带来的三个问题：代议制度的危机、决策的困难和恶性均衡阻碍政府运作。最后，福山从现实和理念两个方面，指出扭转美国衰败趋势的可能性。

我们来看福山所说的两个原因。首先看思维僵化问题。自由主义把自由宗教化、绝对化，把人性看作清一色的理性自私，因此自由主义理论是静止的，是不需要与时俱进的。也只有静止的理论，才会提出“历史的终结”这种结论。这样的理论，思维岂能不僵化？思维僵化原本就是绝对自由论的重要特征。

再来看“地位稳固的政治行为方对改革和再平衡起到了阻碍作用，

而他们的实力在不断壮大”。为什么会出现“地位稳固的政治行为方”呢？福山说，“决策机制变得过于松懈——也就是说太过民主了，有太多的行为方由此得以阻止政府去调整公共政策。”也就是说，美国政治体制衰败的深层原因在于过分自由，过分强调个人权利，其结果是“这种权力下放制度代表大多数人利益的能力在不断下降，反而给利益集团和维权组织的观点提供了过多的代议权”。上一节中谈到的事例，不正是福山观点的绝佳印证吗？正是这种过分的自由，使得“利益集团和游说团体的影响力在增加，这不仅扭曲了民主进程，也侵蚀了政府有效运作的能力。但它们总起来说都代表不了至高无上的美国人民”。这说明，过分自由导致资本专制，资本专制又导致民主失效，多数人的权利背离了多数人的利益。最后，“地位稳固的政治行为方对改革和再平衡起到了阻碍作用，而他们的实力在不断壮大”。这又使得美国扭转这种政治衰败变得极其困难，“可能性微乎其微”，除非发生一场革命。福山的结论与前文的分析是完全一致的。

美国衰落的根源在于背离有限自由

至此，我们已经全面剖析了美国危机的种种表象和机理。现在，我们可以尝试回答美国衰落的根源究竟是什么的问题，同时也可以回答看似一人一票的民主机制为什么不能维护美国广大普通民众的利益的问题。

西方自由主义认为自由是自然的、绝对的，认为“人人生而自由平等”，他们赋予自由最高的、超越一切的价值地位。这意味着自由是人们最高的追求，也意味着人们追求自由永远是合理的，追求自由永远不会错。我们可以把西方自由主义称作“绝对自由观”，以与本书的“有限自由观”相区别。

为了给绝对自由论寻找依据，自由主义提出了一个理性人假设。根据该假设，人都是理性自私的。任何人始终都清楚地知道自己的需求是什么，也知道如何去实现这种需求；人的理性、认知、需求都是一个固定的常量，只要赋予其自由，人们就会很容易地依据自己的认知和理性去实现自己的需求，从而实现自己幸福生活的理想。因此，人被看成自给自足的原子个人。这样，就为自由绝对的、最高的价值地位提供了哲学解释。

美国的经济和政治制度正是以绝对自由观为前提而建立的。在美国，自由是其经济、社会和政治生活的核心理念。在美国人的思想中，自由高于一切，自由是人生最高目标，追求自由是人们天生的、不可剥夺的、最高等级的权利。所谓“自由至上”、“权利优先于善”，就是绝对自由论的不同表达。在美国，自由是超越道德的。因此，美国人一贯信不过政府，追求放任自由的市场，追求绝对自由的选举，追求绝对的言论自由。甚至可以说，哪怕所有这些自由都违背道德也毫不在乎。

在经济领域，新自由主义导致社会极大的不平等，这本身就是不道德的，然而资本集团以维护市场自由为名而对此进行辩护。美国的次贷危机是由一系列不道德行为构成的：把钱借给没有还贷能力的人，本身就是陷阱；让有政府背景的房地美和房利美担保则更不道德，因为此举免除了金融集团次贷行为的经营风险；把次贷资产证券化，使次贷有毒资产流向全球，导致次贷危机蔓延成为全球性金融危机，更是一种极端自私的欺骗行为。正是这些超越道德的绝对自由，造成了这一轮全球性经济大危机。法里德·扎卡里亚 2009 年 6 月 22 日在《新闻周刊》撰文说：“这是一场金融危机、民主危机、全球化危机，从根本上说是道德危机。”一点没错，这正是一场自由在经济和政治领域全面突破道德界限而产生的危机！

在政治领域，资本实现专制的主要手段，包括培植代理人、政治捐款、政治游说、舆论欺骗等实际上都是以牺牲他人利益为前提的，都是极不道德的，都是过度自由和背离有限自由的表现。然而，这些在美国却都是合法的，因为美国的法律就是按照绝对自由论设计的。西方的宪政就是绝对自由论的产物。它要求制定法律要遵循绝对自由的路径、要体现绝对自由的理念。

2010 年，在著名的“联合公民诉联邦选举委员会案”中，美国最高法院就以维护言论自由为名，取消了商业机构对联邦选举候选人的捐款限额。2014 年，美国联邦最高法院在“麦卡琴和共和党全国委员会诉联邦选举委员会案”的判决中，又取消了个人对联邦竞选活动的捐款上限，其理由仍然是：捐款是富人在行使言论自由权。可见，在美国政治文化中，自由确实是超越一切的、至高无上的。

然而，美国这一套在绝对自由观基础上设计出来的社会制度，恰恰是美国危机乃至衰落的根源。正如前文所述：过度的市场自由导致少数人得利，过度的政治自由导致资本专制。当过度自由的市场与过度自由的政治，都只有利于共同的少数人时，市场和政治力量就自然勾结在一起，互相提供保护，形成了一种非常稳定的专制结构。这种结构由于利益严重固化，已经失去了调整社会主要矛盾的能力，最后必将走向整体秩序的崩溃。美国体制虽然看似一人一票，实际上却形成了一个非常稳固的资本集团的寻租体系。这正是福山在《美国政治制度的衰败》一文中说的，导致美国政治衰败的重要原因：“地位稳固的政治行为方对改革和再平衡起到了阻碍作用，而他们的实力在不断壮大。”

有限自由观认为，任何自由都有成本，人们拥有自由的多少取决于成本支付能力的大小。成本支付能力强的人，拥有自由就多；成本支付能力弱的人，拥有自由就少。由于自然和社会的种种原因，人们拥有的财富在他一出生的时候就处在不平等的状态，因此人们拥有的自由是天生不平等的。从自由的成本原理来看，如果把自由绝对化，就意味着把财富的不平等和自由的不平等绝对化、合理化，或者说，绝对自由观为财富和自由的天生不平等提供了理论辩护和保护，因此也为不断扩大的财富和自由的不平等提供了依据和推力。绝对自由观事实上使得许多自由成为财富优势人群的一种特权，如培植代理人、政治捐款、政治游说、舆论欺骗等，这些只能是资本集团的特权。绝对自由观必将强化富裕人群的特权，最终走向赢者通吃。美国只要不放弃绝对自由观、不放弃自由主义学说，就还会不断产生危机，并必将不断衰落下去。美国的危机绝不是偶然现象，美国的衰落是自由主义的衰落，是一种制度的衰落，更是一种哲学的衰落。这是一个基本结论。

有限自由观还认为，由于外部效应，人的理性是有限的。随着外部环境的影响，由于信息的交流，人的理性具有很大的可变性和可塑性。随着认知的改变，人的需求也会改变。因此，人的理性和需求绝不是常量和不变量。按照绝对自由观设计出来的自由选举民主制，正是把人的理性和需求都看作常量，因此它是违背人性现实的，它必将导致一人一票的民主机制与保护多数人利益的民主价值观相背离。资本集团正是巧妙地利用理性的可塑性，以言论自由为借口，通过舆论控制手段，来诱导人们的认知，框定人们的思想，使之符合资本集团少数人的利益；而中产阶级即便有言论自由，也不可能有控制舆论的能力。因此，一人一票的自由选举制一定会偏离民主的本质，演变为假民主。

有限自由观还认为，人性是极其复杂的，绝不是理性自私那么简单。人既有理性的一面，又有不理性的一面；既有善的一面，又有恶的一面；既有利己的一面，又有利他的一面。社会治理必须在兼顾人性复杂性的基础上才会更加有效。

自由主义具有极大的欺骗性和虚伪性。它巧妙地利用人们追求自由幸福的善良愿望，号称自由是绝对的、最高的价值，使大众误以为自由主义是大众自由的守护者，从而对自由主义顶礼膜拜；殊不知将自由绝对化、宗教化的结果，恰恰保护和促进了少数人的利益和自由，损害了多数人的利益和自由。其中的奥秘发人深省，可惜绝大多数人都没有看透这一点。尤其是青年学生，他们涉世未深，对未来满怀憧憬，追求幸福生活的愿望极其强烈迫切，因此他们是很容易被自由主义迷惑的一群人。

普世价值论是自由主义的一面旗帜，也是当今世界的重要思潮。自由主义强调，由于自由是自然的、天赋的，因而也是普世的，不管任何社会、任何国家，不管其经济文化背景如何，自由都是首要价值和最高价值。正如自由主义者斯皮兹说：“尊崇自由甚于其他价值，即使是平等与正义也不例外。”因此，普世价值论实质上是说，自由既是首要价值，又是最高价值。

但是，任何价值不可能既是首要价值，又是最高价值。就像马斯洛的需求层次理论，生理需求是人的首要需求，但不是最高需求，所以人不会满足于首要需求；自我实现的需求是最高需求，但不是首要需求，所以人不会抛开首要需求去追求最高需求。

其实，由于人性具有一定的普遍性，人类价值会呈现出一定的共同性。例如人们对性爱、温饱、亲情的追求都是普遍的，但是这些都不是最高价值。人们可以追求性爱但不能滥性，可以追求温饱但不能偷盗，可以追求亲情但不能袒护亲人，因为所有这些普遍价值都必须受道德制约，道德才是最高价值。说到底，权利不能优先于善，自由必须受道德限制——这又回到有限自由观的基本观点上来了。

西方智慧的局限

几百年来，自由主义与资本主义共同成长，自由主义对资本主义的发展着实起到了巨大的推动作用。自由主义使人从神的阴影中解放出来，确立了人的尊严，激发了人的能动性和智慧，创造了辉煌的现代文明。自由主义曾一度是人类思想的重要制高点。西方世界有理由为此而自豪。

然而，资本主义已经经历了500多年的发展，时代发展了，人类经济社会的条件也已经发生了巨大变化，自由主义可能已经无法再支撑资本主义前行了。换句话说，自由主义的红利快要吃光了。这主要是由于自由主义理论有先天不足和严重的理论盲区，或者说自由主义先天就有坏基因，这个坏基因就是理性自私的“原子个人”假设。在资本主义发展的早期，自由主义的坏基因潜伏着，但还没有产生“癌”变；如今，随着资本主义内在矛盾的积累，这个坏基因已经“癌”变，“癌”细胞正在扩散。一直以自由主义自豪的资本主义世界，面对这个坏基因，或者浑然不觉，或者不知缘由，或者不知所措。我们来看一看，资本主义知识精英是如何应对这个困局的。

保罗·克鲁格曼，看到资本主义危机的大量表象，看到了危机产生的许多机理，似乎也看清了资本主义危机源于自由凌驾于道德之上的绝对自由，因此他把论述美国衰落的著作取名为《一个自由主义者的良知》。问题是自由主义与良知，两者本身就有矛盾。有良知的自由恰是笔者提倡的有限自由观的一个重要观点。但是如何实现“有良知的自由”呢？体制上又如何落实？具体到“怎么办”的时候，西方知识界的矛盾就暴露出来。保罗·克鲁格曼的药方是，掀起一场追求社会公平的进步运动，然后通过民主、公民权利和法治来推进社会变革。但是，问题是与进步运动的目标截然相反的资本专制，长期以来也是依靠“民主、公民权利和法治”来实现的，那么，在西方的“民主、公民权利和法治”的现实下，进步运动还有颠覆资本专制的可能吗？正是自由主义造成了资本专制，还能同样依靠自由主义来颠覆资本专制吗？保罗·克鲁格曼说：“终极目标并非一党制，而是重建一个真正充满活力的竞争性民主。因为归根到底，做一个自由主义者的全部意义就在于民主。”① 可见，就算是保罗·克鲁格曼这样的“清醒者”，他开出的药方也仍然跳不出自由主义的窠臼。显而易见，他还没有真正明白，美国衰落的根源正在于自由主义，因此其药方的有效性终究值得怀疑。

---

① ［美］保罗·克鲁格曼：《一个自由主义者的良知》，刘波译，中信出版社 2012 年，第 296 页。

约瑟夫·E. 斯蒂格利茨对资本主义的危机的内在机理做了更为细致的研究，也相应地提出了一整套政治经济改革议程，最后自问："问题是，我们能做到这一点吗？"对此，他的答案是："我们的民主制度尽管也许有些倾斜，但它提供了两种便于改革发生的途径。那些99%群体中的人们会逐渐认识到自己被那1%群体愚弄了：符合那1%群体利益的事情并非也符合自己的利益。那1%群体也竭力说服其他人：另一种世界是不可能的，做任何那1%群体不喜欢的事必将伤害那99%群体。"① 又是一个无可奈何的悖论！不正是他们的民主制度，使那99%群体被愚弄，使那1%群体成为独占者吗？如今又要依靠这个倾斜的民主制度来改变这一切吗？斯蒂格利茨似乎感觉到此路不通，于是又提出第二种途径："那1%的群体能够认识到在美国所发生的这一切不仅违背我们的价值观而且甚至也不符合那1%群体自身的利益。"② 这不是要资本家放弃自由主义吗？这不是与虎谋皮吗？在一个把自由宗教化、神圣化，中了自由之"魔"的国家，岂能要他放弃自由主义？斯蒂格利茨未免太天真。

在弗朗西斯·福山身上，表现出了更多的无奈与矛盾。他最初提出历史终结于自由民主主义；而后又说，关于民主，西方没有什么可以教中国的，表现出对西方民主的某种失望；再后来，他又把强政府列在政治秩序的首位；最后又说，民主主义还是历史的终点。转了一圈又回到了原点。由此可见，面对美国政治的衰败，福山已经迷失了方向。

至于戴维·斯托克曼，在他的《资本主义大变形》中，对权贵资本主义深恶痛绝，从他把罗斯福、里根、奥巴马等历任总统骂了个遍来看，他实在没有搞清楚美国走向权贵资本主义的深层原因恰恰在于过度

---

① ［美］约瑟夫·E. 斯蒂格利茨：《不平等的代价》，张子源译，机械工业出版社2013年，第258页。

② ［美］约瑟夫·E. 斯蒂格利茨：《不平等的代价》，张子源译，机械工业出版社2013年，第258页。

自由。他把一切政府干预都看成多余和不合理的，于是从一个极端走向另一个极端。他开出的药方——彻底排除政府干预，实行完全放任自由的市场经济（这恰恰是产生权贵资本主义的根源）——恰恰是头痛医脚，南辕北辙。

西方为什么会陷入这种无可奈何与价值悖论的窘境呢？这要从西方文明的深处去解剖。

在西方文明中，从古希腊国家产生那天起，政府就是财富阶级为求自保而成立的联盟。这样一个联盟本身充满了私欲、压迫、剥削。因此，在西方人看来，权力和掌握权力的政府是恶的。但是，政府似乎又是不可或缺的，否则社会就要滑入无政府混乱状态。这就是所谓的“政府是必要的恶”。为了限制政府的恶，西方文明特别强调分权，把更多的权力交给个体，政府权力越小，它作恶的可能性也就越小。这就产生了“政府是守夜人”的概念。为了确立个人自由的合理性，就号称自由是天赋的、自然的，不可剥夺的。这也是西方自由观的核心内涵。

如今，西方自由主义经历300多年的发展和演化，过分自由的结果完全出乎他们意外，不但没有实现普遍公平正义，反而导致了1%与99%的对立与分裂，其实质是资本专制。正如柏拉图所说“极端自由的结果只能是极端的奴役”。21世纪以来，西方社会已经从感性上认知到自身的矛盾及其衰落趋势，但是他们仍然没有从理性上深刻认识到原因所在。由于西方文明认为权力是恶的，所以集权肯定不行。这也就是哈耶克“通往奴役之路”的逻辑。应该说，这个逻辑也是西方文明的内在逻辑。

在西方文明看来，集权的结果一定是专制；于是，西方文明寄希望于自由。可是现在看来，过分自由的结果也是专制。这样，西方文明就处在一个进退两难的境地，西方文明似乎无路可走了。这恰恰暴露了西方文明自身的局限。

当前，西方文明深陷自由主义这口大“瓮”，左冲右突，难以逃脱。西方文明把自由看作最高智慧和最高价值，这种观念已经浸入西方文化的骨髓之中，并以此构建社会治理体系。如今，社会现实使西方文明隐约发觉自由主义已是漏洞百出，但又担心抛开自由主义将一无所有，因而努力想在自由主义中寻找一点重生的机会。从这个角度很容易理解弗朗西斯·福山的反复与矛盾。犹疑与彷徨，说明西方文明的思想创造力接近干涸。西方文明创造了第一个神——上帝，文艺复兴把科学与人从上帝的统治下解救出来；如今他们又造了第二个神——自由，他们需要第二次文艺复兴，这一次需要解救的是道德。不是人类历史终结于自由主义，而是西方智慧、西方文明终结于自由主义。正如美国哥伦比亚大学历史学教授马克·马佐韦尔在一篇《西方应拥抱政治观念新世界》的文章中说的："西方扮演聋先知这个角色已经太久了，对自己信奉的真理深信不疑，认为自己不需要倾听他人意见。"① 美国前总统奥巴马曾表示，对很多美国人而言，通往成功的阶梯已经消失。自由主义明显已经难以为继。当代世界的主要问题，包括美国衰落、欧洲危机、中东动乱、南美陷阱等，背后都可以看到自由主义幽灵在徘徊。但是包括奥巴马、保罗·克鲁格曼、斯蒂格利茨、弗朗西斯·福山等精英人士在内，西方知识界总体上还没有意识到，自由主义走向没落恰恰是由于其制度过分自由、恰恰是由于其制度背离了有限自由，是极端自由导致极端奴役的结果。

中国也有一批自由派知识分子，他们也深陷自由主义话语陷阱，充当自由主义意识形态的搬运工；他们如同没落的思想贵族，在人类崭新的社会实践和思想变革面前，失去了敏锐的洞察力，满足于拾人牙慧，牙牙学语。可以说，这是另一种形式的本本主义和教条主义。

在西方走投无路的同时，中国的情况完全不同。中国在国家萌芽的西周初期，周朝以小吃大灭了商朝以后，姬周这个西部国家面临着如何

① ［美］马佐韦尔：《西方应拥抱政治观念新世界》，何黎译，《参考消息》2015 年 4 月 24 日。

统治广袤中原大地的难题。在这个统治难题面前，西周统治阶级想出了以德治国的妙招，放低自己姿态，以德来收服人心，所谓“周公吐哺，天下归心”。这是中华文明的独特智慧，可能也是未来人类文明发展不可或缺的内涵。后来儒家又进一步总结了西周的经验，形成了德政理论，有了“为政以德”“民贵君轻”“惟以一人利天下，非以天下奉一人”等著名论述。这种德政理想始终是后世中国统治精英的政治追求。因此，在德政思想下，权力未必是恶的，政府也未必是恶的，而可以是善的。这与西方文明始终认为“政府是恶”，是完全不同的文化价值。因此，哈耶克的第三个错误是，他认为集权必然“通向奴役”。当然这个错误不是哈耶克个人的错误，而是西方文明自身的局限。而中国这种“权力可以是善”的思想，正好是对西方在“权力是恶”的思想下导致西方文明当前走投无路的一种救赎。

可以预期，人类文明即将出现新的思想高峰，西方到了必须往东看的时候了：在东方，一轮红日已经喷薄而出，那就是中国发展模式。这既是一种新的发展模式，也是一种新的哲学思想，更是一种东西方文明融合再生的新文明。

延伸阅读

美国进入霸权更年期*

彭光谦

不久前美国参议院、众议院军事委员会相继举行听证会，审视美国在全球面临的安全挑战，“中国军事威胁”成为频度最高的“主题词”。一向自视无可匹敌的美国，其众多高官和将领现在却纷纷表示对中国军事现代化进展的“震惊”和对美国绝对军事优势丧失的“惶恐”。这里除了美国政客一向“非我族类，其心必异”的心理外，美国实力地位看来也真是大不如前了。

战后美国金融垄断资本曾一度进入其黄金岁月。它一方面靠武力挟持全世界，维持其金融帝国秩序，另一方面靠一纸美元操控世界。然而物极必反。美国在虚拟经济领域春风得意时，不知不觉把实体经济都转移出去了，美国经济内瓤一天天空虚起来。美国虽然打造了世界上无可匹敌的战争机器，但在核恐怖平衡时代和经济相互深度依存时代，军事手段的实际效益大打折扣，金融帝国秩序单靠武力难以为继。

美国霸权衰落不是外因造成的，而是其金融帝国内在固有矛盾发展的必然结果，是金融垄断资本食利性、寄生性发展的必然结果。英国著名历史学家汤因比说过：“帝国的衰落来自于对外的过度扩张和社会内部扭曲的扩大。”美国霸权的衰落根源于美国连年征战对美国战略资源的过度透支，以及虚拟经济泡沫的破灭，而不是美国想象中的外部“挑战”。

美国霸权衰落将是一个较长过程。即使衰落了，美国仍将是一个重

---

* 本文转自《环球时报》，2015 年 2 月 26 日。

要世界大国，只是它不能再像过去那样吆五喝六了。历史告诉我们，在霸权衰落前夕，在要衰落而未完全衰落之际，恰是其最脆弱、最敏感、最容易丧失理智的阶段。今天的美国与过去相比，说话嗓门越来越高，这正是其内心焦躁、神经过敏、不自信的表现，是霸权更年期综合征的反映。奥巴马说，美国“决不做老二”，恰恰说明美国已焦虑地意识到成为“老二”的现实可能性已经出现。在这个特殊敏感时刻，美国做出一些非理性反应的概率大大增加。

联想到美国总统竟声称美日安保条约“适用于”中国领土钓鱼岛；太平洋舰队司令公然用罕见的激烈言辞抨击中国“民族复仇主义倾向”，说“中国做事情的方式是危险的、单方面的”；美国第七舰队司令竟声称“美国欢迎日本将空军巡逻区域扩展至南中国海”，这种荒腔走板的话以前自信满满的时候是不多见的。再看看美国仍陷金融危机之际，今年军事预算却逆势上扬。美国马上又面临新一轮大选，可以预料各种利益集团，各派政治势力将会竞相上演显示政治正确的戏码。

美国毕竟拥有世界上最大的超级战争机器，毕竟是有国际影响力的超级大国，一旦美国犯浑，一旦美国霸权的衰落失去控制，对美国自己当然是一场灾难，对全世界也绝不是好事。因此我们要对美国动向特别保持警惕。既然霸权衰落不可避免，软着陆总比硬着陆少引起一些震荡，少付出一些代价。何去何从，选择权在美国，但尽可能引导美国霸权衰落实现软着陆，也是值得各国认真探索的重要课题。

新自由主义害了世界经济30年*

张锋

新自由主义极端鼓吹市场的万能，而在过去30年新晋的超级富翁

* 本文转自《环球时报》，2015年5月7日。

中，占据“市场”核心的金融家们越来越多。

每个时代的全球经济治理都有一个特定的主题。“治理”就是用各种实力要素去实现政治、经济、社会等目标。在冷战时期，西方阵营在其势力范围内的国际经济治理目标是强化遏制苏联的美欧政治军事联盟，并削弱苏联的经济实力。在后冷战时期，随着西方在政治军事领域与苏联竞争的“胜出”以及在经济领域新自由主义的盛行，美国主导的西方经济治理目标是推动自由贸易、资本流通以及跨国公司的全球扩张。按照新自由主义的逻辑，世界经济政策必须遵循在美英等国大行其道的新古典经济学，必须在自由市场原则下运行。

2008 年的全球金融危机是对西方自鸣得意的新古典经济学的一个重大打击。很明显，西方主流经济学没有任何能力预测金融危机这类重大事件，痴迷于数学建模的新古典经济学是纯粹象牙塔尖上的学问，不接“地气”就难免失败。但是，虽然西方经济治理在金融危机后受到普遍质疑，后危机时代的经济恢复政策却还是离不了新古典经济学。如果连百年一遇的经济危机都无法破除西方对新自由主义的迷信，还能对西方改革全球经济治理寄太大的希望吗?

在后金融危机时代的全球经济治理改革上，中国可着重强调“平等”。新古典经济学的极端自由市场派是不会强调平等的，他们甚至认为不平等是经济发展的必要条件（美国共和党的经济教条即基于此）。虽然完全平等是个乌托邦，高度不平等却能对经济与社会造成极大危害，我们需要的是能激励人们勤奋工作、创造社会财富从而推动经济增长的温和有益的不平等。

当今世界的一大特征是明显的高度财富不均。据慈善组织乐施会的估计，到明年，世界上 1%最富有的人将控制全球总财富的一半以上，这些超级富翁未来的总财产超过所有其他人财产总额的可能性也并不小；世界上 80 个最富有的人拥有 1.9 万亿美元的财产，这是世界上 35 亿低收入人口拥有的财产总额；与此同时，世界上还有超过 10 亿人生活在每天1.25美元的贫困线以下。从国家和地区来看，虽然新兴市场的经济总量已经超过传统发达国家，北美和欧洲仍是财富高度集中区，在全世界1%最富有的人中，有77%来自这两个地区。

如此巨大的不平等不仅在道义上说不过去，也对全球经济的运行造成了现实的伤害。新自由主义极端鼓吹市场的万能，而在过去30年新晋的超级富翁中，占据“市场”核心的金融家们越来越多。新自由主义是从20世纪70年代开始在西方大行其道的，而世界范围内的财富不均也是从那时开始剧增的。不平等与西方资本市场特别是金融业发展之间的因果关系呼之欲出了。有些人之所以变成超级富翁，并不是因为他们特别聪明或勤奋，而是经济模式有利他们之故。

在全球经济治理上，中国高举“平等”大旗会得到发展中国家的共鸣，也会得到发达国家相当一部分人的响应。过去30年来全球经济治理史的一大主线，就是新自由主义如何在世界各地制造经济危机的历史，也是新自由主义导致的不平等如何成为经济危机诱因并导致全球经济发展失衡的历史。这种局面需要得到扭转了。

美国政治制度的衰败*

弗朗西斯·福山

美国有很多政治制度当前都日渐衰败。这与更为广泛的社会或文明衰落现象并不是一回事儿。这里讲的政治衰败其实是说，一项特定的政治进程——有时是一家政府机构——已出现机能障碍。导致这种局面的原因是：思维僵化；地位稳固的政治行为方对改革和再平衡起到了阻碍作用，而他们的实力在不断壮大。这并不意味着美国已走上永久性的衰退之路，也不意味着美国相对他国所具备的实力肯定会下降。但制度改

* 本文转自《参考消息》，2014年4月8日。

革极难实现。在政治秩序不发生重大混乱的情况下，根本不能确保可实现制度改革。因此说，虽然衰败和衰退不是一回事儿，但对这两个问题的讨论并非没有关联。

三大结构特征都有问题

人们对美国当前的困局做出了多种诊断。在我看来，制度衰败——或者说衰落这个范围更广泛的观念——绝非“一蹴而就”。但总体来讲，美国政治发展的历史背景基本上总是会被忽视。

如果我们更仔细地审视美国相对于其他自由民主国家所走过的历程，我们就会发现，美国政治文化有三个主要的结构性特征。不论它们如何演进，也不论它们在过去发挥过多大效力，这三个特征当前都出了问题。

第一，相对于其他自由民主国家而言，司法和立法部门（也包括两大政党所发挥的作用）在美国政府中的影响力过大，而受损的是行政部门。美国人一贯信不过政府，由此就催生了立法部门解决行政问题的局面。久而久之，这种处理行政需求的方式变得成本极高、且效率低下。

第二，利益集团和游说团体的影响力在增加，这不仅扭曲了民主进程，也侵蚀了政府有效运作的能力。生物学家们所称的亲缘选择和互利主义是人类社交的两种自然模式。当与个人无关的当代政府失效时，人们就会回归到上述关系中。

第三，由于联邦政府管理结构在意识形态上出现两极分化，美国的制衡制度——其设计初衷是防止出现过于强大的行政部门——也就变成了否决制。往好了讲，决策机制变得过于松懈——也就是说太过民主了，有太多的行为方由此得以阻止政府去调整公共政策。我们当前需要更强大的机制，以力促实现集体决策。但由于政府的司法化以及利益集团影响力过大，在不发生系统性危机的情况下，我们不太可能建成此类机制。

由此说来，这三个结构性特征已呈盘根错节之势。

直接引发代议制度危机

在当代自由民主国家里，政治制度的三个核心范畴——政府、法治和追责能力——具体表现为政府三权分立，即分为行政部门、司法部门和立法部门。

由于不信任政府权力的传统十分悠久，美国总强调要把采取手段——即通过司法和立法机构——制约政府作为制度建设的重点。

美国政府在质上的衰败与美国人倾向于建立“由法院和政党主导的”政府有着直接关系。法院和立法部门在不断篡夺行政部门的很多正常职能，由此造成政府运作在整体上缺乏连贯性且效率低下。在其他发达民主国家由行政部门处理的职能被逐步司法化，由此引发成本高昂的诉讼出现爆炸式增长、还导致决策迟缓以及执法工作严重缺乏协调。法院不但没有对政府发挥制约作用，反倒成了扩大政府职能的替代性工具。具有讽刺意味的是，正是由于担心“大政府”会做强，美国最终反倒建立了一个规模非常庞大的政府，但这其实更难追责了，因为政府主要控制在法院手中，而法院并不是经选举产生的。

与此同时，由于利益集团丧失了腐化立法部门的能力，它们于是找到了新的理想方式，即通过司法手段俘获并控制立法议员。这些利益集团会扭曲税收和开支，并朝对它们有利的方向操纵预算，进而抬高整体赤字规模。利益集团有时会利用法院实现此目的并获得其他好处。但它们也会通过多项通常自相矛盾的授权——它们会引导国会支持这些授权——去破坏公共行政管理的质量。而相对弱势的行政部门通常无力阻止它们。

所有这些引发了一场代议制度危机。老百姓觉得，本应发挥民主作用的政府再也无法代表他们的利益了，政府反去迎合各类神出鬼没的精英。

简言之，美国政府的问题源于，既有实力也有能力的政府与原本旨在约束政府的各个机构之间出现了结构性失衡。当前有太多的法律，“民主”程度也过了头，其表现形式就是立法部门在干预美国政府发挥职能。

两极分化导致决策困难

行政部门司法化和利益集团对国会的影响力就是美国政界出现政治衰败的实例。这些问题有美国政治文化等深层次原因，但原因也包括最近发生的偶然性事件，如两党的两极分化。

整体上讲，政治衰败的根源——思维僵化和精英集团的影响力——在民主国家是普遍存在的。实际上，各国——不管是民主国家还是非民主国家——政府都面临这样的问题。其他发达民主国家也有过度司法化和利益集团这样的问题。但利益集团的影响力主要取决于各个机构的具体特点。虽然在形式上五花八门，但面对各种政治行为方，民主国家都会构筑激励机制，它们由此也多多少少会受到这些势力的影响。美国是世界上最早建立的、也是最发达的自由民主国家。政治衰败问题对当今美国的折磨程度超出了对其他任何民主政治制度的折磨程度。信不过政府一直都是美国政治的特征。这种长期存在的不信任感导致政府呈失衡状态，由此也削弱了在必要时采取集体行动的前景。这就最终形成了否决制。

我所说的否决制是一项进程，通过该进程，美国的制衡制度导致以大多数选民意志为依托的集体决策变得极为困难。从某种程度上讲，在多个层面重复设立权力部门，进而让联邦、州和地方权力部门都在整个公共政策范畴拥有管辖权，对任何一种此类制度来说，这都可能造成政府各部门很容易互相掣肘的局面。但在意识形态出现两极分化、主要政党的选民支持度（或不支持度）旗鼓相当的情况下，制约就会变得很严重。

这就是我们当前的处境。2013 年 9 月，美国政府关门歇业并就提高债务上限问题爆发危机。这些都表明，少数人（即共和党内的茶党一派）的立场可危及政府整体运作能力。这就是美国政治制度在 21 世纪初未能解决预算持续膨胀等问题的原因所在。

恶性均衡阻碍政府运作

当两极分化遭遇美国的制衡政治制度时，其结果尤其具有毁灭性。原因是，现在有太多的行为方可以否决掉为解决问题所作的决策。

久而久之，由于传统制衡制度不断根深蒂固且越来越僵化，美国政治制度就走向了衰败。在政治严重两极化的时代，这种权力下放制度代表大多数人利益的能力在不断下降，反而给利益集团和维权组织的观点提供了过多的代议权。但它们总起来说都代表不了至高无上的美国人民。

美国当前陷入一种恶性均衡。由于美国人过去一贯信不过政府，他们并不特别情愿把权力交给政府。恰恰相反，正如我们所看到的那样，国会通常会颁布复杂的规章制度，这不仅削弱了政府的自治权，还导致决策迟缓且成本高昂。这样一来，政府的表现就会很差，这又十分荒谬地肯定了人们原本对政府所持的不信任感。

在这种背景下，大多数美国人不愿增加缴税，因为他们担心政府会把税收肆意挥霍掉。然而，虽说财力并不是导致政府效率低下的唯一根源——甚至连主要根源都不是，但如果没有资金，政府也就无望正常运作了。这样一来，对政府的不信任就成了一个自行应验的预言。我们当前能扭转这种衰败趋势吗？可能吧，但现在有两个障碍，它们都与衰败这种现象本身有关。

首先是一个简单的政治问题。美国政界的很多行为方都认识到，政治制度当前运作得并不好。尽管如此，他们维持现状的意愿已根深蒂固。两大政党都鼓不起勇气割舍掉利益集团提供的资金。利益集团也怕出现一种金钱买不到影响力的制度。

第二个问题是一个与理念有关的认知问题。制衡制度导致利益集团享有过大的影响力，也不能在总体上代表大多数人的利益。这种制度是无法通过少许简单改革得到修复的。拿总统制来说，政府总想通过行使一大堆新的行政权力去解决立法部门陷入瘫痪的问题。虽说此举会解决很多问题，但同样也会引发很多问题。在意识形态出现两极分化的情况下，取消特别拨款以及强化党纪实际上可能增加在立法领域达成广泛妥协的难度。虽说利用法院执行行政部门的决策可能效率极低，但由于没有更强大且更统一的官僚机构，或许并没有其他办法可行。其中很多问题是可以得到解决的，条件是美国开始实行统一度更高的议会制。但对美国的制度结构进行如此激进的改革是很难想象的。美国人一直把他们的宪法视为一部准宗教文献。如果美国的制度不发生彻底崩溃的话，要说服美国人重新思考美国宪法中最基本的原则，其可能性微乎其微。由此说来，我们当前是出了问题。

第六章

中国发展模式的本质在于追求有限自由

中国模式的核心理念是有限自由观，
运行机制是自由集中制。

中国创造了世界性奇迹

在西方呈现出危机和衰落态势之际，中国却正在迅速崛起。新中国成立以来，尤其是改革开放以来，创造了举世瞩目的发展奇迹。这在国际和国内都已经成为共识。

中国的发展奇迹突出地表现在以下几个方面。

第一，中国经济总量跃居世界第二。根据世界银行数据，从 1980 年到 2013 年，按照不变价计算，全球 GDP 累计增长 2.3 倍，而中国 GDP 增长 21.4 倍，占全球经济的比重由 1.7%上升到 12.3%，是全球第二经济大国。在这一时期，美国和德国 GDP 占全球经济的比重都下降了 3.4 个百分点，日本下降了 3.3 个百分点，法国、英国和意大利下降了 1.4—2.6 个百分点；印度、巴西、俄罗斯等主要新兴经济体，升幅均小于 1 个百分点。①

第二，中国人均 GDP 大幅接近世界平均水平。“根据世界银行统计计算，1980 年中国人均 GDP 仅为 193 美元，相当于全球平均水平的 7.7%；2013 年中国人均 GDP 增加到 6810 美元，相当于全球平均水平的 64.9%，与美国的差距也由 34 年前的 65.3 倍缩小到 7.8 倍。”②

第三，中国经济对世界经济的影响力大幅提升。中国经济在很多单项指标上位列世界之首，如中国是第一制造业大国，220 种制造业产品产量位列世界第一；中国以将近 4 万亿美元的总量成为第一外汇储备国；中国是世界第一贸易大国；中国在很长时间内成为美国国债最大持

---

① 赵晋平：《中国奇迹将在新常态下延续》，《人民日报》2015 年 3 月 10 日。

② 赵晋平：《中国奇迹将在新常态下延续》，《人民日报》2015 年 3 月 10 日。

有国；2010 年以来，中国超过美国成为世界经济增长第一贡献国。正是因为中国经济分量很重，中国经济的任何变化都会强烈吸引世界的目光，成为世界各国关注的焦点。

第四，中国实现世界最大规模贫困人口脱贫。1978—2010 年，参考国际扶贫标准，中国共减少了 6.6 亿贫困人口，全球贫困人口数量减少的成就 93.3% 来自中国。[①] 就扶贫成就一项，本身就可称为“世界奇迹”。

第五，中国经济体制实现快速转型。体制转型是一个世界性难题。环顾全球，能够顺利实现体制转型的国家实属凤毛麟角。中国不但成功实现了体制转型，而且更为可贵的是，中国的体制转型伴随着经济高速发展和社会秩序的基本稳定。

第六，中国成功经历一系列国际的、国内的、经济的、社会的、自然的危机考验。1990 年前后的苏东巨变、20 世纪 90 年代初期西方对中国的围堵、1997 年亚洲金融危机、2003 年 SARS 危机、2007 年世界金融危机、2008 年汶川大地震等，中国不但没有被这些危机击倒，有效地应对了每一次危机，而且，每一次危机过后，中国的国家治理能力都有巨大提升。

这就是中国奇迹！——好事似乎都让中国占全了。

中国奇迹已经引起全世界的高度关注。诺贝尔经济学奖得主约瑟夫·E. 施蒂格利茨发文，提出“中国世纪从 2015 年开始”的重要观点，从而引发全球热议。

《当中国统治世界》一书作者、英国学者马丁·雅克，2014 年 10 月 22 日在英国《金融时报》发文认为，中国治理国家比西方更成功。

我国著名经济学家林毅夫，也在发文谈论“中国奇迹的一般意义”[②]。

---

① 柴逸扉、彭训文：《全球脱贫成果九成属中国》，《人民日报》（海外版）2014 年 10 月 15 日。

② 林毅夫：《中国奇迹的一般意义》，《环球时报》2014 年 12 月 11 日。

更令人惊讶的是，2015 年 3 月 5 日，一名美国记者在《华盛顿邮报》发文，题目是《中国在前进，其他国家能跟上吗?》(见本章后的延伸阅读)。这说明，西方社会已经有人担心自己跟不上中国发展变革的步伐，并开始焦虑了。毫无疑问，这是一个极其有趣的变化，也是对中国奇迹的极好注释。

解读中国发展模式成为世界性难题

中国奇迹是如何创造的？中国的发展是否有自己独特的模式？随着中国奇迹的不断发展，关于中国发展模式问题的讨论，也呈现出不断广泛和深化的趋势。

2004 年,《时代》杂志国际新闻总编库珀·雷默提出“北京共识”概念，以区别于此前西方普遍宣扬的“华盛顿共识”。这或许是对中国发展模式问题最早的理论探索。此后，谈论中国发展模式的人越来越多。近些年来，中外很多著名学者都加入到关于中国模式的理论讨论之中。破解中国发展模式俨然成为世界性的重大和热门理论课题。有人甚至认为，中国如此长时间保持经济高速增长，是有一种特别的魔法；在世界各经济体中，中国是唯一一个不受正常“万有引力”影响的国家。这个魔法当然就是中国发展模式的制度之谜。有媒体评论中国模式的制度之谜:“解开这个谜，哪怕是说清楚其中一小部分，都有可能会成就世界级的理论建树。”① 还有人说，谁能破解中国经济发展之谜，谁就具有获得诺贝尔经济学奖的资格。如中国著名国际关系学者金灿荣认为,“正确认识中国，真正了解中国，可能是全世界社会科学界最大的挑战。谁解释好中国，谁就有资格拿诺贝尔级别的奖项”②。这些观点

① 苏长和:《确立民主政治的中国坐标》,《求是》2014 年第 11 期。

② 谷棣、金灿荣:《了解中国很难，但必须了解》，谢戎彬主编:《我们误判了中国:西方政要智囊重识对华认知》，华文出版社 2015 年，序言二，第 7 页。

揭示了破解中国发展模式之难，也预示了破解中国发展模式的重大意义。

当前，对中国发展模式的研究，已经明显更加深入，也取得了显著成就，出版了很多专著。这些论述各有特色，也各有利弊。

约翰·奈斯比特和多丽丝·奈斯比特在2009年出版了《中国大趋势》一书，提出了中国新社会“八大支柱”的观点。这“八大支柱”是：解放思想；“自上而下”与“自下而上”的结合；规划“森林”，让“树木”生长；摸着石头过河；艺术与学术的萌动；融入世界；自由与公平；从奥运奖牌到诺贝尔奖。在另外一本书《对话中国模式》中，他们又明确表示：“这是中国通过创建自己的模式——新的社会经济体制得以实现的。我们将这个模式称作‘纵向民主’。”[①] 有点遗憾的是，“八大支柱”也好，“纵向民主”也好，似乎主要在描述中国变革的方法论，但中国发展模式只是方法论问题吗？这值得进一步思考。

张维为在《中国震撼：一个“文明型国家”的崛起》一书中，归纳了中国作为文明型国家的八大特征，即：超大型人口规模、超广阔疆域国土、超悠久历史传统、超深厚文化积淀、独特的语言、独特的政治、独特的社会、独特的经济；中国发展模式的八大特征，即：实践理性、强势政府、稳定优先、民生为大、渐进改革、顺序差异、混合经济、对外开放；中国发展模式的八大理念，即：实事求是、民生为大、整体思维、政府是必要的善、良政善治、得民心者得天下与选贤任能、兼收并蓄与推陈出新、和谐中道与和而不同。随后，张维为又在《“中国模式”成功的制度原因》一文中，将中国发展模式归纳为“一国四方”，“一国”即文明型国家，它有四超四特八大特征；“四方”是四个方面的制度安排，即在政党制度方面是国家型政党、在民主制度方面是协商民主、在组织制度方面是选贤任能、在经济制度方面是混合经济。

---

① 赵启正、[美] 约翰·奈斯比特、[奥] 多丽丝·奈斯比特：《对话：中国模式》，新世界出版社2010年，序二。

不过，张维为归纳的观点还是太庞杂，仍是停留在表象层面，有些观点还有些勉强，如中国发展模式与四超特点究竟有何必然联系呢？“得民心者得天下”与“选贤任能”能够理解为一个理念吗？“兼收并蓄”与“和而不同”是否有内涵重叠之处？

郑永年把中国发展模式分为经济模式和政治模式：经济模式是复合经济模式，包括公有与私有的混合所有权、国际与国内的混合市场、政府与市场的混合调控；政治模式是选拔与选举相结合的渐进民主化。郑永年提出的“国家制度建设在先，民主化在后”、“国家权力必须随着民主的发生和发展而得到强化，而非弱化”、“选择性集权”等理论观点，具有很强的历史洞察力，但就对中国发展模式的整体把握来说，他的理论似乎仍流于表面，缺乏系统性。

诺贝尔经济学奖得主罗纳德·哈里·科斯在《变革中国——市场经济的中国之路》一书中，基本上把中国发展模式归纳为自发的渐进市场化，并称“中国的这一经济转型是哈耶克‘人类行为的意外后果’理论的一个极佳案例”[①]，“如果要讨论中国政府在中国经济大转型中的作用，那它最大的贡献应该是逐步从经济活动中撤离，而不是它无处不在的政治领导，这是中国市场化转型成功的根本原因”[②]。这是西方学者的典型思维，也是中国自由派人士的主导观点。他们都简单地认为：中国的成功是“私有化”加“市场化”的结果。按照这种逻辑，中国改革就是继续市场化、继续私有化，直到全盘西化。如果这种逻辑是正确的，那他们又如何解释“休克疗法”的失败呢？在“休克疗法”中，市场力量不是得到更多尊重吗？私有化不是更彻底吗？在全世界，实行“私有化”加“市场化”的国家比比皆是，成功的却没有几个。因此，

---

① ［英］科斯、王宁：《变革中国——市场经济的中国之路》，徐尧、李哲明译，中信出版社 2013 年，第 V 页。

② ［英］科斯、王宁：《变革中国——市场经济的中国之路》，徐尧、李哲明译，中信出版社 2013 年，第 231 页。

在中国发展模式中，政府显然不是被动撤离那么简单。

著名经济学家林毅夫在其《新结构经济学》一书中，将中国发展模式概括为有效市场与有为政府相结合，由此他提出要创建中国自己的经济学；他也指出，事物的发展有自身的内在逻辑，抓住这个逻辑去推进改革，一定是渐进式改革。林毅夫对中国发展模式的论述，其弱点是，把中国发展模式仅仅局限于经济现象。难道中国模式不也是一种政治现象？实际上，一个有为的政府本身就是政治现象，就有政府为谁而为、如何为的问题。还可以进一步考察，世界上那么多政府为什么不去为？这背后必有政治考量。

胡鞍钢教授把中国模式归纳为"一三一"，即一个关键词——创新，三个因素——现代化因素、社会主义因素、中国文化因素，一个制度——民主集中制。[①] 胡鞍钢的论述非常深刻，具有强大的概括力，特别是他对民主集中制的论述尤其令人印象深刻。他认为民主集中制是一种新型民主制度，优于西方民主制，中国追赶美国就靠民主集中制。胡鞍钢对中国发展模式的论述，问题在于没有把一个关键词、三个因素、一个制度置于统一的逻辑体系中，没有讲清楚它们之间的内在联系，因此显得有些松散而缺乏说服力。

北京大学教授潘维从中国传统文化中寻找中国发展模式的谜底，提出了中国发展模式的三大意涵，即"社稷"社会模式、"民本"政治模式、"国民"经济模式。笔者不反对中国发展模式中一定有对传统文化的某种传承，但是潘维教授把中国模式的三大意涵中的两大意涵，即"社稷"社会模式、"民本"政治模式都归结为中国传统文化，似乎过高估计了中国传统文化的力量，也过低估计了一百多年来西方文化对中国的影响。"社稷"社会模式、"民本"政治模式如果真有这么大的力量，那么中国也不至于在近代被西方殖民和欺凌。

---

① 胡鞍钢：《中国之路：人民共和国的现代化之路》，见玛雅主编：《道路自信：中国为什么能》，北京联合出版公司 2013 年。

上述种种对中国发展模式的解读，都在一定程度上揭示了中国发展模式的某些特征，但是似乎又都不够系统和深刻。它们主要有三个方面的不足：其一是从方法论上讲，这些论述基本上都采用归纳法，很少运用演绎法，较多地谈论表象，因此很难真正揭示中国发展模式的内在本质；其二是不能把中国发展模式的经济、政治和文化等方面的内涵统一起来，没有把中国模式看作政治、经济、思想文化模式的统一体，有的偏重于谈经济模式，有的偏重于谈政治模式，很少有人谈思想文化模式；其三是偏重于谈特征、谈要素、谈表象，没有透过表象达到哲学的深度，因而也没有从本质上找到中国发展模式的深层逻辑结构和内在机理。这样来讨论中国发展模式，很难得出本质性和逻辑性定义，其完整性和深刻性都是不能令人满意的，因此也就不可能有很强的说服力。因此，这些观点很难说已经找到了中国模式的话语权。

我们能不能提出一个中国发展模式的完整的本质性定义呢？西方社会经过几百年理论上的精雕细琢，用自由主义就可以解释其经济、政治和文化制度。中国发展模式如果存在的话，也一定可以用一个类似这样简约的概念作为其本质性定义，并以此为逻辑起点，形成一个统一的关于中国发展模式的完整叙事。

中国发展模式的核心理念：有限自由观

在《对话：中国模式》一书中，约翰·奈斯比特和多丽丝·奈斯比特反复问赵启正：中国发展模式能否用一两个词来表述，就像西方的自由、民主那样？赵启正反复解释申明，中国发展模式实际就是“中国特色社会主义”，或者称“邓小平主义”。但是约翰·奈斯比特和多丽丝·奈斯比特还是认为，“中国特色社会主义”这个词太老，太过政治化，西方已经把这个词妖魔化，难以把中国发展的信息精准地传递给全世界。

如果像约翰·奈斯比特和多丽丝·奈斯比特这样了解、理解、赞许中国发展模式的西方学者，都认为“中国特色社会主义”这个概念难以把中国发展的信息精准地传递给全世界，这说明，我们确实需要寻找一个能够承担国际沟通职能的新概念。建设中国发展模式的国际话语权，提升中国软实力，也需要这样一个新概念。

那么，能否找到一个这样的新概念来描述中国模式呢？从哪里去寻找这样一个新概念呢？让我们把目光从政治转向哲学。

“中国特色社会主义”是一个鲜明的政治概念，如果我们能够从哲学上解读中国发展模式，我们就一定能够找到一个哲学概念来描述“中国特色社会主义”。我们寻找这样一个词，不是要用这个词来否定“中国特色社会主义”，而是促使我们从哲学上来解读“中国特色社会主义”，因为只有从哲学角度才能真正抓住事物的本质，才能建立共通的话语方式，从而使“中国特色社会主义”得到更深刻、更科学的解释，也更有利于不同文化之间的沟通和交流。

这个哲学上的概念是什么呢？根据前面的论述，笔者认为可以把“有限自由”作为标尺，来衡量一种文化、一种制度是否先进；笔者也曾指出，社会主义社会是一个初级有限自由的社会，共产主义社会是一个高级有限自由的社会。因此，相对于西方的自由主义，中国模式就是有限自由主义。自由主义认为，自由是天生的、绝对的、超历史的，有限自由主义则认为，自由是发展的、有限的、历史的；自由主义把自由宗教化、原教旨化，有限自由主义则把自由世俗化、理性化。当自由主义说自由是与生俱来的时候，它实际上在暗示：你从出生那一刻起就已经有自由，因此你也不必追求太多，对现实社会的不公不必抱怨、不必反抗，所以西方社会在一片自由声中失去自由；当有限自由主义谈论自由的时候，它是在说：你想要自由，那你就努力发展经济，自由是靠自己努力奋斗来的，但你的自由不能超越伦理道德，否则你的自由也将不保。因此，自由主义的自由是虚幻的，有限自由主义的自由才是实在的；自由主义必然导致社会不公，有限自由主义则追求社会正义。

中国特色社会主义或中国发展模式，其核心就是两句话：一是什么是社会主义，二是如何建设社会主义。前一句话指明了我们的奋斗目标，是我们追求的核心价值，后一句话指明了实现目标的工具和手段，是我们工作的体制机制。后一句话是为前一句话服务的。

那么什么是社会主义呢？“社会主义的本质是解放生产力，发展生产力，消灭剥削，消除两极分化，最终达到共同富裕。”[①] 所以社会主义的本质可以归结为两个要点：一是解放和发展生产力，创造更多的物质财富，以满足人民群众对物质生活水平不断增长的要求；二是最终实现共同富裕，努力创建一个公平正义的社会。

有限自由观也有两个基本观点：其一是自由源于物质基础，发展物质基础是发展自由的前提；其二是自由限于伦理道德，不能超越伦理道德去追求自由。由此可见，社会主义本质的两个要点，或者说中国发展模式的核心价值，与有限自由观的两个基本观点，虽然表述方式不尽一致，但是其内涵完全相同，它们都追求更加丰富的物质基础和公平正义的伦理道德相统一。

三个代表思想、科学发展观和全面实现小康社会，是中国发展模式的核心价值在不同阶段的与时俱进的具体表述，其精神实质与有限自由观完全一致，都是在追求发展与正义的统一。

三个代表重要思想，即始终代表先进生产力的发展要求、始终代表先进文化的前进方向、始终代表中国最广大人民的根本利益，其中代表先进生产力的发展要求和代表中国最广大人民的根本利益这两条，就准确表述了有限自由观的两个基本观点，而只要符合这两个基本观点的文化都是先进文化，所以三个代表思想与有限自由观精神实质完全一致。

科学发展观有四层含义，其要义是发展，核心是以人为本，基本要

---

① 《加快改革开放和现代化建设步伐，夺取有中国特色社会主义事业的更大胜利——在中国共产党第十四次全国代表大会上的报告》，《人民日报》1992年10月12日。

求是全面协调可持续，根本方法是统筹兼顾。要义是发展，相当于有限自由观的第一个基本观点；以人为本、全面协调可持续、统筹兼顾，恰恰是为了保障中国最广大人民的根本利益，相当于有限自由观的第二个基本观点。

全面实现小康社会，也与有限自由观的精神实质完全一致。“小康”是在强调发展，“全面”是指绝大多数人而不是部分或少数人，是强调公平正义，全面实现小康社会同样追求发展与正义的统一。

有一个突出的例子就是，近一个时期，党中央和国务院主要领导不断深入贫困地区调研，反复强调“小康不小康，关键看老乡”，积极部署“十三五”扶贫攻坚，在2020年全国全面实现小康社会的时候，努力使目前的7000多万贫困人口实现脱贫。中央和地方都在积极寻找精准脱贫的方法。例如贵州省，他们制定了精准识别建档立卡工作方案，做到贫困人口户有卡、村有册、乡有簿、县有档、省市有数据库。提出了精准扶贫“六个到村到户”，即结对帮扶、产业扶持、教育培训、危房改造、生态移民、基础设施到村到户。建立干部驻村帮扶工作制度，省级领导每人联系1个扶贫工作重点县、1个贫困乡镇，一定3年，不脱贫不脱钩；按照“一村五人”的安排和“一人驻村、单位全员帮扶”的原则。选派1.1万多个扶贫工作队、5.5万多名干部驻村帮扶，对全省所有贫困村、贫困户实现全覆盖。习近平总书记亲自部署扶贫工作，区分不同致贫原因，提出通过发展生产脱贫一批、通过移民搬迁脱贫一批、通过生态补偿脱贫一批、通过发展教育脱贫一批、通过社会保障兜底脱贫一批的要求。习近平总书记曾说：“40多年来，我先后在中国县、市、省、中央工作，扶贫始终是我工作的一个重要内容，我花的精力最多。”[①] 他对扶贫工作关注之深、之细、之实，令人印象深刻。2015年11月，中央政治局又召开会议，部署扶贫工作，提出“采取超常规举

① 习近平：《携手消除贫困促进共同发展》，2015年10月17日，见 http://politics.people.com.cn/n/2015/1017/c1024-27708352.html。

措，拿出过硬办法，举全党全社会之力，坚决打赢脱贫攻坚战”，“逐级立下军令状”，“实行最严格的考核督查问责，确保中央制定的脱贫攻坚政策尽快落地”。[①] 中国最高领导人对于社会弱势群体这种强烈关注，可谓世所罕见。这些都是社会主义本质的体现，也完全符合有限自由观的内在含义。

关于如何建设社会主义，是属于工具和机制范畴的问题，我们在后面要重点讨论这些问题。但有一点要在这里先讲清楚，就是思想工具，它是其他一切政策工具的总工具，对一般政策工具具有引领作用。

所谓思想工具，就是思想方法，就是中国共产党的思想路线。我国改革开放就是从思想路线的拨乱反正开始的。1978 年，开展真理标准大讨论，纠正了“两个凡是”，从而开启了改革开放的伟大征程。在建设有中国特色社会主义理论中，思想路线排在第一条，可见思想路线具有决定性的引领作用。

《中国共产党章程》规定，党的思想路线是：一切从实际出发，理论联系实际，实事求是，在实践中检验真理和发展真理。简单讲就是解放思想，实事求是，与时俱进，求真务实。

从这样一个思想路线出发，人类的一切思想认识活动，都要从实际出发、从实践出发，而不是从教条出发、从本本出发，实际和实践对一切思想活动具有最终的决定权，这就是实事求是。

实践不是一个死的、静止的存在，它处于不断发展变化中。人类的实践活动是一个随着时间分布的、永续不断的“流”，过去、现在和将来构成连续不断的整体的“历史长河”，没有过去就没有现在，更没有将来；过去是现在的依据，现在是将来的依据。所以随着时空变迁，人类的思想活动要不断跟上实践的发展，这就要求与时俱进，解放思想。

党的思想路线就是要追求时间“流”、实践“流”、思想“流”三

---

① 《中共中央政治局召开会议 审议〈关于打赢脱贫攻坚战的决定〉等》，2015 年 11 月 24 日，见 http://news.xinhuanet.com/politics/2015-11/23/c_ 1117235232.htm。

“流”协调发展。三“流”协调意味着人们既不能食古不化、原地踏步，又不能亢奋激进、超越时空，而是要循序渐进、稳健前行。

有限自由观有一个重要推论，就是人类自由随着社会生产力的发展而渐进发展。人类自由不是一个恒定值、不变值，而是一个可变量。这个可变量随着生产力的发展逐渐由小变大。自由的这种渐进发展规律，与我们党的思想路线三“流”协调发展，具有异曲同工之妙，始终反映事物发展的共同规律。

由此可见，有限自由观的两个基本观点、一个推论，与中国发展模式的核心理念即社会主义的本质和中国共产党的思想路线，是完全契合的。用一句话来讲，都是循序渐进地追求一个经济繁荣、秩序正义的社会。

自由背离民主

上面已经讨论了中国发展模式的核心价值，即有限自由观。我们知道，任何制度都由价值和机制两部分构成；相对于价值来说，机制是工具、是形式，它服务于价值的实现。

在开始讨论中国发展模式的机制以前，有必要把话题拉远点，首先讨论一下自由背离民主的问题，这牵涉到关于中国发展模式的进一步深入讨论。

在西方自由主义话语中，经常将自由和民主两个概念混用，似乎这两个词是可以相互替换的。但是，在现实中，自由与民主时常相背离。上一章就指出，美国衰落就表现为自由与民主相背离，过度自由破坏了民主。这里不妨继而阐明，民主的本意是指实现多数人的统治。因为任何制度都包含价值和机制两个层面，价值是根本目的，机制则是实现价值的手段。在价值与机制两者中，价值是唯一的和关键的，机制是多样的和工具性的。民主制度作为实现多数人统治的社会制度，其价值就是促进和维护多数人的利益，其机制就是多数人参与决策，通过多数人参与决策，来促进和维护多数人的利益。

民主的价值反映了民主的本质。民主追求的是“促进和维护多数人的利益”。古希腊著名政治家伯里克利说：“我们的政府为大多数人而不为少数人谋利，这就是它被称为民主政体的原因。”① 可见，民主的本质是一种追求公平正义的道德价值，也可以说，民主的本质是道德。

民主的机制，从古希腊起就是票决制，就是公民一人一票参与投票，行使自由投票权。这种机制的本质是自由。

因此，民主从一开始就是通过投票选举的自由机制来实现社会正义的道德价值。有效的民主一定是价值与机制的统一，也是自由与道德的统一。

但是，在古希腊时期，人们就发现，这种统一并不总能实现。苏格拉底被判死刑就说明，自由机制与道德价值是会发生背离的。

洛克和卢梭等人的人民主权理论奠定了现代民主制度的基础。这个理论认为，国家主权来源于人民，国家保障人民的自由权利，人民可以自由平等地参与国家事务，人民共享社会发展的成果。简单地说就是民有、民治、民享。

西方一人一票的自由选举民主制，就是以此为依据设计出来的。这种民主制度包含如下三个基本命题：第一，任何人都有足够理性，始终清楚地知道自己的需求和如何去实现这种需求；第二，通过一人一票的选举机制，可以发现人民的公共意志即“公意”；第三，符合“公意”的政策就一定能够促进实现多数人的利益，实现“公益”和民享。

西方启蒙一代学者想当然地认为，民有产生民治，民治必然民享，似乎这是不证自明的。于是，他们简单地把民主等同于民主权利，至今依然如此。但是，现实却逐渐走向了反面。西方社会民有、民治都实现

---

① ［古希腊］伯里克利：《在阵亡将士国葬典礼上的演说》，见甘丹、李波、孙敖编：《名人演说收藏夹》，远方出版社 2005 年，第 11 页。

了，民享却很不尽人意。“公意”有了，“公益”却难以实现。也就是说，机制与价值、自由与道德、自由与民主发生了背离。美国的衰落便是一个典型例证。这就是目前西方民主的困境之写照。

这种自由与民主的背离，西方内部其实早有察觉。20世纪上半叶兴起的精英民主理论，就是对洛克、卢梭古典民主理论的挑战。西方古典民主经过一百多年的实践，人们惊异地发现，民有、民治却不能保证民享。针对这个社会现实，熊彼特等精英民主论者认为：经典的直接民主，只有在一个很小的区域、成员数量较少、成员差异很小的一个范围内，才具有合理性；人民其实并不像古典民主理论所说的那么理性，他们的素质参差不齐，通常软弱无能，感情易于冲动，易受外部势力影响，不能独立作出理智的思考和决定，对公共政策也没有太大的兴趣和强烈的意志；统治从来就是对公共政策感兴趣的社会精英的事情；达成“公意”、实现“公益”往往是不可能的，甚至压根不存在古典民主论者所谓的“公益”。

在这样一种认识基础上，精英民主论者认为，民主不应该追求什么价值目标，“人民能否影响公共决策，决策的结果是否有利于公意，都是无关紧要和意义不大的问题”①。说白了，他们认为民主只是一种方法和程序，通过这种方法和程序，选举出政治领导人。这样，选择统治者便成为民主的唯一目的，自由选举亦成为民主与否的唯一标准。现今西方民主就是这样一种民主，实质上已经异化为形式民主、游戏民主。

纵观西方民主发展历程，可以清晰地看到，古典民主导致机制与价值、自由与道德的背离；而精英民主不是去调整机制，以适应价值，而是干脆放弃价值，保留原有机制而已。但是，这样的抽筋扒皮的“民主”还是真正的民主吗？

美国前总统卡特曾在做客访谈节目时称“美国民主已死”。当然，

---

① 金贻顺：《当代精英民主理论对经典民主理论的挑战》，《政治学研究》1999年第2期。

美国的自由选举制度并没有作废，其议员、总统、州长们的选举照常进行，这不就是西方所说的民主吗？那卡特为什么要说“美国民主已死”呢？卡特在此说的“已死”的民主，并不是指自由选举的民主形式，而是指民主的本质，即为多数人谋利。卡特实际是想说，美国自由选举的民主形式已经难以实现为多数人谋利的民主本质。而这种丢掉了本质的民主不正是形式民主和游戏民主吗？

所以，西方民主理论自身是难以自圆其说的，自由背离民主是它的必然归宿。假如按照西方模式实施民主化，后果不堪设想。

中国发展模式的运行机制：自由集中制

如上所述，当古典民主导致机制与价值、自由与道德相背离的时候，精英民主不是去调整机制，而是干脆放弃价值，从而致使西方民主演变为游戏民主。这种所谓的“民主”当然是没有出路的。西方的危机和衰落就是这种民主异化的必然结果。

既然如此，那么为什么不可以改变思路，通过调整民主机制以实现民主的真正价值呢？这种新的民主机制又在哪里呢？要搞清这个问题，就要从人性的基本假设出发，从头开始重新梳理——因为，民主的本质无非是人的目的的整体实现。

西方自由主义理论基于理性人假设，即把人看作理性自私的人，社会是由理性自私的人组成的均质体；整体利益是个人利益之和；每一个人都会努力追求自身利益最大化，也都有权利追求自身利益的最大化。

在这种理性人假设基础上，西方自由主义实质上必然导致个人主义；在公共决策上，则实行绝对平等的普选制，认为多数人同意就是“公意”，有了“公意”就可以实现“公益”。

然而，理性人假设显然是非常简单粗放的。根据理性人假设进行社会治理，显然会造成很大差错，甚至可以说，按照理性人假设，社会最终是无法治理的。因为根据前文的论述，理性人产生的外部效应，最后是无解的。因此，有必要提出新的更符合社会实际的人性假设，以便更有效地进行社会治理。实际上，在现实社会中，人性的真实特征与理性人假设相去甚远。

在此，笔者提出一种复合人假设：现实中的人，既有比较理性的一面，也有比较不理性的一面；既有道德的一面，也有自私的一面。因此，人其实是复合人。也就是说，人的理性能力和道德水准都是有限的，因此也是可塑的，而不是一成不变的；不同的经济、文化、教育水平和人生经历等，可以造就人不同的理性能力和道德水准。根据复合人假设，有些人可能既有很高的理性能力，也有很高的道德水准；另一些人可能理性能力和道德水准都很差；多数人的理性能力和道德水准则处在某个中间值上，实际情况千差万别。所以，与理性人假设把人都看成一样理性自私不同，复合人假设则认为，每个人的理性能力和道德水准都是不一样的。根据复合人假设，古典民主建立在理性人基础上的普选制民主制就失去了立论依据；相反，一种建立在道德价值基础上的新的政治体制——集中制，即少数人代表多数人利益行使决策权，在理论上则成为可能。

精英民主论者认为，一般群众的素质参差不齐，感情易于冲动，对公共决策的能力和意志都不够强大。在一定程度上，这种观点也许是正确的。但是不能就此认为，统治只是社会精英的事情；因为任何社会治理说到底是包括精英和民众在内的全体人民对自己的治理。当然，也不能简单地认同像古典民主论那样不论素质高低、简单化地依靠一般民众。社会治理既不能脱离一般民众，但也要发挥社会精英的作用，这样的才符合人性和实际，才更为有效和公正。

社会治理要最大限度地利用人的可塑性，既要有一般民众的积极参与，也要最大限度地发挥理性能力较强和道德水准较高的社会精英的作用。在一个局部的小范围内，假设人的理性能力差异不大，赋予他们均等的决策权，实行少数服从多数；在一个较大的层级体系中，应该赋予那些通过层层培养、锻炼、选拔上来的上层精英群体，拥有更大的公共决策权，实行下级服从上级；越是高层级的领导成员，越是要久经锻炼，拥有越高的理性能力和道德水准，也拥有越大的决策权。这样一种自下而上一级有一级的自由、一级比一级拥有更大决策权的治理体制就是自由集中制。它实行一般民众与社会精英相结合，它既不同于普选制民主，又不同于精英民主，它是一种更符合人性的、现实的、超越西方民主制的、也是更为有效的高级民主。中国的民主制度便是自由集中制民主的一种体现，它是对西方古典民主和精英民主的扬弃和超越。

在第三章已经论述过，由于不可避免的外部效应，自由的无限发展一定会导致系统的扭曲以致崩溃。理性个体的普遍自由，必将导致集体的不理性；自由不可能无条件带来正义，相反，无限制的自由必将背离民主，这是自由主义的宿命。能够拯救自由主义的力量，只有道德和正义。集中制的前提就是道德和正义，集中制以维护社会整体秩序和整体利益为己任。

但是历史经验也表明，单独的集中制是不稳定的，因为道德本身具有可塑性；但当自由和集中相互促进、相互制约的时候，也就是说当自由和集中构成自由集中制时，才是一种稳定的政治架构。

在自由集中制下，自由包括三部分，相当于前文提出的三种权利。一是保障性自由，这是政府通过集中的力量给全社会提供的普遍自由；二是选择性自由，这是每个个人依据自身实际可以选择的自由，政府对这部分自由不加干预；三是限制性自由，这是政府通过集中的力量给全社会施加的普遍限制。限制性自由的本质是排除自由，或者不自由。因此，**集中是在自由基础上的选择性集中，自由是在集中指导下的选择性自由**。集中尊重自由，来源于自由，但高于自由。自由集中制下，整体利益高于个人利益，但也不能无视个人利益。自由集中制的目的在于，在维护整体秩序的前提下实现个人自由最大化。从这个意义上说，自由集中制又是个人利益与集体利益的统一。

自由代表自觉自发的内在发展力量，集中是一种依靠社会组织的建构力量。单纯的自发秩序容易导致结构失衡，单纯的建构秩序容易脱离实际，流于空想。自由集中制是自发秩序与建构秩序的结合，两者实现优势互补。自由基础上的集中，可以防止集中脱离实际，犯主观空想的错误；集中指导下的自由可以纠正自发秩序引起的结构失衡。因此，自由集中制具有稳健和高效两大特征，稳健是指尊重自发秩序可以少犯错误，高效是指依靠集中力量可以快速推动；自由蕴含着动力和活力，集中蕴含着秩序和效率，两者互补相得益彰，通过自由—集中—再自由—再集中的循环，实现稳健、快速的变革发展。

自由集中制是东西方文化结合的结晶。自由是西方文化的重要价值，代表了科学技术、市场经济等推动社会发展的原生力量和由此产生的高度物质文明；集中就是中国德政传统，是中国传统文化中最优秀的部分。自由弥补了中国传统文化物质发展力量的缺失，集中弥补了西方文化在发展高度物质文明的同时对精神价值的忽视。自由集中制实现了中西方两大文明优势互补，重新追求物质力量和精神力量的平衡，从而也实现了对两大文明自身的超越。因此，只从西方文化来解读中国模式，或者只从中国传统文化来解读中国模式，都是不全面、不恰当的。

自由集中制是理性与非理性的统一。自由的基础是物质，是科学技术，把人当成工具，这是理性的一面；集中的基础是道德，是人文，把人作为目的，这是非理性的一面。

自由集中制也是善与恶的统一。自由把人导向个人主义，导向恶；集中把人导向集体主义，导向善。

自由集中制是理性与非理性、善与恶的统一，所以是复合人的人性在社会治理中的反映。

自由集中制也是一种思想方法。自由代表广泛分散的社会实践，集中代表理论总结，自由集中制就是理论与实践相结合，理论来源于实践，又用于指导实践。

自由集中制还是一种工作方法。自由代表广大群众，集中代表领导，自由集中制就是我们党的群众路线，从群众中来，到群众中去。

自由集中制实际上就是约翰·奈斯比特和多丽丝·奈斯比特所说的纵向民主。自由基础上的集中和集中指导下的自由，都是纵向过程。正如他们所说："这一政治体制在不断发展成熟之后极有可能更加适合21世纪的需要，而且其民主程度恐怕并不亚于现在仍在世界范围内占主导地位的西方民主体制。"①

由于自由和集中的关系具有普遍性，它适用于社会生活的各个方面，包括政治、经济、思想文化等方面。因此，自由集中制不仅仅是政治建设原则，也是经济建设原则和思想文化建设原则。自由集中制可以说是中国社会运行总机制，也是中国发展模式的核心机制。后面我们要重点讨论这些问题。

最关键的是，自由集中制是实现有限自由这一价值的唯一有效机制。笔者认为，中国发展模式的核心理念是有限自由观，具体地说，就是循序渐进地追求一个经济繁荣、秩序正义的社会。这样一个有限自由的社会，依靠什么样的机制来实现呢？这个机制就是自由集中制，除此以外，目前还没有发现其他有效的机制。自由集中制就是通过集中（其背后是道德）来制约自由，防止自由任意发展造成的整体失衡，从而实现有限自由。

至此，我们可以完整地回答约翰·奈斯比特和多丽丝·奈斯比特提出的问题，即用一两个词来表述中国发展模式，就像西方的自由、民主那样。中国发展模式就是有限自由观加自由集中制。还可以用一个更简

---

① ［美］约翰·奈斯比特、［德］多丽丝·奈斯比特：《中国大趋势：新社会的八大支柱》，中华工商联合出版社2011年，再版前言第2页。

约的词，如果说西方模式是自由主义，那么中国发展模式就可以说是有限自由主义。

自由集中制与民主集中制

长期以来，我们都讲民主集中制。现在笔者又提出一个自由集中制。这两者是什么关系呢？我们很有必要把这个问题讨论清楚。

我们经常讲的民主集中制究竟是什么意思呢？客观地说，迄今为止，关于民主集中制的论述是非常模糊不清的，逻辑上也有漏洞。

其一，人们通常认为，“民主和集中是对立统一关系，它们互相矛盾又互相依存”[①]。可是，民主和集中真是对立统一关系吗？稍加思考就会发现，民主的对立面是专制，集中的对立面是自由，除非说集中等于专制，否则民主和集中是不构成对立面的。失之毫厘，谬以千里，如果对民主和集中的基本关系出现认识误差，那么对民主集中制的理解可能就会产生整体性的错误。

其二，民主集中制这个概念存在着内在矛盾和不可理解的地方。我们知道，民主就是“人民的统治”或“多数人的统治”，那么民主基础上的集中就是“多数人的统治”基础上的集中。问题是，在民主的基础上，即在“多数人的统治”基础上，为什么还要加以集中？集中的结果又会是什么？又如何集中？这些问题都很难解释，充满逻辑上的矛盾。

其三，在一些论述民主集中制的书或论文中，不难发现，对民主与集中的概念不清，基本关系不明，导致对民主集中制的论述漏洞百出，往往难以自圆其说。

例如，在刘鼎新《谁是当今最科学的民主》一书中，一个关键概

---

① 刘鼎新：《谁是当今最科学的民主》，中共中央党校出版社 2012 年，第 148 页。

念就是“民主集中制民主”，全书就是为了论证一个关键命题：“民主集中制民主是当今最科学的民主。”可是，“民主集中制民主”这个概念在逻辑上能成立吗？在这个概念中，如果前一个“民主”与后一个“民主”是一个内涵，由于“民主”在集中以后，性质肯定要发生变化，所以“民主集中制民主”这个表述就不能成立；如果前一个“民主”与后一个“民主”不是一个内涵，那么“民主集中制民主”就违反了逻辑同一律。因此不管怎样讲，“民主集中制民主”这个概念本身是不成立的，于是“民主集中制民主是当今最科学的民主”这个命题也就无须再论证了。

又如下面一段论述：“有的学者认为，民主集中制的实质就是民主。因为民主不仅是民主集中制的基础和源泉，还是民主集中制的目的和归宿。只有民主的充分发挥才能保证集中的正确性，离开民主这一前提讲集中，集中将成为专断。没有民主就没有社会主义，社会主义就其本质而言也是民主的。民主政治是我们党所追求的终极目标。”① 这段话在逻辑上同样漏洞百出。在“民主集中制的实质就是民主”这句话中，前后出现两次“民主”，但是这两个“民主”显然不是一个意思；如果“民主不仅是民主集中制的基础和源泉，还是民主集中制的目的和归宿”，那么岂不是“基础和源泉”等于“目的和归宿”？那又何必去“集中”呢？显然，作为“基础和源泉”的民主和作为“目的和归宿”的民主，不是一个意思，在一句话中民主的概念实质上已经被偷换了。“社会主义就其本质而言也是民主的”，那集中岂不成了多余？

关于民主集中制的著作中，诸如此类的矛盾论述比比皆是。从这个意义上说，民主集中制问题迄今为止似乎并没有从理论上完全讲清楚。难怪邓小平晚年说：“民主集中制问题是根本制度的问题，我们总有一

① 梁瑞英：《新时期中国共产党党内民主集中制建设研究》，中国社会科学出版社2014年，第16页。

天要找机会把这个问题表述清楚。”[①] 这也说明邓小平十分重视并希望从理论上解释清楚中国的制度模式。

问题究竟出在哪里呢？通过大量的对比分析，笔者发现，谈论民主这一概念时，通常有两层意思。一是指民主的实质，即维护多数人的利益；二是指民主的形式，即民主权利。在论述中，这两层意思经常交叉使用，导致逻辑混乱，越说越说不清。如“民主集中制民主”，前一个“民主”指的是民主权利，后一个“民主”指的是民主的实质。又如，在“民主集中制的实质就是民主”一句中，前一个“民主”指的是民主权利，后一个“民主”指的是民主的实质；在“民主不仅是民主集中制的基础和源泉，还是民主集中制的目的和归宿”一句中，显然前一个“民主”指的是民主权利，后一个作为“目的和归宿”的“民主”指的是民主的实质，两者所指内涵是不一样的。

对“民主”形式和实质这种交替混用，在理论上是极不严肃的，也是极其有害的。因为，民主的实质只有一个，即维护多数人的利益；但是形式却可以多种多样。如果把某种形式称作民主，就无形之中排斥了其他民主形式。这正是西方的话语方式，他们把普选制称作民主，言外之意就是不存在其他民主形式，从而控制了话语权。如果我们不区分民主的实质和形式，就正好落入西方话语陷阱，也永远讲不清楚民主集中制的问题。

为了进一步理清民主集中制中“民主”的准确内涵，我们有必要重温革命领袖的论述。

列宁第一个提出民主集中制概念，我们来看看他是如何论述民主与集中问题的。他在《让工人来决定》一文中说：“现在整个党组织是按照民主原则建立的。这就是说，全体党员选举负责人即委员会的委员等等，全体党员讨论和决定无产阶级政治运动的问题，全体党员确定党组

---

① 《邓小平思想年编：1975—1997》，中央文献出版社 2011 年，第 712 页。

织的策略方针。”[①] 在《社会民主党和杜马选举》一文中，他又说：“俄国社会民主工党是民主地组织起来的。这就是说，党内的一切事务是由全体党员直接或者通过代表，在一律平等和毫无例外的条件下来处理的；并且，党的所有负责人员、所有领导成员、所有领导机构都是选举产生的，必须向党员报告工作，并可以撤换。”[②]

分析上面两段话我们可以得出结论，列宁所讲的民主，其实是指党员拥有的民主权利，列宁所说的民主原则是指充分尊重党员民主权利。

民主权利是一种自由，而且是一种保障性自由，但还不是自由的全部，全部自由应包括保障性自由和选择性自由。那么，列宁所说的民主是否局限于民主权利呢？不是的。再来看列宁的另一段话，他在《关于民族问题的批评意见》中指出：“其实我们主张的集中制是民主的集中制，民主就表现在它不仅不排斥地方自治以及具有独特的经济和生活条件、民族成分等等的区域自治，相反，它必须既要求地方自治，也要求区域自治。”[③]

可见除了民主权利外，民主的含义还包括地方自治，即包括选择性自由。由此可见，列宁所说的民主集中制，可以说，实质上就是我们所说的自由集中制。

列宁在《同立宪民主化的社会民主党人的斗争和党的纪律》一文中说：“我们已经不止一次从原则上明确谈了我们对工人政党的纪律的意义和纪律的概念的看法。行动一致，讨论与批评自由——这就是我们明确的看法。”[④] 列宁在这里讲的党的纪律是什么呢？尽管列宁没有指明，但我们仍然可以理解为民主集中制，因为工人政党的纪律只能是民主集中制。那么，作为党的纪律的民主集中制的概念就是：行动一致，

---

① 《列宁全集》第 13 卷，人民出版社 1987 年，第 191—192 页。

② 《列宁全集》第 14 卷，人民出版社 1988 年，第 249 页。

③ 张慕良编：《列宁民主集中制奥秘初探》，中央编译出版社 2012 年，第 16 页。

④ 张慕良编：《列宁民主集中制奥秘初探》，中央编译出版社 2012 年，第 27 页。

讨论与批评自由。显然，在这里，集中是指“行动一致”，民主是指“讨论与批评自由”。这再一次说明，列宁所说的民主，其实质含义是指自由。

毛泽东对民主集中制也有很多论述，比较著名的如：“一方面，我们所要求的政府，必须是能够真正代表民意的政府；这个政府一定要有全国广大人民群众的支持和拥护，人民也一定要能够自由地去支持政府，和有一切机会去影响政府的政策。这是民主制的意义。”① 又说：“只有这个制度，才既能表现广泛的民主，使各级人民代表大会有高度的权力；又能集中处理国事，使各级政府能集中地处理被各级人民代表大会所委托的一切事务，并保障人民的一切必要的民主活动。”② 从上述论述中可知，毛泽东所说的民主其实也是指基层和群众的民主权利，或者说是指自由。

斯大林有一段话说得更为明确，他说：“如果把民主了解为党员群众有解决我们建设方面各种问题的自由，了解为提高党员群众的积极性并吸引他们来参加党的领导，了解为发挥他们在党内的主人翁的感觉，那么这种民主是我们有的，这种民主是我们需要的，并且我们会不顾一切地来不断发扬它。”③ 斯大林在此明确地说，“如果把民主了解为党员群众有解决我们建设方面各种问题的自由……” 可见，斯大林所说的民主就是指自由。

所以，从列宁到毛泽东，再到斯大林，他们所说的民主，其实质都是指民主权利，他们所说的民主制是指群众运用民主权利的机制，如选举制等。这种思想明显是受卢梭人民主权理论的影响，与西方当今从普选制来定义民主，把民主定义为民主权利，理论上是一致的。这也是他们那个年代所处的时代局限所致，列宁、斯大林、毛泽东同样难免受到

① 《毛泽东选集》第 2 卷，人民出版社 1991 年，第 383 页。
② 《毛泽东选集》第 3 卷，人民出版社 1991 年，第 1057 页。
③ 《斯大林全集》第 10 卷，人民出版社 1954 年，第 280—281 页。

那个时代影响。这也说明，列宁、毛泽东、斯大林都没能彻底完成对西方自由主义的质疑；而邓小平在晚年说出“我们总有一天要找机会把民主集中制表述清楚”这样一个意思，说明邓小平已经洞察到西方自由主义民主和**民主集中制**这种表述的局限。

从启蒙运动以后，人类历史已经过去200多年，我们应当对民主有更全面准确的认识。笔者已经论述，民主权利作为一种自由，它是会背离民主的。在20世纪上半叶，**或者更早一些的时候，人类还普遍缺乏自由**，自由背离民主的现象还不是十分明显时，把民主定义为某种广泛自由还情有可原；**自由主义民主作为人类初级的民主定义，也有其可取之处和历史意义**。但是，自20世纪下半叶以来，**随着社会整体上自由的增加，自由与民主之间的区别已经到了不容忽视的程度**，如今自由背离民主已经成为世界性趋势，放任的市场自由导致两极分化，温室气体的长期自由排放导致地球变暖，如此等等，都出现个体理性而集体非理性的现象，各种因自由而导致的危机似乎已成燎原之势。在此情况下，如果仍然坚持只用自由来定义民主，那就是故步自封、食古不化了。如第三章所述，自由背离民主的弊端，只有通过集中才能得以校正。集中已俨然成为当代民主的难以回避的一个重要因素。而民主集中制这样一个命题，显然是把集中排除在民主之外，似乎暗示集中不是民主，这恰恰暴露了民主集中制这个命题的局限性。现在，非常需要一种通过自由和集中这两个因素来**共同**定义的新的民主制度，我们称之为“自由集中制”。

根据前面的分析，现在已经清楚，我们常说的民主集中制，从哲学层面上讲，更科学、更准确的表述应该是自由集中制，而自由集中制是一种超越西方民主的高级民主制。这种民主制度在中国的实践中已经取得了巨大成功。这样，本节开始讲的那些概念上的矛盾也就迎刃而解了；或许邓小平晚年希望讲清楚民主集中制问题的愿望，也能够在一定程度上得到解决。

从政治学上的民主集中制还原为哲学上的自由集中制，是理论上的重大飞跃，其意义极其重大。没有这一“跃”，不足以解读当代中国的社会现实；没有这一“跃”，不足以定义人类社会的未来秩序。一方面，自由集中制继承了民主集中制的原理，即把民主基础上的集中与集中指导下的民主相结合，转化为自由基础上的集中与集中指导下的自由相结合。另一方面，正是由于把一个政治学原理转化为哲学原理，于是使这个原理获得了普遍意义，它可用于调控包括政治自由、经济自由和社会自由在内的更为普遍多样的自由，从而可以用自由集中制来全面解读中国发展模式。

正是由于民主集中制的本质就是自由集中制，所以，从现在开始，为了叙述的方便，民主集中制与自由集中制这两个概念将等同理解和使用。

自由集中制之党的领导

中国发展模式最鲜明的特色是中国共产党的领导，不理解党的领导，就不能理解中国发展模式。《中华人民共和国宪法》规定：“中国各族人民将继续在中国共产党领导下……把我国建设成为富强、民主、文明、和谐、美丽的社会主义现代化强国，实现中华民族伟大复兴。”中国共产党与其他党派、社会力量的关系，是自由与集中的关系，中国共产党的领导意味着中国共产党是中国社会各种政治力量的集中者，党的领导是自由集中制一个具体体现。

中国共产党之所以是执政党，是由其自身性质决定的。《中国共产党章程》规定：“中国共产党是中国工人阶级的先锋队，同时是中国人民和中华民族的先锋队，是中国特色社会主义事业的领导核心，代表中国先进生产力发展的要求，代表中国先进文化的前进方向，代表中国最广大人民的根本利益。”除了人民的利益，党没有自己的特殊利益，党的宗旨就是全心全意为人民服务。这种代表人民利益、服务人民利益的道德使命，是中国共产党作为领导党地位和最终集中者的前提和基础。

中国共产党的领导地位也是历史形成的。中国共产党诞生于民族危难之际，从它诞生那天起，中国共产党就是以振兴中华、救人民于水火之中为己任。中国共产党带领全国人民经过长期艰苦的斗争，终于推翻“三座大山”，建立中华人民共和国，使中华民族自立于世界民族之林。此后，中国共产党又领导全国人民进行了社会主义建设的艰苦探索，其中不乏挫折与曲折，但中国共产党百折不挠，砥砺前行，终于找到了建设中国特色社会主义的道路，使中华民族伟大复兴胜利在望。历史证明，不管在任何时候，中国共产党都是全中国人民利益的忠实代表。中国共产党的领导地位是历史赋予的，是当之无愧的。

西方国家的政党，都是代表部分社会阶层的利益，因此他们可以实行多党轮流执政。中国共产党作为代表全民利益的党，在中国是唯一的。一个国家不可能同时存在多个全民利益的党派，因此，代表全民利益的中国共产党作为执政党，就具有一党执政的特色。

全民利益党作为执政党，出于代表、服务人民利益的道德使命，它能够做到自我加压、自我鞭策、自我监督、自我变革，整个改革开放的历程就是这样一个自我加压、自我鞭策、自我监督、自我变革的过程。一党执政而不专制，还能够创造世界奇迹，原因就在这里。西方学者纳闷：世界上那么多威权国家经济发展都很差，为什么中国这个一党执政的“威权”国家能发展很好？因为他们搞不清集中与威权的区别。这是中国发展模式最核心的内涵，也是西方政治逻辑最难理解的部分，更是中国发展模式最难复制的部分。

党的十八大以后，以习近平为总书记的新一届党中央全力推进反腐和改革，引起国际惊叹。日本媒体就惊呼：“习近平的力量来自哪里？”他们从个人理想、从政能力、群众支持等诸方面进行解读，显得肤浅而又可笑。其实，习近平的力量来自代表、服务全体人民利益的道德使命，共产党的力量都来源于这种道德使命。

一党执政的自由集中制，一个巨大优势是，它能够制定并逐步实施国家超长期发展目标。前文说过，代际矛盾是西方委托代理制民主的死穴。西方多党轮流执政，使得政客们总在想三五年以内的事，认为考虑长远的事是吃力不讨好的。委托代理关系迫使他们片面考虑当代社会成员的利益诉求，忽视甚至牺牲后代的利益保障问题，导致代际矛盾越来越大。中国的政治领导人却在考虑十年、三十年、五十年以后的事情，在考虑三步走战略和两个一百年目标，以民族的长远发展为出发点。这是代理制与代表制的重大区别。

一党执政的自由集中制还能够保持政策的连续性。当今全球化时代，任何重大社会经济政治问题的解决，都需要系统解决方案和长期贯彻执行。西方体制已经落后于时代，重要社会矛盾很难解决。中国体制能够保持政策连续性，一届班子接着一届班子干，使问题不断得以解决。

自由集中制的一党执政，还形成了一个中性政府，它能够更好地兼顾和调整社会各阶层的利益、短期利益和长远利益的关系，使社会更加公平公正。

自由集中制的一党执政，更易于处理改革、发展、稳定的关系。没有稳定，任何改革和发展都无从谈起。不改革、不发展，稳定也无法保障。只有从社会整体利益和全局的高度来谋划，改革、发展、稳定的关系才能得到把握和稳妥的处理。自由集中制的一党执政，从服务全体人民利益的道德使命出发，综览全局、循序渐进，分清轻重缓急，不为眼前利益所迷惑，不因阻力大而止步，迎难而上，当为则为，积极主动地处理改革、发展、稳定的关系。

有一个例子很能说明问题。曾任新加坡驻联合国大使的马凯硕认为，“中国怀有一种强烈的民族主义情绪”，这源自中国曾遭受百年屈辱的观念；而这种情绪并非局限于社会边缘群体，实际上，对此最深信不疑的往往是受过良好教育的中国精英，尤其是那些曾在美欧等海外地区留学的人。马凯硕还认为，如今中国共产党正在抑制这种民族主义情绪；倘若中国实行自由民主制度，这些力量将倾泻而出，并成为西方世界的一个“噩梦”：因为“一个自由民主化的中国将更加倾向民族主义，成为更危险的国家”，因为“被压抑了 200 年的怒火”将会爆炸。在马凯硕看来，相比之下，中国共产党更关心对其执政至关重要的国内事务；只有在中国共产党的领导之下，中国才最有可能在全球秩序中发挥负责任利益攸关方的作用。[①]

马凯硕的上述分析有非常独到之处。中国共产党为了振兴中华的民族整体利益，不会放任民族主义这把双刃剑干扰中国的现代化进程，以免中国被这把双刃剑自伤而自毁前程。这个例子恰好说明，自由集中制的一党执政，最有能力处理改革、发展、稳定的关系。

自由集中制之政治体制

我们常说的民主集中制，本质是自由集中制；而这种自由集中制贯穿于中国政治体制的各个层次、各个环节。

作为执政党的中国共产党，其组织原则是民主集中制，并在《中国共产党章程》中明确规定了民主集中制的六条原则。

《中华人民共和国宪法》也规定：“中华人民共和国的国家机构实行民主集中制的原则。”中央政府与自治区政府、中央政府与特别行政区政府都是民主集中制的关系，用以调适中央政府与不同地方政府的关系，这说明民主集中制具有极强的弹性和适应性。

中国共产党领导的多党合作与政治协商制度本质上也是自由集中制。

---

① ［新］马凯硕：《中共执政有利全球秩序》，王会聪译，《环球时报》2014 年 10 月 23 日。

西方多党议会政治与自由集中制政治存在根本逻辑上的不同。在自由集中制下，既有上级政府的必要集中，又有下级政府的高度自治，既有利于发挥两个积极性，又有利于维护整体利益。中国共产党与各民主党派、各人民团体、社会各界民主人士不是执政与在野的关系，而是执政与参政的关系，共同追求社会最大公约数和社会利益最大化。自由集中制是比西方普选制更为有效、更为高级的民主机制。

中国的人大代表和政协委员也不是西方的众议员和参议员。西方的议员代表各自利益集团，相互进行零和博弈。中国的人大代表和政协委员既代表各自阶层、各自地区的局部利益，又代表整体利益，他们的目标不是为了局部利益而牺牲他人利益和整体利益，他们实质上是整体利益和局部利益的协调者。正因为这样，中国可以实行协商民主，避免西方的否决制，通过协商达到整体利益最大化。

对于中国这种自由集中制，著名学者胡鞍钢给出了高度评价：

> 民主集中制不同于西方的民主制度，它是一种新型的民主制度，又是一种具有生命力的民主制度。它是民主基础上的集中和集中指导下的民主相结合，旨在努力造成又有集中又有民主、又有纪律又有自由、又有统一意志又有个人心情舒畅的生动活泼的政治局面。民主集中制成为中国政治的基本原则，无论是执政党、国家领导制度，还是基层政权和组织，都是普遍适用的，只是具体形式有所不同。这就超越了西方的民主制度，比它多了“一条腿”，我称之为“两条腿走路”，或者两大支柱。既有民主，又有集中；先民主，后集中；在民主基础上的集中，在集中指导下的民主；再民主，再集中。这样一来，各方参与者就成为可重复、可检验的政治博弈关系，有助于求同存异，激励合作，达成共识，既可以集中全国力量办全国大事，也可以集中本地力量办本地大事。这种优势已经为中国从国家到地方到基层的实践所证明，是最有效的制度和办

> 法。有民主无集中，就是无政府主义，任何国家和地方的大事都办不成或办不好；有集中无民主，就是专制主义，“成也在汝，败也在汝”。在中国这个十几亿人口的大国，如何成功治理是没有先例的，实行民主集中制就是最大的民主实践，大大超越西方的民主制度及实践，既避免了无政府主义的一盘散沙、四分五裂、一事无成的局面，也避免了专制主义的个人高度集权、个人凌驾于组织之上、家长制的危险。民主集中制就如同一个巨人的两条腿，走路既走得稳，又走得远，还比一条腿走得快。这也解释了，为什么中国能够快速地追赶美国。[①]

对中国政治体制给予好评的，在西方也不乏其人。英国伦敦政治经济学院亚洲研究中心客座研究员马丁·雅克发表了题为《中国政治制度有明显的优越性》(见本章后的延伸阅读）一文，他敏锐地洞察到，中国政治制度继承了中国传统政治文明因素，这一点尤其令人敬佩，因为很多西方学者都很难看懂这一点。

美国中国问题专家罗伯特·劳伦斯·库恩，在2015年7月1日的《人民日报》上发表文章《理解中国共产党才能真正理解中国》。文章说道：

> 对世界而言，要解读中国共产党，核心问题在于理解为何在现有国情下，中国共产党领导的多党合作和政治协商制度最适宜中国。在中国共产党领导下，中国发展取得了巨大成功，这显示了中国政党制度的益处远远大于成本。
>
> 有人认为多党竞争制度会使中国更加稳定，但这完全脱离中国实际，纯属一厢情愿、痴心妄想。

---

① 玛雅主编：《道路自信：中国为什么能》，北京联合出版公司2013年，第20页。

千年之后，当人们编纂悠久的政治编年史时，今日中国可能成为一个建设繁荣民主社会的成功案例。

库恩预测未来的政治编年史将有中国政治体制的一席之地，可见库恩对中国体制充满信心。

自由集中制之经济体制

林毅夫教授说，政府做好政府该做的事，市场做好市场该做的事，两只手都重要。林毅夫道出了中国经济体制的重要特点：“看不见的手”与“看得见的手”两手并用。也有人将这种经济称为混合经济。笔者把这种经济体制称为自由集中制，自由即自由竞争、市场经济，集中即政府干预、宏观调控。

中国的改革是一个市场作用不断增强的过程。十二大提出计划经济为主、市场调节为辅，十三大提出大力发展有计划的商品经济，十四大提出建立社会主义市场经济，十六大以后提出发挥市场的基础性作用，十八大以后提出发挥市场的决定性作用，市场的分量不断加重。因此有人说，中国的改革就是市场代替政府的过程，改革的最后目标就是完全市场化。

那么，政府是否应该完全退出经济活动呢？中国发展模式是否就是市场化？

前文曾经论述，自由一任性就会出问题。由于外部效应，自由发展到一定阶段必然导致系统危机。总体来讲，自由导致系统危机，主要是三种形式。

一是由于自由行为产生的外部负效应的不断积累，导致扩张性危机，如生产过剩的经济危机、车辆增加导致城市交通拥堵、温室气体排放致使气候变暖、市场竞争导致两极分化不断扩大、人口无序增长等。

扩张性危机表明，即便所有的人都赞成、都追求的事物，也未必是合理的。

二是由于社会存在不同利益而导致的不同自由行为者的对立性危机，如资本家要求减税，中产阶级则要求增税；资本家追求一切都市场化，劳工阶层则要求建立完善的社保体系等。这种对立性危机最终一定会导致“囚徒困境”，这就是自由主义社会毫无例外都会走向社会分裂的原因。

三是由于自由行为者会逃避某些行为或者因为无知而不会采取某些行为，从而产生的缺失性危机。我们不妨把前者称为自觉型缺失性危机，把后者称为无知型缺失性危机。就前者而言，自由行为者因为没有经济性而不愿作为，从而导致公共产品、新产品、创新活动等缺失。比如，航空公司不愿开通新航线，因为这些新航线往往客座率不高，经济性太差。就后者而言，自由行为者由于文化、知识、经验等欠缺而不知道该如何作为。如中国社会长期落后于西方，是由于中国文化中没有科学传统，如此等等。缺失性危机表明，所有的人都不去作为的事物，未必是不必要或不合理的。

自由的三种危机形式表明，一个自由至上的社会迟早要崩溃。笔者把这种自由必将导致的危机称为“自由的死穴”。在当今西方世界，这种自由的死穴已经从潜在状态发展到完全的显性化。正因为如此，笔者才敢断言，自由主义是西方文明的最高阶段。而统观世界各国，在笔者看来，各种各样的危机基本上都是自由的这个死穴发作的结果。

这些系统性危机，依靠自由行为者本身或者无法修复，或者修复速度极慢，必须依靠集中的力量、政府的力量来克服这些危机。对扩张性危机，政府要予以限制，如限制购车，限制排放等；对对立性危机，政府要予以缓和甚至裁决；对缺失性危机，政府要予以修补。比如基础设施，对于企业来说，它就是公共品，企业不会主动提供外部性经济要素，必须政府来提供。改革开放以来，中国经济的一大特色就是区域竞争。区域竞争不是企业之间的竞争，而是区域政府之间的竞争。竞争什么？就是外部经济体系的竞争，谁能够构建更为完善的外部经济体系，就能够使企业有效降低交易成本，形成产业聚集，推动地方经济发展。产业升级也一样，不同产业需要不同的外部经济体系，新的产业需要新的外部经济体系，政府如果不主动去构建新的外部经济体系，产业升级就难以实现。笔者认为，这也是林毅夫教授提出的新结构经济学基本原则的精神所在：以市场经济为主导发展比较优势产业；同时需要政府解决这些产业发展所需要的、企业自身又难以协调的外部性问题。绝大部分自由市场经济体都陷于中等收入陷阱，就是因为其政府没有去协调解决产业转型所需要解决的外部性问题，以为市场可以自动解决这些问题，而实际上市场自身可能永远解决不了这些问题。

创新活动在初始时是没有经济性的，这可以看成缺失性危机。因此不能把创新完全看成企业的事、市场的事；在促进创新上政府应该有所作为。俄罗斯记者丹·梅多夫尼科夫和季格兰·奥加聂相在《中国创新之路值得学习》（见本章后的延伸阅读）一文中敏锐地观察到，中国创新的成功恰恰归功于中国政府对创新的政策支持。

外部效应原理告诉我们，政府的作用是永远不可或缺的，放任自由的市场是不成立的。俄罗斯官员显然不懂市场在创新中会失效的问题，不懂自由集中制的原理。著名民营企业家向文波说："我对中国经济前景的信心也是来自这一点，中国政府确实有很强的经济调控能力。"① 这个话由一位民营企业家说出来是非常值得深思的。前些年，有美国人曾经说，中国是一个没有创新能力的国家。随着中国改革的深入，又有美国人说，中国即将成为世界创新的中心，甚至已经开始威胁到美国。在 2016 年举办的宾大沃顿中美峰会上，小米创始人雷军说，过去 5 年，中国创业和创新环境的改善让人无法想象。这种转变是如何发生的？是

① 玛雅主编：《道路自信：中国为什么能》，北京联合出版公司 2013 年，第 95 页。

中国社会的自由突然增加从而促进创新吗？显然不是。实际上，总体来说，中国从古到今从来就不阻止科学创新，国家也早就提出了科教立国的战略；但是，长期以来，科技创新活动还是不尽如人意。之所以这几年如雷军说的那样，中国的创业创新环境发生了无法想象的变化，秘密就在中国政府：是中国政府这些年实实在在地采取了很多措施，弥补了中国文化中的固有缺损因素，从而强力推动着、引导着中国社会的创新活动。可以说，造成目前中国创新活动蓬勃发展的主要原因在政府，在于政府集中的力量，而不是自由的力量。诺贝尔经济学奖得主埃德蒙·菲尔普斯就曾说过，近几年中国创业公司数量不断攀升，主要得益于政府采取的政策。[1]

中国经济体制不能简单地用市场体制或计划体制来解读，中国经济体制改革的目标也不是纯粹的市场体制。中国的经济体制是一种自由与集中相结合的体制。在中国经济体制中，自由也好，集中也好，都是其内在的、不可或缺的组成部分。笔者对中国经济的信心就在于此。几十年的实践证明，中国经济体制总有办法解决各个时期经济生活中的主要矛盾，从而推动经济不断发展。值得指出的是，当今的西方经济学、宏观经济学、政治经济学，所有这些经济理论都不足以解释中国改革开放的经济实践，中国需要一种建立在自由集中制原理基础上的新经济学。

在强化市场作用的同时，中国政府努力提高宏观调控水平，这是中国经济体制的一大特色。中国经济改革的目标不是要不要宏观调控的问题，而是如何优化宏观调控的问题。宏观调控的方法因经济环境的变化而变化，非常丰富多彩，如五年规划、产业政策、税收政策、财政政策、货币政策、价格政策、行政手段（淘汰落后产能、基本农田保护、原油价格 40 美元托底等）、法律手段等。尤其是十八大以后，宏观调控已经从大水漫灌式调控发展到定向调控、精准调控，调控的效果也越来

---

① 《三位诺奖得主：中国有能力引领创新，能实现经济增长目标》，2016 年 4 月 5 日，见 http://news.xinhuanet.com/world/2016-04/05/c_ 128864813.htm。

越好。辜胜阻、吴瞳的《宏观调控保障中国经济行稳致远》(见本章后的延伸阅读)一文对中国宏观调控的方法和作用做了非常精练的概括。

自由集中制之基本经济制度

《中华人民共和国宪法》规定:“国家在社会主义初级阶段,坚持公有制为主体、多种所有制经济共同发展的基本经济制度。”这样一种公有制和多种所有制并存的经济制度,正是自由集中制在基本经济制度上的体现:多种所有制是基本经济制度中自由的部分,公有制是基本经济制度中集中的部分,两者相得益彰。

需要强调,战略性资产一定要国有。所谓战略性资产:第一是影响深远,牵一发而动全身;第二是具有不可替代性。因此,战略性资产天生具有公共品的属性。这样的资产一旦归私人所有,它产生的外部效应是社会所无法承受的。比如土地这种战略资产,如果是私有的,它就要追求自身利益最大化,追求最大利益的手段不是竞争而是寻租(在第五章已经论述过,资本最喜欢通过寻租来追求利润,竞争只是最后手段;所以战略性资产国有是抑制资本寻租、鼓励竞争的重要手段);政府就很难对土地进行统一规划使用。为什么印度建设基础设施那么难?就是因为土地是私人所有,建一条高速公路,要与很多私人土地所有者谈判,博弈的结果是政府败下阵来,高速公路修不成。从这个意义上说,战略性资产国有,是从根本上防止某些无法承受的负外部效应的产生,是釜底抽薪之举。

战略性资产国有还客观上保障了中国共产党的执政地位。中国共产党的执政地位也是需要经济基础的,这个经济基础就是战略性资产。有这些战略性资产在国家手中,客观上说,执政党才能代表全民利益,政府才能是一个中性政府,才能有效地协调各方利益,沉着地处理改革、发展、稳定的关系。假如这些战略性资产在私人手中,从长远来看任何政府都会向这些私人低头，因为私人资本出于自身利益最大化的需要，一定会拿战略性资产要挟政府，就像美国资本集团通过100多年的“磨合”最终绑架共和党那样。所以没有战略性资产的国有，就没有中国发展模式。战略性资产国有不是一个纯经济问题，还是一个政治问题。

一个国家的政治独立有赖于经济上的独立，经济独立就必须自己掌握核心技术。但是，核心技术从来就不是纯经济问题。2015年，美国宣布对中国实行某些芯片禁运，有钱也不卖给你。所以核心技术必须自己研发，必须掌握在自己手中。可是研发核心技术谈何容易！中国作为后发国家，真正的核心技术需要我们打持久战，实施长期跟随、努力赶超，进行深度创新、集成创新，这个过程前期投入极大，有时甚至需要不计成本、不计代价。重大核心技术创新，私人资本往往干不了、干不起，只有国有企业出于某种使命去干。这个道理与上一节中俄罗斯记者谈的道理是一样的。

深度创新领域如航空发动机所需合金材料研发，没有这种材料航空发动机就造不出来。我国师昌绪院士为此获得国家最高科学技术奖。这种事情需要一个团队默默无闻地干一辈子，还未必能有结果。民营企业谁能干？

集成创新领域如高铁研发，国家动员整个铁路系统的技术力量，实施集成创新，短期内实现高铁技术的赶超，成为中国制造业名片。这样的集成创新，民营企业是干不了的。铁路系统被称为中国国有经济的最后堡垒，但是中国铁路系统的运输效率和铁路制造技术如今都是世界最高水平，这本身就是一个令人深思的现象。相反，我国的汽车产业倒是早就市场化了，但是恰恰是汽车产业，我国至今不掌握核心技术。

还有一些核心技术，既是深度创新，又是集成创新，如航空母舰，这种核心技术更是只有国家能干。

对后发国家来讲，核心技术可以理解为系统的缺损性危机，国有战略性资产起到了对缺损性危机的补偿纠偏作用。

向文波说："中国的政治、经济体制是非常适合现阶段发展需求的，我们必须坚定地走自己的路，不要自乱阵脚，不要迈错步子。我们的方向是对的，这个方向是什么？首先是共产党一党执政。同时在经济上，一方面国家对战略性资源实行国有，比如土地、石油、矿产，这些应该是国有化的，另一方面是竞争性产业的高度市场化。这两个方面把握好，中国的经济发展就会很有秩序，同时也不会缺乏活力。"① 可见，一个自由集中制的经济制度，是既有秩序又有活力的经济制度。而这样的制度，不正是我们追求的目标吗？

中国国内目前对国有企业正面研究和宣传非常不够，然而私有化的声音却非常有市场，媒体和一般民众大都停留在表面认识，满足于人云亦云，这是很不正常的。国家应该加大对国有经济的研究和宣传，真正让人们从心底确立对国有经济的正确认识。香港媒体对国有经济有着深刻认识，而内地达到这种认识水平的舆论却很少看到。香港《南华早报》在 2014 年 5 月 13 日发表过一篇署名为乔·张的文章《国有经济是中国的秘密武器》(见本章后的延伸阅读)，文章认为：中国国有经济为本国的经济需求提供一种更安全、更保险（放心）和更富有成效的解决之道。

自由集中制之渐进改革

已经公认，中国的改革是渐进式改革，也有的叫双轨改革，还有的叫边缘革命。这些叫法无非是区别于一步完成的休克疗法。在笔者看来，虽然说法不同，实质是一样的。没有双轨制或边缘革命，就不会有渐进式改革。

实际上，在非自由集中制环境下，是不可能有渐进式改革的。比

① 玛雅主编：《道路自信：中国为什么能》，北京联合出版公司 2013 年，第 95 页。

如，奥巴马要进行医疗改革，要进行金融监管体制的改革，他的运作程序就是先找一帮人起草法案文本，然后把该法案提交参众两院分别表决，通过后付诸实施。通不过法案无从谈改革。

中国的运作程序完全不一样。第一步，中国会找几个单位或地区首先进行试点。试点可以有不同的模式，以便检验哪种模式效果更好，这是体现自由。第二步，对试点经验进行总结，根据不同试点经验进行分析完善，找到最佳的改革方案，这是自由基础上的集中。第三步，全面推广，各地可以根据本地实际，创造性地进行推行，落实上级的改革精神，这是集中指导下的自由。

在试点基础上制定的改革方案，比较稳妥，不容易出差错，这是稳健的一面。一旦进入全面推广，借助组织的力量，推行起来速度极快，效率极高。所以自由集中制的方法，从群众中来，到群众中去，既稳健又高效。按照自由集中制的方法进行改革，把一件事分成三步完成，一定是渐进的；在试点期间，新老体制同时存在，又是双轨的。

我们以医改为例，来说明这个问题。北京大学李玲教授对中国医改深有体会：

> 新医改……解决了一个看病难、看病贵的问题，我的评价是，它为我们未来的改革开启了一条新路。
>
> 这三年从2009年开始，我一直都参与了。老实说，2009年医改方案刚出来的时候，我挺担心的，因为方案可操作性不强，背后还有利益博弈，以及官员们的糊涂认识。
>
> ……
>
> 当时中央说了，政府主导、公益性，方向原则都很明确（确定原则是集中——笔者注），但是在内容上，医改方案一点不具备操作性，基本上你想怎么做都可以。
>
> ……

所以我当时心存疑虑。但是后来做起来，我发现基层有很多人真干事儿。上面不大好操作的方案下来，基层能创造性地落实，中国发展的真正动力在基层（创造性地落实原则是集中指导下的自由——笔者注）。

……

医改做得最好的是安徽省。安徽的常务副省长孙志刚，他真去干，真去改，落实基本药物制度。当时国家定了 307 种基本药，这些药在基层用，要取消加成，实施零差率。

我们允许医院对药品加成 15%卖给病人，落实基本药物制度，实施零差率，就是在基层这 15%不能加了，进什么价卖什么价，这 15%由政府补贴。

孙志刚下去调研，发现乡镇卫生院基本上靠药养着，根本不是 15%的加成，100%的都有，平均在 75%以上。也就是说，落实基本药物制度，如果只取消 15%的加成，根本无济于事。它还是在以药养医的旧制度上运行，只不过 15%由政府掏，那医生更要多开药了，所以还是个无底洞，根本解决不了老百姓的医疗问题。

孙志刚发现医改方案不可操作，他就自己设计（这是集中指导下的自由——笔者注）。他的设计是，要真正解决老百姓的看病问题，乡镇卫生院一定是不能赚钱的，必须回归公益性，变成真正是政府办的乡镇卫生院和城市社区医药服务中心，政府保证它的运行经费、人员工资。回归公益性机构后首先是人的问题，如果还按旧的机制，养了很多庸人，可能会回归大锅饭，干好干坏一个样。所以他设计了竞争性的用人制度，让所有社区、乡镇卫生院的医生重新上岗，定编定岗不定人，把没有资质的人员都分流了，将近 2 万人。而且做得很平稳，没出任何事，给他们出路，让他们心服口服地离开。然后是激励性的分配制度，首先严格岗位定位，你上岗后要完成什么职责，对你怎么考核，干得好拿多少钱，干得不好拿多少钱，实行优劳优得。

他最厉害的一套设计是药品的招标采购。为什么我们现在药品越来越贵？因为都是假招标，都是利益。所谓招标是要以量来定价的，但我们现在没有量价挂钩，因为不知道一个药用多少量，所以招的都是虚标。什么叫虚标？就是一个药，一招标几十家药厂都中了，用谁家呢？这些药厂就二次公关、三次公关……为什么给医生和医院送钱？你要用我的药啊。孙志刚的设计是，把这中间的部分挤掉，因为不是药贵，而是在流通过程中价格涨了几十倍甚至上百倍。他就想出一招，真是中国人的智慧。他说，我是6800万人的市场，我给市场。一个药我只招一家，你中标以后这个市场全是你的，你不需要公关了。这样一下子就把药价给杀下来了。

所以，安徽医改的整体设计是环环相扣的，是综合医改……安徽医改是一个系统的重新构造，破除了以药养医的旧制度，建立了保障公益性的新制度。从某种程度上说，是安徽医改的成功救了中国的医改。

……

（李克强总理）多次召开医改现场会，从各地的实践中总结经验教训。在这个过程中，他很快就发现了安徽经验，并不断指导和推进，最终将安徽经验上升为全国模式（这是自由基础上的再集中——笔者注）。

……

基层医改2009年开始，2010年起色不大，2011—2012年，安徽模式在全国推广，基层医改的效果一下就显现出来了。2012年我跑了一趟基层，普遍反映好极了，农民现在真的看得起病了。各种渠道——全国人大、政协的人员下去调查，回来都说，基层医改真是了不得，老百姓普遍叫好。农民说，这些年共产党干了两件好事，义务教育和医疗改革。

……

对新医改，中央有顶层设计：定目标方向和原则方案，然后地方去探索实现的路径。这种自上而下、自下而上、上下联动、允许试错、政府可控的中国式改革，既使中央政府能够把握方向目标，又充分发挥了地方的积极性和创造性，因地制宜地探索改革的方法和路径，是实践—认识—再实践—再认识的典范。这也是中国改革的模式，如果我们遵循这样的模式，就没有解决不了的问题。①

中国医改是自由集中制的典型运用，充分体现了自由基础上的集中和集中指导下的自由相结合，以及再集中—再自由的循环，其结果是又好又快地推进改革。其实，仔细观察、略加分析就会发现，自由集中制是中国改革普遍形式，从当初的农村改革、特区改革、价格改革、国有企业改革，到非公经济发展，以及如今正在推进的自由贸易区，基本形式都是自由集中制。

中国这样改革是不是比美国式改革效果会更好呢？美国式改革，法案完全是建构的，是理论的，从理论到理论；到参、众两院审查，还是从理论到理论，法案内容科学与否其实没人知道；法案通过了，实施效果也未必好。像金融监管法案，洋洋洒洒据说几千页，谁能搞明白？又怎么落实？中国的改革方案则大都来自实践，关键问题、关键环节一目了然，贯彻落实起来也能够抓住要害。

按照自由集中制的方法进行改革效果很好，这已经为实践所证实。但是，这种方法只有在中国这样的体制环境下才能施行，在西方多党制下，执政党一换，什么都得重来。所以，自由集中制下渐进式改革，是完完全全的中国特色。

---

① 玛雅主编:《道路自信：中国为什么能》，北京联合出版公司，2013 年 11 月，第 120—123 页。

自由集中制之思想文化体制

思想文化体制，这是一个极其重要又极其难谈的问题。但是讲中国发展模式而不讲其思想文化体制，这样的中国发展模式显然是残缺的、不完善的。中国发展模式创造了中国奇迹，难道这里面没有中国思想文化界的功劳吗？难道真的是误打误撞的结果？当然不是。中国奇迹与中国的思想文化体制息息相关。

那中国的思想文化体制又是什么呢？

首先，中国奇迹产生了相应的中国思想、中国理论，这就是中国特色社会主义理论。环顾全球，这是当今时代最伟大的理论贡献。凯恩斯主义只是古典自由主义的改良，新自由主义自称是古典自由主义的翻版（其实只是片面的翻版，真正的古典主义并不放任自由），中国特色社会主义理论却是对经典马克思主义和苏式社会主义的全面超越，是真正原创性的理论创新。正如中国人民大学重阳金融研究院执行院长王文说的："至今全世界还很少有人能真正发掘中国发展的秘密，中国发展是一个思想宝藏，等待全世界最聪明的人去发掘。"[①] 其实不是没有发掘，中国特色社会主义理论本身就是一个理论体系，而且可能是最近半个世纪以来全世界最重大的理论创新成果，只是西方人读不懂。

那么，中国的思想文化体制是什么呢？笔者认为，中国的思想文化体制也是自由集中制。从思想内容的角度来说，所谓集中就是有主流思想和指导思想，这就是中国特色社会主义理论；所谓自由就是承认，中国特色社会主义理论也需要不断发展，不断创新，不断跟上实践的步伐，允许不同的理论进行百家争鸣，从而吸收一切优秀的理论成果以完善自己。

实践证明，中国的思想并不僵化，中国强调与时俱进，时刻准备发

---

① 王文：《波兰日记二：中国机遇 3.0 时代的到来》，2015 年 4 月 22 日，见 http://www.guancha.cn/WangWen/2015_ 04_ 22_ 316818_ s.shtml。

展和超越自己的思想。反观西方，发生了 2008 年世界金融危机这样的灾难，美国的世界影响力急剧萎缩，却并没有看到其自身有什么理论创新，还是死抱自由主义那一套教条，号称是“普世价值”，而“普世”就意味着僵化。

当今世界，中国一方面高举自己的主流价值和主流理论；另一方面，又积极学习一切有益的思想和文化，时刻准备发展和完善自己的主流价值和主流思想。这不正是思想文化领域的自由集中制吗？中国共产党已经成为全世界最善于学习的政党，中国共产党的集体学习制度已经成为各国理论界争相研究的现象。

从思想文化传播的角度来说，中国政府控制了大部分思想传播手段，这是集中。同时，现今互联网舆论也很发达，这是自由。在高校课堂上，老师们言论自由的尺度也很大，甚至有点太大了，以至有主流报纸出来呼吁：“老师，请不要这样讲中国！”

因此，总体来讲，中国的思想文化体制也是自由集中制，而且这种体制为中国的改革开放事业提供了有效的支持。否定这个基本判断，就难以理解中国奇迹何以产生。

在《变革中国：市场经济的中国之路》一书中，作者罗纳德·哈里·科斯对“中式市场经济”的弱点进行了重点分析。他称：“从经济到教育，从法律到政治，中国社会的每一个角落都缺乏充满活力的思想市场”，“缺乏自由的思想市场直接导致了科技创新乏力”“由于缺乏充满活力的思想市场，中国自己的人才正在逐渐流向海外。中国日益增加的金融资产盈余正好与巨大的人才赤字相匹配。这种尴尬而刺眼的不平衡，揭示了目前中式市场经济最严重的缺陷。”[①] 从中可见，科斯对中国思想市场的自由度评价很低。

笔者并不打算过多讨论科斯提出的观点，如“缺乏自由的思想市场

---

① ［英］罗纳德·哈里·科斯：《变革中国——市场经济的中国之路》，徐尧、李哲明译，中信出版社 2013 年，第 253、253、255 页。

直接导致了科技创新乏力”、“由于缺乏充满活力的思想市场，中国自己的人才正在逐渐流向海外”，这些观点似是而非，颇可商榷。中国今天面对的问题是：究竟要一个怎样自由的思想市场呢？是新自由主义的放任自由吗？在前文中提到，美国资本集团实现专制的关键环节，就是对舆论的控制。这种舆论控制，误导民众，愚弄民众，从而导致民有、民治与民享的背离，进而导致西方普选制民主的失效。而且不要忘了，这种控制正是以所谓“言论自由”的名义实现的，因为真正能够实现“言论自由”的，其实是有钱人。

因此，笔者认为，思想文化领域同经济领域一样，是不应该实行放任自由的，也应该实行自由集中制，有自由更要有集中。当然，自由与集中的界限是一个可以探讨和改进的问题，应该随着社会环境的变化不断进行调整。

在中国讲思想自由，还有必要考虑中国传统文化的影响。中国传统文化是一种伦理文化，而伦理本来就是非理性的。理性缺失不但体现在一般民众身上，也体现在知识分子身上。这是中国文化自身的弱点。叶嘉莹老人曾感叹，中国人为何如此不理性：

> 中国人常常这样子，一窝蜂过犹不及，听风就是雨，中国人非常感情用事，不理性，不冷静，应该沉下心来……我觉得中国现在就是很多人跟风，我连大家来访问我我都觉得莫名其妙，干吗这么多人来访问我，我也在中国待了 35 年了，怎么现在一窝蜂在这儿，我觉得这个没有什么意思。我不愿意浪费很多时间去做这样的事情，我有很多我自己要做的事情去做。但中国人我就觉得是一窝蜂，大家向东倒大家都向东，大家都向西都向西，说一怎么样，大家都来做。说是身体要打鸡血大家都打鸡血，说现在你要存盐大家都到店里去买盐，中国人怎么这么没有理性？自己不会冷静想一想判断一下，就是盲从、跟风。①

① 《我是穿裙子的中国“士”》,《大众电视》2015 年第 32 期。

邱震海先生也提出“中国人成熟吗?”的疑问，并力求从 12 个方面来探讨这个问题。①

笔者认为，理性缺失是中华文明最大的弱点，而理性主义恰恰也是西方文明最大的优点。科学理性主义是西方文化的源头和内核，经历了 2000 多年的淬炼，已经融入西方文明的血液。对中国来说，学习科学理性主义只有 100 来年的历史，是一种外来的东西，还没有真正融入中国文明的血液之中，这才是中、西方文明的真正差距。

科学理性主义有两个重要基点：一是尊重客观，二是理性思维。就尊重客观来讲，由于中国文化是伦理文化，历来重动机、轻结果，只要动机好、态度好，对其余可以不太在乎。而西方人为了实事求是，可以付出生命代价。就如对待中国发展模式，西方人尽管理解不了这个现实，但是早就承认了这个现实，“北京共识”还是西方人先提出来，他们敏感地意识到一种新的发展模式正在形成。中国知识界有些人却至今硬是不承认中国发展模式。

就理性思维来讲，中国人的欠缺就更多了。中国人从古至今总体来讲习惯于类比思维。曾有一位北京大学教授说，《道德经》是科学发展观的 1.0 版本，因为它们都讲究人与自然和谐；有一位中山大学教授说，日本、韩国都可以搞普选，中国当然也可以。如果用这种类比思维，来深入浅出地普及科学知识或者弘扬传统文化尚可，但作为中国高级知识分子代表，某些教授用类比思维的方式思考国家大事，且里面没有任何理性思维，就很不合适了。某些教授尚且如此，何况一般民众呢？正是这种类比思维，别人怎样我就怎样，造成了叶嘉莹所说的盲从、跟风现象。

在这样一种文化背景下，在这样一种理性缺损的人文环境下，实际上就是存在一种理性缺损性危机，过度的思想言论自由只能强化这种缺

---

① 详见邱震海：《访与思——中国人成熟吗?》，东方出版社 2013 年版。

损性危机，使全社会更加是非不分。当前的互联网舆论乱象丛生，已经在某种程度上呈现出这种倾向。

所以，如果说在西方理性主义文化环境下，自由会自然而然地结出科学理性主义果实的话，在中国这样一种非理性的伦理文化环境中，如果一味强调自由，则一定会自然而然地结出非理性之果。认为在西方社会通过自由浇灌可以产生科学发展和社会进步，在中国也同样可行，这在思维上来讲，仍然是一种简单类比，本身就是非常幼稚的。我们须记住“橘生淮北则为枳”的道理，中国与西方社会文化土壤完全不同，中国知识界千万不能被西方话语轻松忽悠。

所以，思想文化上的自由集中制是完全必要的。如果没有思想文化上的自由集中制，以中国非理性文化传统和思维特征，几十年来中国的思想也许早就乱了套，能不能有目前这样一个有利于改革开放的、比较稳定的舆论环境，还真是非常值得怀疑的。

中国式法治

中国式法治不是、也不应该是西方自由主义基础上的法治。正如中国发展模式是有限自由主义一样，中国式法治也是有限自由主义的法治。

首先，法治是极其重要的，是社会进步的标志和社会发展的保障。

第三章中曾经谈到“区分三种权利”的问题，里面有保障性权利和限制性权利。这两种权利是对全社会而言的权利，是具有普遍性意义的权利，是社会进步的标志，同时也是社会正义的标志。这两种权利靠什么来实现呢？就是依靠法律，法律规定对各社会成员保障什么权利和限制什么权利。政府则是法律的执行者。为了使两种权利得到完整、准确的落实，政府必须依法行政，政府行为不能超越法律规定的范围，这就是法定职责必须为、法无授权不可为。

《中共中央关于全面推进依法治国若干重大问题的决定》中明确指出:“依法治国，是坚持和发展中国特色社会主义的本质要求和重要保障，是实现国家治理体系和治理能力现代化的必然要求，事关我们党执政兴国，事关人民幸福安康，事关党和国家长治久安。全面建成小康社会、实现中华民族伟大复兴的中国梦，全面深化改革、完善和发展中国特色社会主义制度，提高党的执政能力和执政水平，必须全面推进依法治国。”① 这就充分确立了法治在国家治理中的重要性。

在“区分三种权利”一节中还提到，权利在任何时候都不可能、也不应该超越道德，权利不能优先于善。相反，权利在任何时候都要受到道德的限制，不能超越道德。一定的社会之所以要通过法律来确定社会成员的保障性权利，这种保障性权利或多或少，都是根据一定社会条件下实现“人是目的”这一道德目标的需要。任何社会治理，归根到底是人类自身对自身的治理，法律只不过是人类自身对自身治理的工具，这种工具能否得以有效运用，归根到底取决于人类自身。一个国家也同样如此，这个国家的治理归根到底取决于这个国家的人民，取决于人民的文化素养、法治意识和理性能力。人类社会最终的守夜人是人类自己，人是最终裁量者。这也是人类治理的矛盾之处、无奈之处和现实之处。所以，德治绝非可有可无，而是人类治理的最后希望所在。没有德治，法治只是无根的浮萍、无锚的帆船。

因此，我们就不难理解，《中共中央关于全面推进依法治国若干重大问题的决定》明确规定了“坚持依法治国与以德治国相结合”的原则，并明确，“以法治体现道德理念、强化法律对道德建设的促进作用，以道德滋养法治精神、强化道德对法治文化的支撑作用，实现法律和道

① 《中共中央关于全面推进依法治国若干重大问题的决定》，2014 年 10 月 28 日，见 http://www.gov.cn/zhengce/2014-10/28/content_ 2771946.htm。

德相辅相成、法治和德治相得益彰”。[①] 从“法治体现道德理念”“强化道德对法治文化的支撑作用”等表述看，相对于法治，德治则具有更基础性、制约性的作用。

根据有限自由观，在人类历史中，自由有一个渐进发展的过程。因此，作为对社会整体自由做出规定的法，也有一个渐进的发展过程。“法不溯既往”的原则，实际上就是承认法的发展的渐进性。正如我们经常讲的，改革没有完成时，实际上社会发展也没有完成时，因此法的发展也不会有完成时。法的善与恶是相对的，没有绝对的善法，也没有绝对的恶法。自由主义认为，只有按照宪政原则制定的法才是善法，其他都是恶法，而恶法不是法。这种观点完全是脱离历史的，是不成立的，甚至也否定了西方自己的法制史。这种观点的唯一作用就是威吓发展中国家的人民，以便于西方国家实施拔苗助长的策略。

从法治实践和运行机制上来讲，中国的法治是自由集中制基础上的法治，其最鲜明的特征就是坚持党的领导、人民当家作主、依法治国三者有机统一。人民当家作主是自由的部分，党的领导是集中的部分，三者统一就是自由集中制基础上的法治。《中共中央关于全面推进依法治国若干重大问题的决定》规定，党的领导的集中作用，具体体现在“领导立法、保证执法、支持司法、带头守法”[②]。

中国为什么要实行自由集中制基础上的法治？因为自由集中制是一种更高级的民主制，更能够代表广大人民群众的利益，能够克服单纯的西方自由民主制带来的弊端。

前面曾论述，自由会背离民主，“公意”会损害“公益”。近些年来，美国联邦最高法院以言论自由的名义相继取消了商业团体和公民个

---

① 《中共中央关于全面推进依法治国若干重大问题的决定》，2014 年 10 月 28 日，见 http://www.gov.cn/zhengce/2014-10/28/content_ 2771946.htm。

② 《中共中央关于全面推进依法治国若干重大问题的决定》，2014 年 10 月 28 日，见 http://www.gov.cn/zhengce/2014-10/28/content_ 2771946.htm。

人的选举捐款限额，这难道真的有利于美国广大民众利益吗？甚至有美国联邦参议员都认为，“这一裁决本身是一小步，但却是走向‘毁灭’的又一步”[①]。这是典型的自由背离民主的现实案例。实行自由集中制基础上的法治，就可以有效防止自由背离民主。

历史上的中国是一个缺乏法治传统的国家，公民的法治意识、法治思维普遍比较薄弱。这是由我们的历史传统决定的。从有限自由论的角度来说，这是一种缺损性危机。在自由的语境下，人们不容易自觉依法办事，如果没有集中的力量作为牵引，只依靠自由自发的力量，中国的法治道路可能极其漫长。正如中国本是一个缺少科学和创新传统的国家，如今依靠政府的引导，正在开创科技创新的全新局面。两者是一个道理，都是依靠集中的力量克服缺损性危机。中国共产党“领导立法、保证执法、支持司法、带头守法”，这样的集中作用将使中国更好、更快地走上法治道路。

颇有意思的是，弗朗西斯·福山提出有效治理三要素是强政府、民主和法治。这是对西方自由主义法治实践经验教训的最新总结，但这个结论却完全背离了自由主义“政府是必要的恶”、因而必须限制政府权力的传统法治理论。

西方所谓的民主是一种权利，相当于我们说的人民当家作主；强政府则相对于我们说的党的领导。福山的结论似乎正在向自由集中制基础上的法治靠近。

伟大的时代正在到来

综上所述，中国奇迹不是一个偶然事件，它表明一种迥异于西方发展模式的中国发展模式已经诞生。正如美国衰落是一种制度性的衰落一

① 《美最高法院推翻政治捐款限额》，《人民日报》2014 年 4 月 3 日。

样，中国的崛起也是一种制度性的崛起。

西方世界已经完成了矛盾的积累，走过了高峰期，其致命弱点已经暴露无遗，并且开始走下坡路。他们除非放弃无限自由的妄想，回归有限自由的正道，全面调整经济、社会、政治治理体制，否则西方世界必将走向末路。然而这种调整是基本价值和根本制度的调整，意味着西方要彻底改革当前的制度体系，因此也是极其困难的。西方世界会迈出改革这一步吗？目前看还不太可能，因为西方思想精英还没有广泛认识到自身衰落的原因，甚至还不承认自身正在衰落。不碰个头破血流，西方很难回头。但笔者相信，西方终究会迈出这一步，因为理性主义传统会帮助西方在未来某一天认清历史前进的方向。

中国发展模式则已经站到人类发展的前沿，露出了新体制的一缕清新的曙光，具有无限的生命力。两种体制交替已经开始，中国必将开启人类发展的一段崭新历史，迈上人类发展模式的新高峰。世界将拭目以待。

龙象之争是当今世界的一个热门话题。印度和西方舆论都热切地预测，印度的发展必将超越中国。然而，笔者自信地预测：印度超越中国永远不可能！中国的有限自由主义已经开始超越西方自由主义的典范，印度这个不怎么成功的自由主义后生怎么可能超越中国的有限自由主义？美国自由主义体制无法突破其外部效应积累下来的内部矛盾，导致其衰落；印度自由主义体制既无法突破其固有的内部矛盾，反而会强化这些既有矛盾，如人口爆炸（扩张性危机）、两极分化（对立性危机）、种姓制度（对立性危机）、男女不平等（对立性危机）等；更无法突破随着经济发展必将出现的新的矛盾，如产业升级（缺损性危机）、环境保护（对立性危机）等。事实上，印度在经济发展水平远远落后于中国的情况下，其环境难题可能已经超过中国。说得直白一些，印度当前之所以制造业落后，基础设施薄弱，税收与劳工制度掣肘，也是拜自由主义所赐。正是印度的西式自由民主体制，阻碍了而且还将阻碍印度突破这些发展瓶颈。由于印度没有美国那样优越的自然禀赋及科技创新传统，甚至在某些方面也不如中国，所以印度经济发展的更多瓶颈很快就会来临。到那时，依靠自由主义体制，印度将无法突破这些旧的和新的瓶颈，从而使经济发展很快趋于停滞。要当“印度邓小平”的莫迪总理，很想推动印度改革，他在 2015 年已经撞上了印度自由民主之“墙”，并被重重地弹了回来。《国际金融报》2016 年 1 月 18 日载文称：“印度 GDP 增长掩盖了阻止印度进入到可持续成长轨道的关键经济因素。如果这些关键经济因素得不到及时妥善解决，经济增长可能在未来几个季度再次放缓、动摇或减速。”① 笔者完全同意这个观点，并且自信地预测，未来的印度将极可能成为另一个巴西或阿根廷。

中国发展模式是一种新的发展哲学和新的发展逻辑，它是对过去世界发展模式的继承和发展。著名战略学者乔良教授说“千年一易的大时代降临”；台湾学者朱云汉说，我们正在进入一个 300 年未有之大变局；国防大学科研部原主任秦天，2014 年 12 月 24 日在《环球时报》发文预测，“一个伟大的时代正在向我们走来”（见本章后的延伸阅读）。

笔者基本同意这些观点。但是笔者想补充说，中国正在到来的时代，不只是“300 年未有”或“千年一易”，而是一个人类亘古未有的“伟大时代”。为什么是“亘古未有”呢？在第四章第二节中曾论述过，西方文明总体上优于中国传统文明；如今，中国博采中西方文明之长而形成的新文明，将会超越单纯的西方文明和单纯的中国传统文明。中国崛起是一种新文明的崛起，这种新文明将是亘古未有的。因此，完全可以预期，属于中国发展模式的人类“伟大时代”正在到来。中国人民要沉着地走自己的路，努力汲取中西文明之长，对自己的当前制度保持充分自觉和充分信心，满怀信心地迎接这个伟大时代的到来。

---

① 袁源：《印度经济的纠结》，《国际金融报》2016 年 1 月 18 日。

“中国治理模式更能带来善治”

2015 年 6 月 26 日，参考消息网转载了一篇文章，题目是《中国治理模式更能带来善治》（见本章后的延伸阅读）。这是一篇很有意思的文章，作者阿基莱什 · 皮拉拉马里从美国《大西洋》月刊的两篇文章开始谈起，结合历史与现状，认为：

第一，“民主与自由主义未必能共存”。这也是本书的基本观点。在西方存在着自由与民主相背离的问题，美国衰落是一个典型事例。我们看到，美国正是不断追求市场自由、政治自由和言论自由，从而导致自由与民主的背离，并导致资本专制，最终使国家走向衰落。作者皮拉拉马里承认了这个历史事实。

第二，“中国出现更好模式”，“一种混合型治理体制正在亚洲各地出现，能为世界各地采取更好的治理形式指明方向”。皮拉拉马里似乎在表明，中国发展模式超越了西方模式，因此，“能为世界各地采取更好的治理形式指明方向”。这也正是本书着力论证的观点。而且，自由集中制也确如他所说，是混合型治理体制。

从上述两点可以看出，部分西方学者已经意识到，西方体制确实出了问题；同时也意识到，中国发展模式已经走在了历史的前列。

与此同时，也要看到，皮拉拉马里无法解释西方模式为什么出问题、中国发展模式为什么更有效等问题。皮拉拉马里只是承认了西方体制确实出了问题、中国发展模式更有效这样一个事实，但他无法解释这个事实，更无法理解这个事实。从他所用的“半自由主义独裁”“中国的专制制度”等表述来看，他仍然只能用西方的眼光来评判东方发生的事情，他还理解不了“德治”“集中制”等中国政治传统的文化底蕴。他隐约感到了中国发展模式的“混合”特征，却无法更深层地理解这“混合”（即自由集中制）的极深的内在逻辑和哲学意涵。他的眼光甚至还不如 100 多年前的他自己那个西方前辈梅多斯，梅多斯都能够观察到中国政府“不是一个专制政府”，但“在形式上和机制上却是一个纯粹的独裁政府”。这恰恰说明了“西方智慧的局限”。

在人类历史上两种体制交替之际，有的人将信将疑，有的人看到了某些表象，绝大部分人都没有搞明白新事物的哲学内涵。这是事物发展过程中的正常现象。希望本书有助于人们从哲学层面上理清这种现象。

改进和完善自由集中制

在本章最后，我们要谈一下自由集中制的局限性问题。体制具有工具性，而任何工具都靠人来使用。自由集中制能否有效地发挥作用，仍然要看是什么人以及怎样来使用这种工具。

笔者认为，鉴于美国的政治经济体制背离了有限自由，所以美国的衰落是不可避免的。对此，笔者深具信心。反过来，中国是否一定能够完全崛起呢？对此，笔者并不敢完全肯定。因为要落实好自由集中制，建设好社会，困难很大。改革开放四十年来，中国取得很大成效，只能说明在这段时间自由集中制总体上得到较好落实。那么，在未来的历史进程中，中国能否把自由集中制落实得更好呢？这是存在变数的。

价值可以是完美的，因为价值本身就是一种理想，是一种目标。机制却是现实的，因而也一定有局限性。自由集中制是中国发展模式的核心机制，但它也是有条件的，离开这些条件，自由集中制便会异化，正如西方普选制民主异化一样。

自由集中制的第一个条件，也是最重要的条件，就是集中者要怀有强烈的维护全体人民利益的道德使命感，始终代表最广大劳动人民的利益。离开了或者放弃了这个道德使命感，集中者就势必演变成为专制者，集中制就势必变成专制。用儒家的话来说，就是内圣才能外王。集中与专制只有一念之差，正如善与恶也只是一念之差一样。

中国共产党自它成立那天起，始终遵循振兴中华的道德使命，迄今没有动摇过。整体上讲，共产党对于自身道德使命的坚守是成功的。这种成功很大原因在于，中国传统文化中有为生民立命、为万世开太平等雄厚的德政价值观，为集中制提供了营养丰富的文化土壤。

中国共产党成立已经 90 多年，中国共产党的肌体在整体保持健康的同时，也不同程度地受到污染和侵蚀。在市场经济环境下，一些共产党员放弃了自己的宗旨，忘记了自己的使命，也去追求自身利益最大化，成了寄生在中国共产党身体上的病菌毒瘤。中国共产党如今有 8800 多万党员，假如有 1%的党员信念动摇，就是 88 万人，足可以组成一支“大军”了。这支“大军”要是从内部进攻中国共产党，结果会如何？可见，中国共产党要保持机体的纯洁，是一项非常高难度的历史任务。根本出路只有一条，就是共产党要坚持全面从严治党，持续不断地、毫不留情地清除自己身上的病菌毒瘤。

自由集中制的第二个条件，就是要始终保持自由与集中的有机联系，脱离自由的集中和脱离集中的自由都是极其危险的。中国共产党历史上所犯错误，大部分都是没有处理好自由与集中的关系。历史表明，处理好自由与集中的关系并非一件容易的事情。

要处理好自由与集中的关系，关键是要坚持与时俱进，把握经济社会的发展规律，全面深化改革。要充分认识到，改革只有进行时，没有完成时。理论上讲，任何改革，实质上都是调整自由与集中的关系。自由与集中的关系，始终是动态的，不会有定格。全面深化改革是一个永不停歇的过程。

自由集中制的第三个条件，是要把自由与集中的关系规范化、制度化、法治化，实行全面依法治国。自由集中制既是党和国家的组织原则和执政原则，也是组织和个人的工作方法，更是政府与基层群众的利益关系之所在。过去，因为强调自由集中制原则较多，把这个原则具体化为制度和法律的较少，其结果就是，自由与集中的关系弹性过大，操作起来因人而异，由此产生很多社会不公，造成一些新的社会矛盾，不能有效发挥自由集中制的优势。尤其是在基层组织，自由与集中的关系被任意解释、随意处置的现象更为明显。因此，必须实行全面依法治国，把自由与集中的关系尽可能通过法律法规和党内制度等形式规范起来。

中国共产党已经提出“四个全面”的战略布局，即全面建成小康社会、全面深化改革、全面依法治国、全面从严治党。全面建成小康社会就是有限自由社会的阶段性目标，全面深化改革、全面依法治国、全面从严治党是建成全面小康社会的关键环节和关键手段，也是完善自由集中制的关键举措。推动“四个全面”实现的过程，就是中国发展模式逐步完善的过程。

最后，着重强调的是，人类社会治理没有最好，只有更好。不存在包治百病、完美无缺的治理模式。这是由人性的复合性所决定的。有限自由主义固然比自由主义更符合人性，因此可能有更高的治理效率；但是，人性中的善与恶，既是社会治理的前提，又是社会治理的标的，由此决定了社会治理的复杂性与多变性。法律也好，自由集中制也好，归根到底是社会治理的手段与工具。工具运用的效果如何，不完全取决于工具自身，更取决于运用工具的人。因此，虽然自由集中制比纯粹的西方式自由民主体制具有更好的潜在治理效能，但是如果掌握工具的人不得力或不得法，自由集中制照样会失败。因此，人们不能也不要过分迷信某种治理方式，人自身的理性能力和道德水准才是社会治理的最终保证。

延伸阅读

中国在前进，其他国家能跟上吗*

琳达·贝尔纳迪

过去一年半中国变化最大

过去10年，我去过十几次中国，看到了翻天覆地的变化，但过去一年半的变化最大。变化太快了，再过一年和现在又将大不一样。

现在的问题是：世界能适应中国的变化吗？它能跟得上中国的速度吗？还是会被落在后面？这个问题不仅针对美国，也适用于其他试图在21世纪处于领先地位的国家。

我第一次去中国时，大型跨国企业是中国经济和就业市场的主导力量。成为这些公司的一员就是你能找到的最好工作。这意味着声望、高收入、安全感，同时也是中国名牌大学学生的奋斗目标。

随着跨国企业的增加，科技员工数量激增。对教育和研发的巨额投入使得中国拥有大量18到36岁有知识、有才能的人才。

但这也仅仅是个开始。大约5年前，我看到人们的观念开始发生重大改变。人们不再是仅仅面对两个选择——在华跨国公司或者是硅谷新兴科技企业，新一代企业界人士开始认为，他们能够在中国自主创业。

这一氛围好得令人不安。最近在北京，我和一群年轻的企业界人士共乘一部缓慢的电梯，在进行了短暂交谈后，我甚至想跟他们一起下电梯，然后跟着他们去任何地方。而仅仅在5年前，他们还在对所有其他

---

* 本文转自参考消息网，2015年3月7日，http://column.cankaoxiaoxi.com/bd/20150307/694721.shtml。

人干的事情感到敬畏。

阿里巴巴显示的强大力量

去年9月，阿里巴巴在纽约证券交易所上市，成为美股史上最大规模的首次公开募股。

阿里巴巴的总部在杭州。现在，这里已成为中国一些最成功的新兴企业的基地，其中很多公司都受到阿里巴巴成功的激励。

中国全国遍布着几十个“硅谷”。它们拥有从政府资助到天使投资的各种资金来源。结果就是，一些中国公司筹集到了超过1亿美元的资金。

对我而言，比这些公司的成功更令我感兴趣的是相对于它们的市值，它们所能筹集到的资金数量。它们的市值与美国的那些新兴企业增长得一样快，甚至更快，但是它们的资本却更少，这一切都发生在过去的几年时间里。

当我站在阿里巴巴的园区里，感觉有点像是硅谷的新兴企业。它庞大、生机勃勃、充满活力。你感觉就像身处大学校园，其实这里却是一个非常成功的企业。

即便你身处上海或北京，如果你跟谁谈到阿里巴巴，他们的眼睛都会突然一亮。有很多值得骄傲的。

这种精神加上中国的大量资本（他们一直在进行海外投资，包括美国），便拥有了增长和创新所需的强大力量。尽管中国仍然是一个共产主义国家，但它完全在以一种非常资本主义的方式在运作。

西方领先的观点要重新看

美国拥有谷歌、亚马逊、苹果和脸书这些大公司。但是硅谷是用了50年的时间走到了现在。中国用了还不到十年，我不禁想到，它将走向哪里，它将走多快？

我们抓住了风险资本，但我们可以筹到钱也会花钱，这会偏离我们的预期，并导致资产泡沫。我担心，美国企业界人士会因他们筹到了多少钱而不是他们实际创造了什么而沾沾自喜。

在硅谷，我们出现了人才短缺。我们需要更多资本。我们的人力资源更昂贵。我们把新兴企业浓缩在了一个山谷里，其实我们应该在美国拥有50个硅谷。

我在北京或上海的时候，对于我们今后可以做什么的热情拥有一种幸福感，未来是感觉得到的。在硅谷，这种感觉似乎是，如果你筹不到10亿美元，你就会失败。问题是，我们还那么渴求成功吗？

的确，中国在某些方面还很落后。政府结构和企业文化使得它难以确切地告诉我们中国企业到底在干什么。很多中国人仍不会说英语——科技行业的首要语言，而且很多人依然贫困。随着中国的发展，所有东西都变得越来越贵。

但事实是，中国任何一个正在崛起的新兴企业都有可能成为下一个阿里巴巴，而且它们不必去迎合中国市场。这意味着，问题不再是中国能否赶上西方，而是我们能否赶上中国。

我不想警告任何人。但是，我们需要重新考虑西方领先的观点。是的，我们拥有更多公司，但中国正在迎头赶上——而且在用更少的资金实现这一点。

这对于政府、跨国企业和那些在乎全球科技强国未来成功与否的人都意义深远。中国正在发生的一切非常有吸引力，我们要更加留神。如果我们了解更多，或许可以做出更好的决策。

我希望世界其他国家都能感觉到我在中国时所感受到的那种乐观主义。但是，如果只有一两个国家赶上了中国，其他国家就被落在了后面。我不希望我们认为自己在一个实际上根本不可能赢的游戏中是领先的。

中国政治制度有明显的优越性*

马丁·雅克

中国基于其自身实际走出发展和繁荣之路毫不令人意外。

西方一些人曾怀疑中国的改革乃至政治制度能否持续，但这种态度正发生变化。中国的改革开放已经走过了 30 多年，并在这个过程中赢得外界越来越多的尊重。怀疑中国政治制度能否延续的声音越来越不笃定，而更多的人开始关注中国的未来发展潜力。

1945 年以后，欧美国家开始越来越推崇西方式的民主，尤其是普选权和多党制，并认为这是政府合法性的唯一来源。这种看法其实肤浅而又缺乏历史根据。西式民主并不能确保政府在人民的眼中具有足够合法性，只要看看意大利就能明白：二战过后，其政府不断更迭如过江之鲫。议会党派林立，小党派众多，长期需要多党联合，甚至无法形成一党单独执政的局面。很多意大利人对此颇觉无奈。

反观中国，走出了一条区别于西方式民主的道路，中国的领导层获得了高度的合法性认可。根据皮尤研究中心的报告，中国政府享有高度支持，支持率在世界各国中十分靠前。显然，西方的民主道路并不能帮助解释这个现象。如同美国学者白鲁恂在其《亚洲权力与政治》一书中所指出的，很多西方学者在谈论政治时，都会先入为主地认为政治体制要比政治文明重要，但事实却恰恰相反。

中国就是一个最佳范例。首先，中国严格来讲应该被称为一个文明国家，而非西方所普遍定义的那种民族国家。长久以来，占据国家管理者案头的首要任务就是维护国家的统一，也就是中华文明的统一。中央政府因此获得高度权威，民众对此高度认同。国家的概念，在中国百姓心中更如“家”的延续，而非西方社会眼中的统治者谋取利益的工具。

---

* 本文转自《人民日报》，2015 年 3 月 12 日。

其次，中国更加看重国家产生的整体功效。西方社会关注政府究竟如何选出，而中国却更关注管理者能否真的胜任。高效的政府带领中国实现了波澜壮阔的改革，创造了现代经济史上的发展奇迹。

实际上，无论是国家制度还是社会形态，由于历史和文化的原因，中国同西方的差异都非常大，尽管可以互相学习也应该互相学习，但这种差异不可能尽数消弭。

西方一些势力以前总是信誓旦旦说中国会朝西方国家的方向改革，但实际上，政府的治理危机更有可能发生在西方而不是中国。随着美国和欧洲的衰落，其政治制度的合法性和权威性也日渐下降。而中国，基于其自身实际走出发展和繁荣之路毫不令人意外。

中国的快速发展带来日新月异的变化。只要稍微看看一个普通中国家庭 30 多年来变化有多大，就不难想象整个社会正在经历怎样的变迁。当前进行的全面深化改革，不断完善法制，都是中国面对日益增长的社会需求做出的重要抉择。

宏观调控保障中国经济行稳致远*

辜胜阻　吴瞳

新中国成立 60 多年来，我国的宏观调控大致可分为四个阶段：1949—1978 年，在计划经济体制下，宏观调控为恢复国内生产、增加财政收入、发展社会主义经济做了探索；1979—1991 年，在计划经济向社会主义市场经济过渡时期，宏观调控开始运用财政政策和货币政策，主要是应对短缺经济面临的较大通货膨胀压力；1992—2006 年，在社会主义市场经济体制建立和完善时期，宏观调控主要依靠经济、法

* 本文转自《人民日报》，2015 年 3 月 25 日。

律和必要的行政手段，努力实现经济增长、充分就业、价格稳定、国际收支平衡四大目标；2007 年至今，在经济全球化深入发展背景下，宏观调控主要致力于解决经济发展中积累的深层次矛盾和问题。

不难看出，在每个发展阶段，宏观调控对于经济运行都发挥了至关重要的作用。这些作用主要体现在保持经济总量平衡，促进经济结构协调和生产力布局优化，缓解经济周期性波动影响，防范区域性、系统性风险，稳定市场预期，实现经济持续健康发展等。

随着我国经济发展面临更大复杂性和不确定性，宏观调控的难度不断加大。党的十八大以来，中央不断改善宏观调控方式，寓改革于调控之中，着力破解一系列“两难”问题。例如，针对房地产调控与稳定经济增长的“两难”问题，对房地产调控从应急式短期供需管理转向用长效机制实现有效管理；从单边需求调控转向供给与需求平衡的双向调控，既遏制投资、投机性需求，也加大热点地区的市场供给和保障房供给；从偏重行政调控转向综合市场调节，发挥市场在商品房资源配置中的决定性作用；从“一刀切”式的调控转向差别调节；构建住房买卖市场与租赁市场相协调的住房市场结构，引导住房梯度消费；等等。针对提高劳动者收入与企业生产经营成本上升的“两难”问题，提速收入分配制度改革，以“提低、控高、扩中”为主线，通过完善个人所得税制度、建立健全社会保障制度以及保护合法收入、取缔非法收入等举措缩小收入差距。同时，大力简政放权，鼓励创业创新，为中小微企业减负，通过减税、减费缓解企业成本上升的压力。针对资源价格改革与物价调控的“两难”问题，着力实施创新驱动发展战略，积极转变粗放的经济发展方式，提高资源利用效率，减少污染排放。这些宏观调控思路和举措有力保障了我国经济持续健康发展。

宏观调控既是科学也是艺术，需要高超的驾驭能力和技巧，把握好时机、方式和力度，使各项目标、各种手段有机协同、互补平衡。在应对复杂多变的国内国际经济问题中，我国宏观调控积累了宝贵经验，主要是：尽量少用应急之策、多用长效治理，在调周期的同时重视调结构；在财政政策运用上，少补贴、多减税，用积极的财政政策扶持中小微企业；在货币政策运用上，少用额度管理，多用定向调节；在政策工具使用上，少用行政措施，多用间接手段，用“有形之手”维护公平秩序，用“无形之手”激发市场活力。

当前，我国经济发展进入新常态，宏观调控应努力实现四个目标：一是稳增长、调结构，保持经济总量平衡。这是经济增速换挡期和“三期叠加”阶段经济工作的首要任务。二是防范系统性和区域性风险。三是营造创业创新的良好环境，塑造新动力，引领新常态。四是寓改革于调控之中，精准发力，实施定向调控，坚持区间调控。更加关注深层次结构矛盾，对可能导致经济发展偏离合理区间的重要因素进行预调微调。

国有经济是中国的秘密武器*

乔·张

全世界观察家都说，由国家驱动的经济体往往滋生腐败且效率低下，中国也不例外。那么，投资者应如何看待北京在未来几十年使国有经济更稳健并占支配地位的决心？

过去的36年是中国历史上的转折点，这段历史也为洞悉国有经济为何曾经，且将在未来几十年内继续帮助中国提供线索。

在发展中国家里，中国拥有实至名归的经济成就之一，如脱贫、兴建功能良好的基础设施及缔造在全球举足轻重的制造业等。

与数亿贫困人口在街上游荡的印度和其他第三世界国家相比，中国国有经济为本国的经济需求提供一种更安全、更保险（放心保）和更

* 本文转自环球网转载《南华早报》文章，2014年5月14日，见 http://oversea.huanqiu.com/article/2014-05/4994376.html。

富有成效的解决之道。除规模经济外，国有经济还提供度过混乱期的必要组织、资本和能力。无论喜欢与否，这是中国的优势所在。

当数亿孤立无助的民众只能自生自灭，且也没有水、住处、厕所、教育和医疗时，这些国家的政府有何正当理由自我陶醉于所谓的自由市场信仰乃至民主制度?

1949 年起，中国国有经济不仅创造就业岗位，还催生出许多民营企业也可参与的新领域，包括绿色能源、航空航天、汽车制造和造船业等。在国有部门的不计回报和长期经营下，当今中国拥有发展中国家里最佳的基础设施。

问题是中国国有经济是在不公平的环境下与民企直接竞争，并遭公众指责。但我认为，中国是在非常清醒的情况下坚持国家资本主义。任何中国人都不怀疑国有经济的腐败和低效。但他们同样知道，其他选项更糟糕。

现实是，倘若就选择自由市场还是国家资本主义举行全民公决，我相信公众将压倒性支持后者。有些批评人士会说，这是因为中共对公众洗脑 65 年以上。但我认为这是对公众智商的侮辱。国有经济是否将成为中国许多挑战的答案尚须拭目以待。但从大学毕业生一边倒追捧国企和公务员职位看，中国公众似乎乐意为国有经济“续命”。

伟大的时代不会自动到来*

秦天

当前我国不仅正处于一个重要的历史发展时期，同时也正处于一个重要的历史转变时期，我们所面临的时代环境和国家发展崛起的背景条件都具有许多前所未有的新特点和变化。一些方面的变化甚至带有历史

* 秦天:《伟大的时代不会自动到来》,《环球时报》2014 年 12 月 24 日。

转折的意义。

习主席深刻指出，国际体系进入加速演变和深度调整时期，我们要高瞻远瞩，善于把握事物发展总体趋势和方向，把党和人民的事业放在历史长河和全球视野中来谋划，站在时代前沿观察和思考问题，在解决突出问题中实现战略突破，在把握战略全局中推进各项工作。

观察分析世界大势，我们可以得出这样一个基本的判断，即当前国际格局正处在发生重大变化的前夜，推动这种变化的动因主要来自三个方面。

首先，中国由大向强的发展，正以量的持续增长与质的加速提升加快前进步伐。改革开放以后，我们以举世瞩目的成就对中国特色社会主义道路能否在经济发展上走向成功，做出了历史性的回答。今天，我们又以执政党自身建设和国家治理能力的重大提升，对这条道路是否能在以政治制度建设为核心的国家全面建设方面走向成功，进一步做出历史性的回答。

这两个答案共同完成之时，就是中华民族伟大复兴之日。这不仅将极大改变中国，也必将极大影响世界。未来中国的崛起不仅体现了一种发展模式的成就，更彰显了一种价值观念的成就。

其次，是国际格局主要变量的消长，即中国的加速崛起与美国的相对衰落。综合分析，中国上升和美国下行的发展趋势正在进入一个历史的拐点，这两大力量反向运动的结果必将带动和影响国际格局产生深刻的调整和变化。

最后，在这一重大背景下，世界一些主要国家和我周边一些国家加快调整策略，加快谋局布势，对国际格局的调整进程也发挥了助推效益。我未来的发展既面临着新的挑战，更面临着新的重大战略机遇，这一战略机遇在内涵和性质上与传统战略机遇具有很大的不同，相对而言，其可塑性、积极性会更强，谋划和把握好这一机遇必将成为我由大向强发展的关键跳板，也是我在新时期加快国防和军队建设的重要着眼。

预见未来，才能更好地把握未来、塑造未来和赢得未来，在纷繁复杂的现象中敏锐洞察战略环境发展变化和基本走向，主动布势，抢占先机，坐于当下，赢于未来，是大国发展崛起和实现新时期强军目标所必须学习和具备的一种重要战略能力。

我想这样说，一个伟大的新时代正向我们走来，但它绝不会自动到来，它的脚步或快或慢或止，取决于我们在座的每一个人。

中国治理模式更能带来善治*

阿基莱什·皮拉拉马里

今年5月，美国《大西洋》月刊刊登了两篇颇有意思的文章，文章论述了特别是在亚洲和中东的背景下自由民主制的未来。在《中东民主的未来：伊斯兰主义者与非自由主义的》一文中，沙迪·哈米德正确地认为，就像西方的情况一样，民主与自由主义未必能共存。一个民主国家既有可能产生自由主义制度，也有可能产生非自由主义制度，特别是在许多中东（以及东欧、中亚等）国家。当然，这是一种非理想状态，暴露了在非西方社会实行民主的想法存在的几个缺点。这同时也提出了一个问题：到底什么更重要呢——是享有基本法定权利（自由主义），还是每隔几年就选举产生一届政府，而人们又几乎无法左右政府的政策？

民主容易遭到绑架

从长期看，民主存在的问题是，它总是会被怀有某种目的的人或特

* 本文转自参考消息网2015年6月26日，见 http://k.cankaoxiaoxi.com/weizhan/article/101399967/31180808808/236492。

殊利益集团绑架——这与亚历山大·汉密尔顿提出的各派力量相互抵消的理论相反——而这完全是因为数以亿计的人不可能直接参与政府事务。有钱、有权或有影响力的集团声称代表人民的意志，从而轻而易举地左右政府的政策。数十年来，在美国和印度这样迥然不同的国家，这种趋势变得尤为明显。在像印度这种存在多种利益集团和多种文化的国家，很难在不引发抗议活动的情况下把事情做成，尽管出发点非常好。当一个国家的个人和集团躲在选举民主这个财阀政治的盾牌后面而该国无法经历善治时应该怎么办呢?

这个问题的一个答案来自亚洲，但该答案在西方备受诋毁。这是一种既避免了极权主义的弊端又避免了现代美国政治存在的机能障碍的治理体制。半自由主义独裁的概念既不新鲜，也并非亚洲独有——18世纪和19世纪，启蒙运动时期的许多欧洲国家也是按照这种方式组织起来的。总之，这种治理和发展方法等于是队伍中充斥着能主宰制度的技术专家或知识渊博者的寡头集团在实行统治，不管其正式的宪法结构如何：是君主政体（维多利亚时代的英国，明治时代的日本）、贵族联盟（阿联酋，从本质上说如此）、共和政体（美国的开国元勋）还是中国这样的一党制国家。最高层做出并实施决定，相对而言外界的干扰微乎其微，但同时人们可以过正常的日常生活而政府并不是时刻监视他们。

中国出现更好模式

在《大西洋》月刊上，丹尼尔·贝尔在《中国民主不是不可避免》一文中认为，其实有更好的治理模式，其中之一正在中国出现。笔者认为，进行观察并从中国和其他亚洲国家获得政治理论很重要，因为这些可能是未来的蓝图，就像现代民主理论很大程度上来自曾观察英国、法国和美国的孟德斯鸠和托克维尔等人的观察一样。贝尔指出，中国的制度在最底层存在民主——在这个层面，民主最切实可行，因为“在小社区，人们更了解他们选择的领导人的能力和品德”。贝尔还指出：“在地方层面而不是国家层面，政策问题比较简单，培养社区感比较容易，犯错的成本也比较低。”

贝尔还指出，在中国的专制制度中可以进行试验，因为高层治理非常稳定，而且“宪法制度非常灵活”。笔者想加上一点：除此之外，中国社会（也许还有其他大多数亚洲社会）的社会基础更有利于这种自上而下的权威试验，因为其传统的世界观和人性与治理哲学没有完全被西方的进步主义吃掉，而且没有僵化到像“伊斯兰国”组织的极端性那样无法实现现代化的地步。

此外，最重要的是，贝尔还指出，“中国模式的顶部以贤能政治——即应该在能力和品德的基础上选拔高层官员的观点——为特点”。这绝对是好事，因为“一旦领导人达到政治权力的顶峰，他们就可以进行长期规划，并做出顾及包括子孙后代和生活在国外的人们在内所有相关利益攸关方利益的决定”。贝尔将此与民主制度进行了对比：

与中国领导人相比，需要为下次选举担忧的领导人更有可能做出受到短期政治考量影响的决定。民选领导人比较容易受到强大的特殊利益集团游说的影响，而受到政府政策影响的非选民（如子孙后代）的利益可能会在与选民和竞选资助者的利益发生冲突的情况下被牺牲。这种领导人把许多时间花在筹钱和反复发表相同的竞选演说上。相比之下，对靠贤能当选的领导人而言，评判标准是他们做了什么，而不是他们说了什么。

混合型治理可借鉴

换言之，中国的制度虽然存在缺点，但能促进善治。与其他许多国家不同，中国是一党制国家，不必担忧如何实行某种形式的贤能治理；每个国家不大可能简单地完全照搬中国实际的政治结构。然而，中国制度的许多方面在其他国家显而易见。事实上，在亚洲，这种治理的先驱者可以说是日本明治时期的寡头集团，该集团曾在 1868 年以后主宰日本数十年之久。也可以说新加坡、伊朗和沙特阿拉伯等现代国家已在实行这种自上而下的贤能治理，而这对这些国家的战略规划和治理大有助益。

真正的领导者，所作所为要符合国家的最大利益，要考虑自己的政策对人民的发展和品德所产生的总体影响。他们不会失去理性地墨守有关治理的思想观念；一个国家的政治制度毕竟是取得成功的手段而不是目的。只要在日常生活层面保证基本经济和个人自由，已在西方出现的金钱、政治和媒介行动主义之间那种错综复杂的关系就没有存在的理由。政治民主并非现代世界所具备的一个条件——只有社会民主才是，因为社会民主消除了以前非常重要的社会阶层。

一种混合型治理体制正在亚洲各地出现，能为世界各地采取更好的治理形式指明方向。西方和其他亚洲国家——特别是印度——可以而且应该注意这一点，在考虑本国的政治制度时得出适当的结论。

中国创新之路值得学习*

丹·梅多夫尼科夫　季格兰·奥加聂相

近15至20年来，中国向世界创新领导者紧紧靠拢，而俄罗斯则远远落后于它……欧美的创新模式在俄罗斯行不通，说不定中国模式可以呢？那好，先来看看中国的创新之道。

2003年到2012年，中国高科技产品占全世界市场的份额从8%增长到24%。1996年，中国的科研经费仅占GDP的0.5%。到2012年，这个比例提高到1.98%。2013年，世界500强企业中有89家中国公司(含香港)，其中很多活跃在技术市场，而2002年只有11家。

中国是如何在世界创新之林中迅速崛起的呢？各种研究认为，廉价

---

* 参考消息网2014年11月3日。

劳动力、对本国企业的低贷款利率、直接吸引外资政策等因素在初期发挥了关键作用。同时，几十年来着力打造强大民族企业的国家战略也是主要原因之一，这些企业正是俄罗斯在世界500强中看到的那些龙头。

这一战略是中国20世纪80年代经济改革的基石。它首先严格筛选出80至100家最有前景的企业，通过国家支持使其在世界市场的竞争中站住脚，然后随着新企业的出现逐步扩大这个最强群体。到20世纪90年代末和本世纪初，私营企业成为新浪潮的代表，它们在15年里达到了亿万级规模，并在技术阶梯上大步迈进。

……

许多外国分析家指出，北京最近选择的创新战略被称为“务实的技术民族主义”，其核心是继续推动本国龙头企业的发展。

俄罗斯认为，俄罗斯国家创新体制的主要目标应是建立新的伟大企业。是否以西方的市场化方式达到这一目标并不重要。

不得不承认，俄罗斯与创新有关的活动（比如增加专利数量，提高国企的科研开支比例，鼓励创业，提高本国在世界创新排行榜的排名）尽管与时俱进，却不总是高效的。创新管理模式的潮流不断改变，俄罗斯一直在赶时髦。然而，“新的伟大企业”却出现在其他国家，比如中国。或许这是因为他们明确地认识到这一目标。

目前，俄罗斯没有培育创新龙头企业的打算。至少，没有任何文件将其明确设定为关键绩效指标。俄罗斯的“成功技术企业”与中国企业的兴起时间（20世纪90年代和本世纪初）和行业（通信、电子、机械制造、制药、材料）都差不多，但发展成果却差距惊人。如果说中国企业在15至20年里达到了亿万美元的规模，俄罗斯企业则只有亿万卢布。同时，调查显示大部分俄罗斯的“成功技术企业”不认为国家对它们的发展有特殊贡献。

既然俄罗斯对中国的创新成就充满敬意，为什么不借鉴中国经验，在本国“技术成功企业”中寻找成为龙头的候选人，把培育创新龙头企业定为官员的关键绩效指标？然而，经济发展部副部长奥列格·福米乔夫在浦江论坛新闻发布会上回答本刊的提问时却表示：“要想在俄罗斯培育出华为这样的‘成功技术企业’，需要规范的商业环境和有效的创新机制。俄罗斯将在现有法律基础之上提供各种支持。但俄罗斯不会指定某些企业为受支持的潜在龙头企业。”

在会场下，一些企业高管对我们的观点表示赞同：应当在俄罗斯创新政策中完成“中国式转变”，将重点放在具体的公司和项目上。它们的成功比投资氛围变暖和全球经商环境排名提高更重要——顺便说一句，中国的经商环境在全世界排名也并不高。

第七章

结　　论

有限自由主义必将超越自由主义，
并成为未来世界秩序的哲学依据。

第一章结论

（1）自由主义的本质就是把自由绝对化、宗教化，因此自由主义所说的自由，具有超历史、超现实的特征。

（2）自由主义通过自然法理论来论证自由，其所谓的自然自由、自然权利，纯粹是臆想而非科学，在现实生活中从来无法验证，因此自由主义必定漏洞百出。

（3）自由主义的国家、民主、法治理论，其前提就是绝对自由。建立在虚幻的绝对自由基础上的民主与法治，终究要和现实社会产生难以调和的矛盾并走向衰败。

第二章结论

（4）自由是自愿的不受限制的行为，而任何行为都有成本，这就决定了自由的物质属性，离开物质基础就没有什么自由可言。

（5）从自由的物质基础推论，人类自由随着人类对自然世界认识的发展而发展，随着科学技术的发展而发展，随着生产力的发展而发展。

（6）政治就是物质财富的再分配，政治自由就是参与物质财富再分配的权利。历史证明，政治自由不是天生的，不是自然拥有的，而是按照各个阶级拥有财富的多少来进行分配的。

（7）由于社会财富的占有从来就是不均衡的，与此相应的政治自由也是不均衡的。在此意义上说，专制是一个不可避免的历史过程，民主“早产”必然导致社会失序。

第三章结论

（8）伦理学原理告诉我们，道德是最高律令。没有这个最高律令或挑战这个最高律令，社会秩序便难以维持。在道德这个最高律令面前，自由当然“低人一等”。

（9）有一个重要的认识误区是，随着自由的增加，限制将逐渐减少，从而推论出权利将逐步战胜道德。哈耶克与李泽厚都有此意，但这是错误的。事实是，随着社会发展，保障性权利、选择性权利和限制性权利同时增加，而不是此消彼长。

（10）外部效应是构成社会秩序的决定性因素，如果没有外部效应，每个人就是互不相关、互不影响的“独行侠”，社会秩序将变得极其简单。

（11）外部效应具有不可避免、不可预测的特征，对于任何自由行为体来讲，往往是不可控的。不可控就意味着不承担责任。所以，绝对自由、放任自由的结果，就是外部效应不断积聚，最终导致整体秩序崩溃。这是自由主义难以逃脱的宿命。

（12）如何避免因放任自由而导致整体秩序崩溃？结论就是，把自由关进伦理道德的笼子，用集中来制约自由。

（13）集中制就是建立在道德基础上的德政体制，是中国传统文化所独有的、最精彩的内涵，也是西方人最难以理解的，或者说正是西方智慧所欠缺的。

第四章结论

（14）与自由主义把自由绝对化相反，有限自由观认为，自由是一种社会现象，随着社会的发展而发展，脱离社会环境难以谈论清楚自由问题。

（15）有限自由观的两个主要观点是：自由源于物质基础，没有物质基础的发展进步就没有自由的发展进步；自由限于伦理道德，超越伦理道德的自由必将导致社会秩序崩溃。

（16）从有限自由观来看，自由随着物质基础的发展而发展，而人类物质基础的发展是一个渐进过程，因此自由的发展也是一个渐进过程。

（17）不管是经济领域还是社会领域，脱离自由发展的渐进过程去追求自由，必将遭遇失败和挫折。发展中国家普遍存在的市场化和民主化陷阱，就是违反自由渐进发展的结果。

第五章结论

（18）美国社会呈现出的一系列危机表明，美国确实正在衰落。当然，这里讲的衰落是指美国的自由主义制度的衰落，是指美国自由主义制度已经无法解决由它自身产生的主要社会矛盾。

（19）亚当·斯密、马尔萨斯、马克思都告诉我们，市场的“看不见的手”不止一只。市场既有好的“看不见的手”，又有坏的“看不见的手”，而且坏的“看不见的手”多于好的“看不见的手”。

（20）要使市场发挥有效作用，就要严格约束坏的“看不见的手”，正如约瑟夫·斯蒂格利茨所说，“市场必须被驯化和调和，才能确保为多数人的利益服务”。

（21）20 世纪 70 年代以来，提倡放任自由的市场经济的新自由主义，在美国社会占据了主流地位，从而逐步放弃了对市场的“驯化和调和”，这是美国走向衰落的转折点。

（22）放任自由的市场，导致美国贫富差距急剧扩大。

（23）在美国，至高无上的个人权利，包括普选制民主和言论自由，导致政治体制被少数富裕阶层控制，对两极分化的社会现实起到了保护作用。

（24）极端化的市场自由、政治自由和言论自由，最终形成一种极不公平的资本专制社会，从而兑现了柏拉图的预言——“极端自由的结果只能是极端的奴役”。

（25）正是这种资本专制社会，导致社会利益结构固化，国家失去了调整社会主要矛盾的能力。

（26）美国走向衰落不可避免，标志着自由主义哲学和自由主义制度的衰落。

第六章结论

（27）中国依靠自己独特的发展模式创造了世界奇迹。

（28）中国发展模式的核心理念是有限自由观，其主要观点是：发展是硬道理（自由源于物质基础）、实现共同富裕（自由限于伦理道德）、与时俱进（自由的渐进式发展）。

（29）中国发展模式的运行机制是自由集中制，自由与集中互相制约、互相促进，又好又快推动社会改革与发展。

（30）自由集中制是建立在复合人假设基础上的运行机制，它是自发秩序与建构秩序的统一，是西方文化与东方文化的统一，是理性与非理性的统一，是善与恶的统一，是大众与精英的统一。实践证明，自由集中制比西方的自由主义体制更科学、更有效，是一种比西方普选民主制更为高级的民主制度。

（31）中国发展模式包含经济体制、政治体制、思想文化体制等诸多方面，这些方面相互作用，缺一不可，其运行机制都是自由集中制。

（32）中国式法治是有限自由主义的法治。它强调法治发展的渐进性，善与恶的历史性和相对性，强调道德对权利的制约和德治对法治的支撑作用。在操作层面上，中国式法治实行人民当家作主、党的领导和依法治国的统一，其中人民当家作主就是自由、党的领导就是集中，三者统一就是自由集中制基础上的法治，它是比西方宪政更为进步的法治形式。

（33）中国崛起是人类社会一种新的发展模式的崛起，是一种新的哲学和新的制度的崛起，更是一种新文明的崛起。如果用一个简约的词来表达中国发展模式，就是有限自由主义。

结束语

世界新秩序的曙光

迄今为止，本书论证了自由主义因过分追求自由、把自由作为最高价值而导致社会危机以致走向没落，美国衰落正是其典型标本。同时，也论证了因追求有限自由，即把自由看作物质发展的结果、并受到公共善的制约，中国已经形成了自己有效的发展模式。

美国衰落与中国崛起的历史逻辑，美国人类学家摩尔根似乎在一百多年前就预测到了。他在《古代社会》一书中曾说：

> 自从进入文明社会以来，财富的增长是如此巨大，它的形式是如此繁多，它的用途是如此广泛，为了所有者的利益对它进行的管理又是如此巧妙，以致这种财富对人民说来变成了一种无法控制的力量。人类的智慧在自己的创造物面前感到迷茫而不知所措了。但是，总有一天，人类的理智一定会强健到能够支配财富，一定会规定国家对它所保护的财产的关系，以及所有者的权利的范围。社会利益高于个人的利益，必须使这两者处于一种公正而和谐的关系之中。只要进步仍将是未来的规律，像它对于过去那样，那么单纯追求财富就不是人类的最终的命运了。自从文明社会开始以来所经过的时间，只不过是人类已经经历过的生存时间的一小部分，只是人类将要经历的生存时间的一小部分。社会的瓦解，即将成为以财富

> 为唯一的最终目的的那个历程的终结，因为这一历程包含着自我消灭的因素。政治上的民主、社会中的博爱、权利的平等和普及教育，将揭开社会的下一个更高的阶段，经验、理智和知识正在不断向这个阶段努力。这将是古代氏族的自由、平等和博爱的复活，但却是在更高级形式上的复活。①

西方世界把自由抬得太高，因此也就把决定自由的物质财富抬得太高，忽视了人类共同道德和正义，"以致这种财富对人民说来变成了一种无法控制的力量。人类的智慧在自己的创造物面前感到迷茫而不知所措了"。这正是美国资本专制社会的生动写照。但摩尔根相信，"人类的理智一定会强健到能够支配财富，一定会规定国家对它所保护的财产的关系，以及所有者的权利的范围。社会利益高于个人的利益，必须使这两者处于一种公正而和谐的关系之中"。也就是说，摩尔根预见到，总有一天，人类伦理道德的力量会驾驭自由和财富的力量。这正是我们追求的有限自由的社会。

摩尔根又说："只要进步仍将是未来的规律，像它对于过去那样，那么单纯追求财富就不是人类的最终的命运了。"在此，摩尔根进一步给我们指明，人类不应该单纯追求财富，同时意味着不应该单纯追求自由。

如果单纯追求财富或自由，会有什么结果呢？摩尔根接着说："社会的瓦解，即将成为以财富为唯一的最终目的的那个历程的终结，因为这一历程包含着自我毁灭的因素。"也就是说，"以财富（或自由——笔者注）为唯一的最终目的的那个历程"，"因为这一历程包含着自我毁灭的因素"，其结果就是"社会的瓦解"。在现今的人类社会现实中，自由主义正在生动而残酷地演绎着这个逻辑。

---

① ［美］摩尔根：《古代社会》（下册），杨东莼、马雍、马巨译，商务印书馆 1977 年，第 637 页。

如何摆脱这个逻辑呢？摩尔根说："政治上的民主、社会中的博爱、权利的平等和普及教育，将揭开社会的下一个更高的阶段。"这就是说，追求博爱和正义应该高于物质与自由。

摩尔根的论述，实质上就是说，自由主义必将导致"社会的瓦解"，而代替自由主义的必将是有限自由主义。

历史学家、《全球通史：从史前史到21世纪》一书的作者斯塔夫里阿诺斯，在《为什么需要一部21世纪的全球通史？》一文中指出，地球上曾经有50亿到400亿个物种，现在大约只留下4000万个物种，99.9%的物种都灭绝了。在留存下来的0.1%的物种中，"被赋予高级智能的人类则能够通过使用火种、缝制衣服、建造房屋等方法来让环境适应自己的需要……从而成为自己命运的主人而不是奴仆的独一无二的物种"①。这段话的意思，也可以解读为：人类依靠自己的知识和技术，给自己创造了自由。

然而我们不禁要问，人类这个独一无二的物种可以无止境地追求自由吗？对此，斯塔夫里阿诺斯回答说，"人类的这种首要地位乃我们当今全球性隐忧与恐惧的根本原因"②。这句话可以解读为，人类独一无二的追求自由的能力（实质上也是改造和适应环境的能力）是当今全球性隐忧与恐惧的根本原因。可见，并不能把追求自由或物质财富作为人类唯一的、最高的目标。这与摩尔根的结论可谓"英雄所见略同"。斯塔夫里阿诺斯说，人类对自由或财富的追求"需要用'人性和慈善'来加以引导"，换句话说，人类应该用伦理道德来规范自由，人类再不能无休无止地追求财富和自由了。斯塔夫里阿诺斯之所以要写一部21世纪的全球通史，目的就在于阐明这个道理。他甚至很急迫地说：

---

① ［美］斯塔夫里阿诺斯：《全球通史：从史前史到21世纪》（上），吴象婴、梁赤民、董书慧、王昶译，北京大学出版社2012年，《致读者》第10页。

② ［美］斯塔夫里阿诺斯：《全球通史：从史前史到21世纪》（上），吴象婴、梁赤民、董书慧、王昶译，北京大学出版社2012年，《致读者》第11页。

> 在今天和可以预见的将来，这些发展给个人和社会带来了深刻的问题。现在已到了不能不面对基本原则的时候。那么，人生的意义究竟何在？人类存在的目的又是什么？当培根强调新兴的科学必须被用于“改善生活”，而不是为了诸如“追名逐利、争权夺位”之类的“卑微目的”时，他已经直面了这一问题。培根还一针见血地提出了以下问题：难道人类非得变成经济动物，只知道专注于膨胀的胃和膨胀的银行户头吗？
>
> 任何社会的首要目标都必须是满足人类的基本需求——食物、住所、健康、教育，因此，必须首先提高经济效率以使这些基本需求得到满足。但是，如果这些基本需求已得到满足，难道人们还必须无视个人、社会和生态的代价而一味强调经济生产率吗？对于这个基本问题，人类尚未给予应有的考虑。也正是由于这一疏忽，才使得盲目的消费主义和物质主义在全球泛滥，正如库斯托在巴黎散步时所发现的那样。
>
> 这种躲闪的状态不可能无限期地维持下去，因而，人类现在正无可奈何地致力于寻找避免成为“经济动物”的方法，或者更准确地说，致力于寻找一个“伦理罗盘”来引导技术的发展。①

自由如果没有一个“伦理罗盘”来支配，人类社会面临的困境是无法解决的。如果每个人继续像自由主义提倡的那样，无休止地追求自身利益的最大化，无休止地追求自由，把自由当作人生最高价值，那么，人与自然的关系（这是斯塔夫里阿诺斯关注的问题）、人与人的关系（这是摩尔根关注的问题）都将陷于困境。因此，每个人都应该追求一种更为道德、更为节制、更为仁慈、更有责任感的生活方式（这意味着人类必须牺牲一些自由），并把包括子孙后代在内的人类整体利益

① ［美］斯塔夫里阿诺斯：《全球通史：从史前史到21世纪》(上)，吴象婴、梁赤民、董书慧、王昶译，北京大学出版社2012年，第12页。

放在优先位置，只有这样，人类作为独一无二的智慧动物，才有可持续的未来。

笔者要强调的是，由于自由主义无法协调其自身必将产生的外部效应，因此也解决不了斯塔夫里阿诺斯关注的问题和摩尔根关注的问题；而在一定程度上说，中国发展模式恰恰弥补了自由主义的弱点，从而代表了人类可持续发展的未来。因此也可以说，中国发展模式是西方模式的解药，有限自由主义是自由主义的解药。

许纪霖先生在《读懂了基辛格，就读懂了世界》一文中说道，“世界霸主的巅峰对决，最终不是实力的较量，而是价值观的比试。谁赢得了全球普遍的人心，谁就把握了世界文明的未来”，“凡欲挑战全球核心价值的最终难免失败，而顺应普世文明又有所发展的，将有可能以新的文明领导世界，成为地球方舟的新一代掌舵人”①。

坦率地说，笔者并不能完全同意许纪霖先生的观点。因为，基辛格也许根本就没有读懂当今世界，正如福山、克鲁格曼、斯蒂格利茨等人没有读懂当今世界一样！

实际上，世界霸主的巅峰对决，既是实力的较量，也是价值观的比试。不能把实力与价值观分割开来。只有实力而没有价值观支撑，这种实力是没有合法性和说服力的，也是难以征服世界人心的；只有证明某种价值观是其强大实力的依据时，这种实力才是合法的和令人信服的；而这种价值观则成为其强大实力的标签和符号，从而赢得“全球普遍的人心”。反之，没有实力支撑的价值观也不可能成为真正强大的价值观。所以，对世界霸主来说，实力及与之相应的价值观都不可或缺。我们为什么要对中国发展模式进行哲学的解读？目的就在于寻找中国崛起的价值观基础和依据。

此外，基辛格所理解的以均势为主要特征的自由主义世界秩序，并

---

① 许纪霖：《读懂了基辛格，就读懂了世界》，2015 年 8 月 10 日，见 http://cul.qq.com/a/20150810/031870.htm。

不是历史的最终秩序，自由主义也不是历史的终结者。正如本书所述，500多年来，自由主义曾经主导了世界历史，然而如今它已经老了，跟不上全球化时代了，正在逐渐失去主导人类历史的能力。中国发展模式或中国崛起的价值观依据就是有限自由观。因此有理由预期，代替自由主义的将是“顺应普世文明又有所发展的”有限自由主义。有限自由观是尊重自由的，但是它超越自由主义，它“将有可能以新的文明领导世界，成为地球方舟的新一代掌舵人”。

当今世界正在生动地演绎着一个历史大变局。这个大变局的本质是，以命运共同体为主要特征的有限自由主义新秩序逐渐替代和超越以均势为主要特征的自由主义旧秩序。它也意味着由西方引领的、资本主义性质的、以追求自身利益最大化为特征的、以殖民掠夺和单边霸权为主要手段的全球化时代正接近尾声，同时也开启了由中国引领的、蕴含社会主义性质的、以追求共赢和继承中国王道价值为特征的、以共商合作互补为主要手段的新全球化时代。有限自由主义则可以成为新的全球秩序的哲学基础。

有限自由主义已经吹响人类新文明和世界新秩序的号角，更多的人似乎仍然在自由主义的梦乡中沉睡。基辛格先生是否有足够的敏感性来读懂正在来临的这个有限自由主义的新秩序呢？

后　记

在《有限自由论》付梓之际，我内心既有一种喜悦，更有一种忐忑。

喜悦的是，自己多年来的一点思考，终于有了结果，内心确有一种轻松感。

忐忑的是，自己作为一个“理工男”，却去碰触当今时代如此高大上的社科难题，而且是在一个边远小城、在几乎没有任何外部支持的环境下个人独自思考，其结果究竟能有多少“斤两”？自己是不是有些不知天高地厚？内心确是惴惴不安。

然而，所谓众人拾柴火焰高，对于美国衰落和中国崛起这样的历史性重大课题，不是某个人可以穷尽真理的，也不是某个人可以独霸话语权的。因此，我个人认为，自己来谈谈这个话题也未必不可，哪怕只是给社会提供点滴的启发，也是有意义的。这样一想，我又觉得，自己的思考还是有价值的。

这本书从2014年春节后开始着笔，到2015年春节后完成初稿，到2016年6月基本定稿，前后历时两年多。这本书能够完成，得到了很多人的关心、帮助和指导，我真诚地感谢他们。

乔良先生，我原先并不认识他，只是关注他对美元霸权问题的研究。在本书初稿形成以后，我冒昧地给他打电话，就得到他热情地回应，相约见面并多次长谈，使我深受教益。此后，他又在百忙之中非常认真地审读了我的书稿，提出了许多非常中肯的意见。最后他亲自动笔为本书写序，这对于我这样一个毫不知名的后学来讲，实在是感动之至、感激之至。

廖运建先生不但自己认真审阅了书稿，还把新疆社科界的一些专家学者介绍给我，并以新疆维吾尔自治区地方志学会的名义组织了本书稿的专题座谈会，为书稿进一步修改完善提供了巨大帮助。

郭仲军先生从我动笔写这本书时，就鼓励我；此后又提供了许多帮助、支持和鼓励。可以说，本书的形成，他付出了很多心血。

审阅本书稿并提供意见的还有：林炎志、杨乃初、高建龙、刘仲康、王新和、程建江、杨振明、刘星、张祥元、任大奎、贺兴国、丁仲贻、秦娟、伍明成、阎兴福、唐建清、周锋、苏衍桥、刘燕湖、陈彦才、唐跃培、彭建春、何胜彪、杨克强、张勇、雷新宏。他们的宝贵意见使本书的结构和观点更加完善。其中林炎志、杨振明、贺兴国、丁仲贻、秦娟、阎兴福、唐建清、周锋、苏衍桥等先生反复阅读书稿，从观点、结构、材料、文字等方面全面把握书稿内涵，提出了很多宝贵意见。在此，我对他们一并致以真诚的感谢。

在本书写作、修改和出版的过程中给予鼓励、支持和帮助的还有：王文、陈家琪、王哲、曹建华、赵永昌、王晖、张小平、张红彦、宋宏利、童中华、乔世温、李钧、刘枫、王正才、陈路、谭向东、王宗起、曹晓斌、刘亚宏、刘荣。他们的帮助和支持，为本书的出版也助力良多。

我还要特别感谢东方出版社的领导和编辑对本书出版付出的努力，他们对本书的坚定支持令我深为感动。在本书编辑过程中，东方出版社前编辑曹志杰先生对书稿提出了很多修改意见，在此特表谢意。

最后，我还要感谢我的爱人史燕芬，我能够长期坚持思考这些在常人看来“不着调”的问题，与她的支持密不可分。

陈根法
2019 年 3 月

图书在版编目（CIP）数据

有限自由论 / 陈根法 著. —北京：东方出版社，2019. 5
ISBN 978-7-5207-0811-1

Ⅰ. ①有… Ⅱ. ①陈… Ⅲ. ①自由—研究 Ⅳ. ①D081

中国版本图书馆 CIP 数据核字（2019）第 033620 号

有限自由论
（YOUXIAN ZIYOU LUN）

作　　者：陈根法
责任编辑：辛春来　汪霁月
责任审校：曾庆全　金学勇
出　　版：东方出版社
发　　行：人民东方出版传媒有限公司
地　　址：北京市东城区东四十条 113 号
邮　　编：100007
印　　刷：鑫艺佳利（天津）印刷有限公司
版　　次：2019 年 5 月第 1 版
印　　次：2019 年 5 月第 1 次印刷
开　　本：710 毫米×1000 毫米　1/16
印　　张：19
字　　数：304 千字
书　　号：ISBN 978-7-5207-0811-1
定　　价：59. 80 元
发行电话：（010）85924663　85924644　85924641